世界文化シリーズ 3

USA

アメリカ文化55のキーワード

笹田直人
野田研一
山里勝己 編著

ミネルヴァ書房

まえがき

アメリカ合衆国東インド艦隊司令長官マシュー・カルブレイス・ペリーが開国要求を突きつけるため、琉球そして浦賀を訪れてから一六〇年がたち、さらに連合国軍最高司令官にしてアメリカ合衆国陸軍元帥ダグラス・マッカーサーが日本占領のため厚木飛行場に降り立ってから六八年たった。この間、幾星霜の歳月を経て、私たち日本人にとって、アメリカの文化のあれこれは既に大変に親しみ深いものになった。言語の壁を越えて、ほとんど姿を変えることなく、そのまま日本に流入しているアメリカ文化も少なからずあるだろう。さらに昨今の目覚ましい趨勢として、アメリカ文化が、グローバリズムという実に尤もらしい合言葉とともに、ますます自然に肯定的に日本へ受け容れられるようになってきている。場合によっては、あれこれの文化現象の出自は、そもそもアメリカなのか、それとも、日本なのか、戸惑うことすらあるほどだ。

ところが、いざ「アメリカ文化とは何か」と正面切って問われれば、どうであろうか。まずは、ハンバーガーや、ジーンズ、自動車、ディズニーランドなどを思い浮かべることから始まって、さてアメリカ文化を規定してみようとすると、かなりの困難に遭遇するに違いない。昔ならいざ知らず、そういった文化的アイコンは、すでに世界の各所に普及して久しいのであって、それを手掛かりにアメリカ文化について思いを巡らすのはもはや難しくなっているからだ。

ならば、アメリカ文化をさまざまなエスニシティの総花としてとらえてみるのはどうか。それなら、そこそこアメリカ文化のイメージの結像に寄与する見方となりうるかもしれない。しかし、アメリカ文化を、言い古された「るつぼの文化」になぞらえるにせよ、多文化主義的視角から「モザイク文化」になぞらえるにせよ、アメリカに溢れかえる文化現象のあれやこれやを包括的にとらえるのは言うまでもなく困難であり、とどのつまりが、それは一面的な真実しかとらえることができないのではないかという疑念を払拭できない仕儀となる。

されば、そういう見方をしばし忘れて、むしろとらえどころのなさに注目してみてはどうだろうか。本書に「アメリカ人になる」という章があるが、まさしく、アメリカ文化にもおなじことがいえる。アメリカ人というもののアイデンティティの定めなさが、アメリカ文化にも反映しているのだ。アメリカ文化は、つねに息吹きつつ、「なる」文化なのである。

もとより〈文化〉というものは日々刻々に生成していく生き物にほかならないという認識は夙《つと》にいだかれてきており、それは格別アメリカ文化だけに通用するものではないかもしれない。しかし、それにしてもアメリカ文化をとらえてみようとするとき、いかにもそれがアモルフであるという感慨にとらわれることがあるのは、こういうものこそアメリカ文化だという共通認識のいだかれる実体がほとんどないということのためだろう。たとえば、日本文化にはある「梅にほととぎす」のようなトポスを、アメリカ文化の本質として探り出すのは些か困難を極める。アメリカ人がなべて安堵の念をいだきながら帰って来るお馴染みのトポスは存在しないのではないかとさえ思えてくる。

それゆえ、本書の企ても、アメリカ文化の雑多なキーワードから、アメリカ文化をなんとか探しあてようとする模索の試みとしてある。本書は、読者とともにアメリカ文化探求の旅に出てみようではないか、と誘なう書なのである。〈文化〉は、「具体的なモノ・コト」を通じて初めて、真に生きられた〈文化〉としての特性を語ることになる。具体的には、文学作品、美術、映画、音楽など多様なメディアを介しつつ、アメリカのさまざまな〈文化〉的特徴を、「具体的なモノ・コト」という特定の視点から読み解いていくことによって、アメリカ文化とは何かについて考えてみることができれば幸いである。

本書は、アメリカ文化の輪郭と個々の文化現象の内実とを、55のキーワードを手掛かりにして探り出してみようとしたものである。大まかなパラダイムとして、七つの括りからキーワードを抽出してみたが、これらはあくまで便宜的なプロセスにしたがったまでのものであり、これらの枠組みやキーワードがアメリカ文化の姿をとらえるのに必要にして十分な網羅を成し遂げているというわけでは勿論ない。実際、紙数の都合や単独のパラダイムとの親和性をはかることができない事情などにより、割愛せざるをえなかったキーワードも多数あった。しかし七つのコラムを配置したのは、その割愛の補遺ではなく、既存の記述に補助線を差し延べ、新たな光を射し込ませるための工夫である。割愛を補うことなどできはしないのだ。読者には、こうした工夫にも倣っていただき、それぞれの章の連関を横断的につけていただき、とらえがたいアメリカ文化の実体に迫って欲しい。

本書『アメリカ文化 55のキーワード』は、「世界文化シリーズ」のなかの一冊として企画され成ったものである。企画当初は、『イギリス文化 55のキーワード』と同時にスタートを切ったものの、さまざまな理由から遅滞状況が出来し、ここにイギリス版よりも随分おくれての上梓を果たすことになった。編者一同いつもこのようなことばかり書いているような気がしないでもないが、さまざま理由があったにしても、かくも遅れての登場の責めは、勿論ひとえに編者が負わねばならず、早くからお原稿をいただいていた執筆者の方々には、感謝するとともに深くお詫びしなければならない。また最後になったが、遅延続きの日程のなかで煩瑣な編集作業に忍耐強くあたられたミネルヴァ書房編集部の河野菜穂さんに、多謝の念をささげたい。

編者一同

二〇一三年十月

目次

地図1　アメリカ全土と地域区分

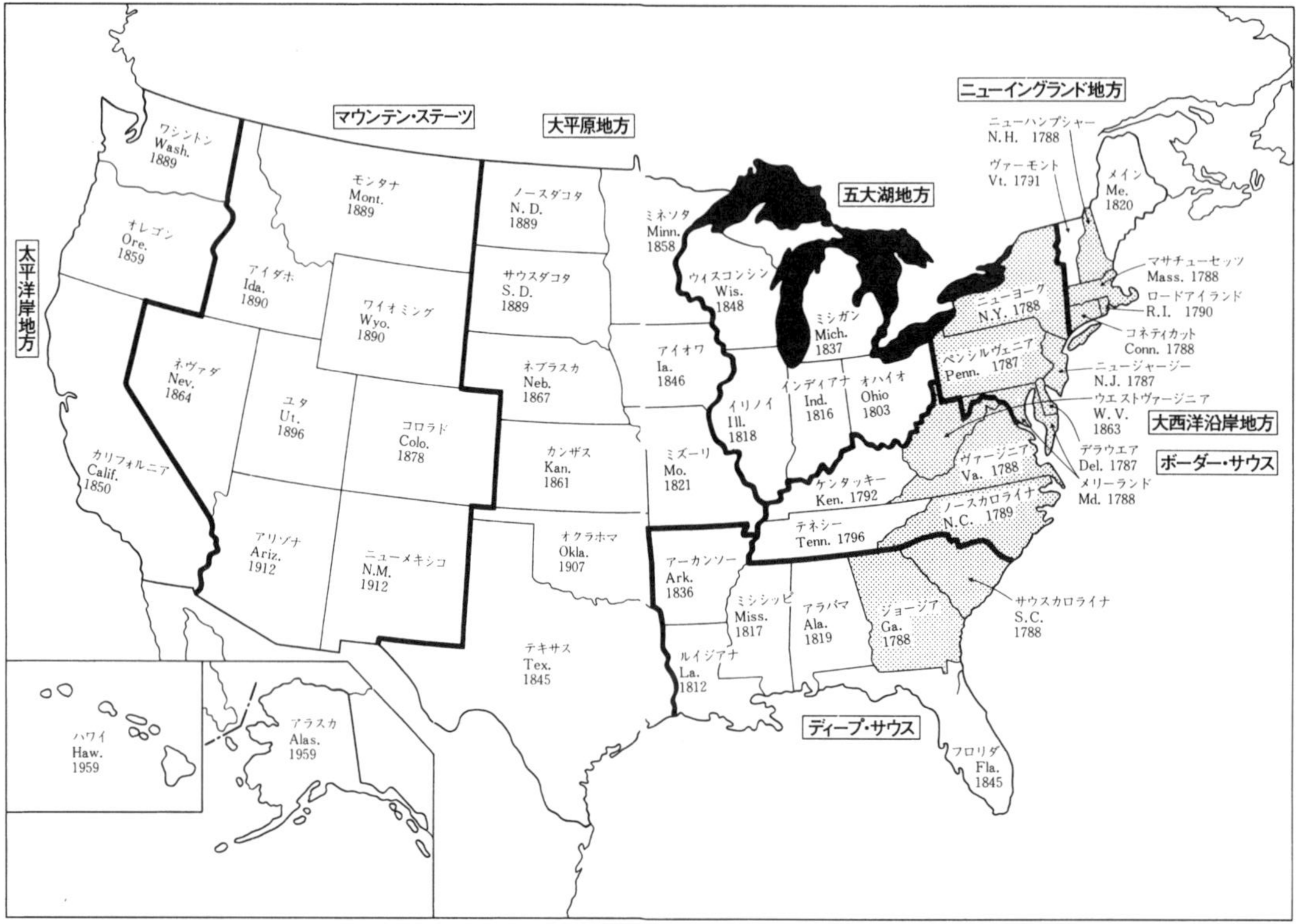

出典：板橋好枝／髙田賢一編著『はじめて学ぶアメリカ文学史』ミネルヴァ書房，1991年。

数字は各州の成立年を示す。

地図２　アメリカ地勢図

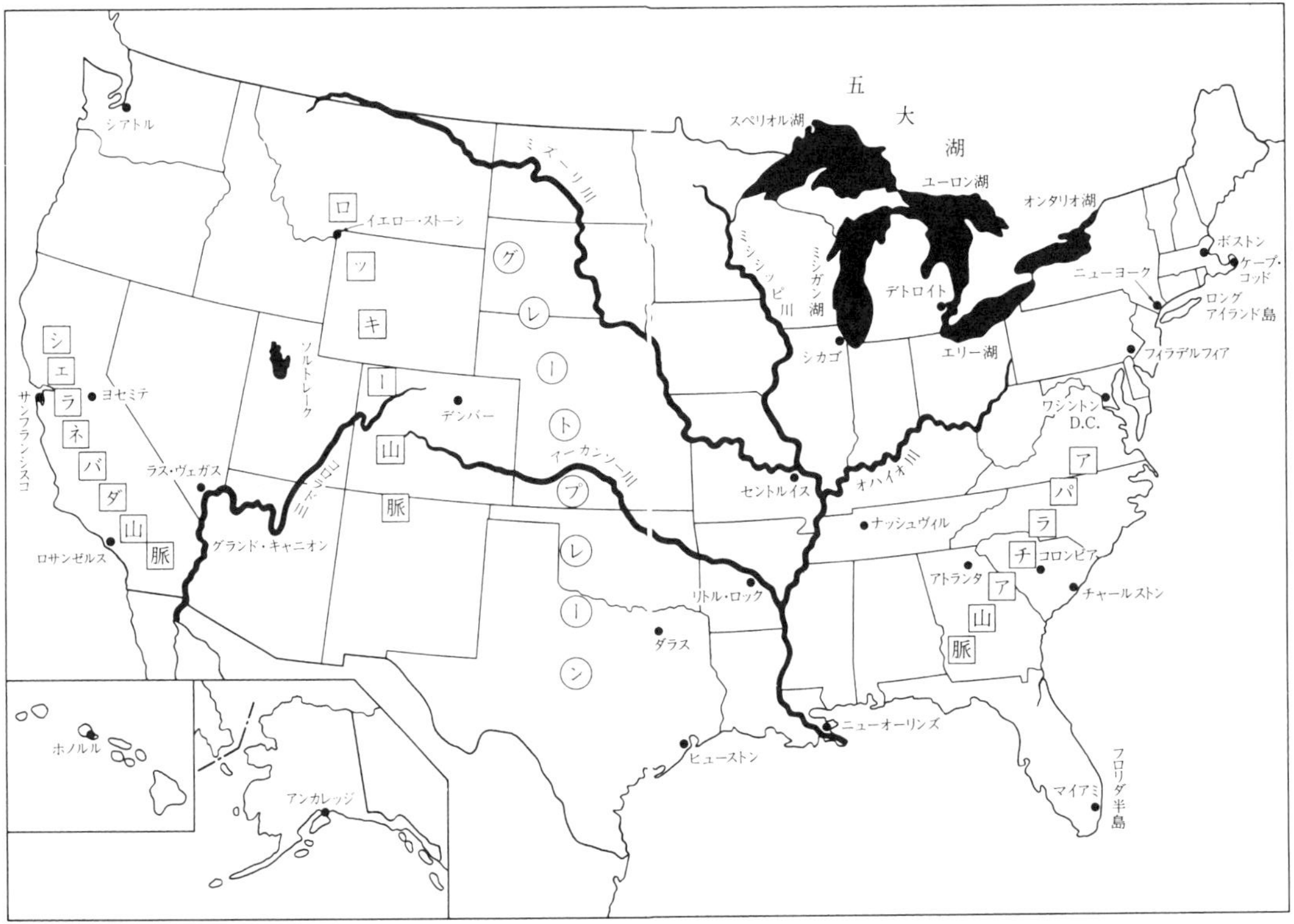

出典：地図１に同じ。

第1章

国家の創生

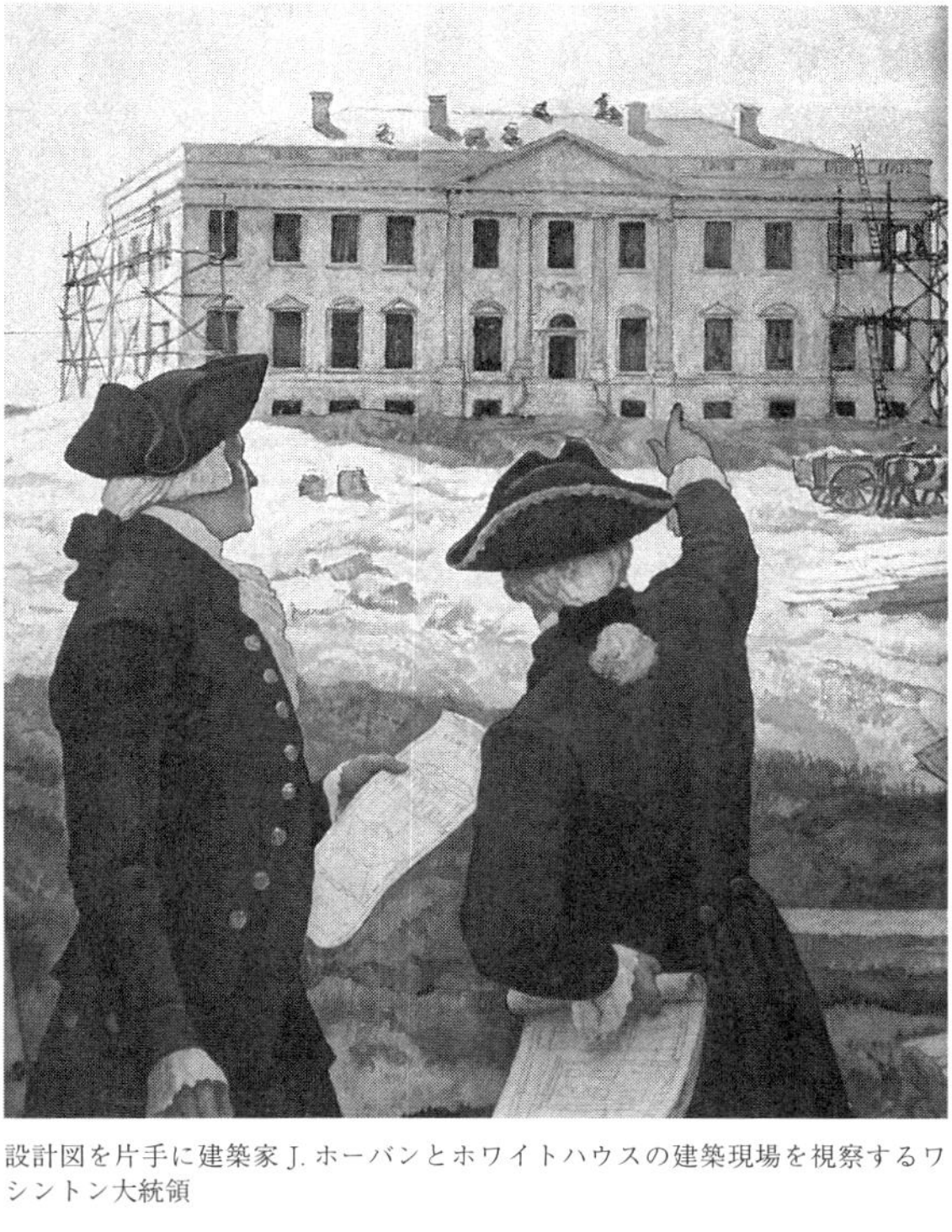

設計図を片手に建築家 J. ホーバンとホワイトハウスの建築現場を視察するワシントン大統領

国家の成立

アメリカ国家の成立は、独立宣言とともに成し遂げられた。当時アメリカにあった一三の植民地は統治国イギリスに対して一七七五年から独立戦争を戦っていたが、一三の植民地がつくる大陸会議が、七六年七月四日、独立宣言を採択し、ここにアメリカ国家は樹立されたのである。

イギリスは、六〇年フレンチ・インディアン戦争の勝利によって北米大陸での優位を確実にしてからというもの、植民地への圧政を強めていき、砂糖や印紙、紅茶など次々に課税を強化するに及んで、植民地人の不満はついに爆発し、独立戦争の火ぶたが切られたのだが、独立宣言は、独立戦争の戦局をにらみながらなされたというよりも、独立の大義がひろく植民地の人々に共有されてなされたといえるだろう。なかでも、トマス・ペインの『コモン・センス』は、七六年一月に出版され大変な売れ行きを示したが、君主国イギリスからの民主国家アメリカ独立の正当性と必要性を民主主義の常識から説き、植民地人の独立論醸成に決定的な役割を果たした。

独立宣言は、のちに第三代大統領になるジェファソンが起草し、「生命、自由、幸福追求の権利」という基本的人権宣言と、革命権の主張、イギリス国王への非難、独立の宣言などからなる。独立宣言がアメリカの独立を高らかに謳いあげたことは間違いないのだが、同時に独立は現実には戦争によって勝ちとられたという側面も忘れてはならない。この戦争が、革命とも呼ばれるゆえんだ。各地に展開したイギリス軍が次々と降伏し、イギリス議会で休戦法が決議され、八三年にパリ講和条約が締結されたことによって、アメリカ独立革命は成功したのである。八七年アメリカ合衆国憲法が制定され、翌年に発効、その後、ワシントンが初代大統領に選出された。ワシントンは、強大国家イギリスとの困難な戦争を勝利に導いた将軍だった。

西への膨張

一三植民地が独立を果たして以降、アメリカの命運は、北米大陸の西に広がる未開拓の国土のゆくえにかかっていた。ジェファソン大統領は、一八〇三年にナポレオン執政下にあったフランスからルイジアナを購入した。これによって、ミシシッピ以西の広大な領地がアメリカのものとなった。それは面積にして二一〇万平方キロにも及び、現在の一五州にまたがる途方もなく広大な領地であったが、これによって、当時のアメリカは領土が一挙に二倍となったのである。さらに四〇年代以降、その領土をはるかに超えて、太平洋に達することが、「明白なる天命《マニフェスト・デスティニィ》」の合言葉のもとに目指されていった。「明白なる天命」とは、四五年、テキサス併合を正当化するため、西方への発展は神によってアメリカに課せられた天命であると主張するジャーナリスト、ジョン・オサリバンによって案出された言葉である。この言葉のもとに、西方への領土拡大は続いていった。人々は土地を求め、西へ西へと移動した。また四九年にはゴールドラッシュが起き、西漸運動はアメリカン・ドリームと、ますます結びつくようになった。南北戦争終焉の六〇年代後半に始まり、国勢調査局による一八九〇年のフロンティア消滅宣言まで、西部開拓時代は続いていったのである。

アメリカの国民性の形成

アメリカ人の基本的な国民性は、なにがしか国家創建によって培われてきた。自由を愛し自主独立と民主主義を尊ぶ国民性は、国家創建の経緯と不即不離にあることはいうまでもないが、その一方で、暴力に対してどこか寛容な傾向や、将軍や英雄を無条件に礼賛しがちな姿勢は、流血のなかから独立を勝ちとってきた独立革命から形成されてきた。当時、植民地アメリカは訓練の行き届かない大陸軍のほかは、動員された自警団員とそう違わない多数の民兵に頼るしかなく、民間人の武器携帯の権利が民兵尊重の気風とともに伝承され、ひいては現代にいたるまでの銃の流通につながり、アメリカ人の国民性に人命軽視とも受けとられかねない暗い影を投げかけている。憲法修正条項第二の「武器を所持し携帯する権利」を根拠にして銃の規制を妨げてきたのが、強力な圧力団体である全米ライフル協会（National Rifle Association）であるが、アメリカ人の開発したライフルはイギリスが持ちえなかった新式の銃であり、戦局にも大きな影響を与え、輝かしい独立を導いた。このような意味で独立のシンボルになっているライフルを擁護する協会は、単なるライフル愛好家の集団ではなく、アメリカ伝来の価値を守り抜く政治団体なのである。

そして、西部開拓もまた、アメリカ人の国民性に大きな影響を与えている。西への移動は未来であり、成功の機会をはらんでいた。実際、西に向かい金鉱や油田を掘り当てた者がいたし、未開拓の土地を一定期間耕せば無償で土地を払い下げるとした自営農地法（Homestead Act）により、無一物の者が実際に自営農民になりおおせたのである。こうして、移動《モビリティ》に特別な価値を見出す国民性が醸成されていった。

（笹田直人）

図１　ポール・サイモンのアルバム「There Goes Rhymin' Simon」(1973年)。“American Tune” が収められた作品

1　アメリカ幻想——新世界へ

「アメリカのうた」

海に向かって船出する「自由の女神像（The Statue of Liberty）」——J・S・バッハの受難曲の旋律を借りた、歌手ポール・サイモンによる、一九七三年の「アメリカのうた（“American Tune”）」の一節である。六九年にアポロ一一号が月面着陸を果たし、七二年、ウォーターゲート事件、そしてこの歌が出た七三年には、ベトナム戦争が終結。そんな時代の激動と気分を見据えながら、唄われるのは、「メイフラワー号」で新大陸アメリカに到達した最初の植民者たる「ぼくら」、そして「月に向かった船」に乗った「ぼくら」、そして、いま悲痛なまでの無力感にさらされている「ぼくら」だ。

疲弊感が全編を覆い、そのなかで、何が間違っていたのか、なぜこうなったのかをニヒリスティックに語る。その断片的なモノローグ、その陰鬱が魅力的な歌である。それは、アメリカン・ドリームとして肯定的に語り続けられた成功の夢の対極にある挫折した夢のようだ。にもかかわらず、このモノローグが、強い喚起力をもつのは、疲弊と挫折の歌だからではない。何よりもそこに《アメリカ》が召喚されているためである。「自由の女神像」「メイフラワー号」「アポロ一一号」——アメリカ的なこの三つの象徴《イコン》に言及するだけで、歌の世界は一変する。現実の極限的な疲弊感と対を成すように、これら三つの象徴が呼び起こされ、「アメリカのうた」

図2　自由の女神像

図3　プリマスに上陸したピューリタンとメイフラワー号

に変成するのだ。

これら歴史的事象の三点セットには、いずれも「船」が関与している。メイフラワー号は、一六二〇年、大西洋を渡って、ピューリタン植民者を運んだ。「自由の女神像」は、一八八六年、フランスから航路、大西洋上を輸送された。そして一九六九年、「アポロ一一号」は宇宙空間という新しいフロンティアに向かう宇宙船《スターシップ》として月面に到達した。また、「アメリカのうた」というモチーフには、ウォルト・ホイットマン（Walt Whitman, 1818-92）の「ぼく自身の歌（*Song of Myself*）」の残響が潜んでいる可能性も否定できない。一九世紀後半、ホイットマンは、「アメリカ合衆国そのものが最高の詩である」（『草の葉』一八五五年版序文）と、極度に理想化したアメリカを激しく歌った詩人である。先駆的な「アメリカのうた」の一つだ。その意味では、ポール・サイモンの「アメリカのうた」は、「ぼく自身の歌」の二〇世紀後半における陰画でもあろう。

可能態《オルタナティブ》としての《アメリカ》

疲弊の果ての夢のなかに浮上するアメリカ的イコンが誘う、もう一つのアメリカの夢。二〇世紀後半のアメリカ文明のただなかで夢見られているもう一つのアメリカ、可能態《オルタナティブ》としての《アメリカ》。ナショナリズムや愛国的心情の発揚として歌われる愛国歌の類いであればともかく、ポール・サイモンのこの歌はその種の歌ではない。むしろ、逆に、アメリカに対する深い絶望、そしてそこに生きる自己の無力と失意を歌っているのだ。にもかかわらず、どこかで《アメリカ》の象徴を召喚せ

図4　ジャズ・エイジのミュージシャンたち。最前列に若き日のルイ・アームストロングがいる

ずにはいられない。きわめてアメリカ的な、国家へのこのような抒情は何を意味するのか。

「アメリカのうた」がメイフラワー号や自由の女神像に触れていることからわかるように、そこにはアメリカの起源をめぐる物語がある。厳密な意味ではなく、象徴的な意味における「建国神話」である。それはアメリカの出発点をめぐる物語であり、いいかえれば、「私たちはどこから来たのか」という問いと一体となっている。「ぼくらは来る　メイフラワー号という名の船で」というときの「ぼくら（we）」という人称代名詞がその問いを承けている。現実のアメリカを生きる「ぼくら」が、可能態《オルタナティブ》としての《アメリカ》を、つまりはアメリカ幻想を呼び起こすときに生まれるこのような抒情性は、かつてヨーロッパにとっての「新世界（New World）」であったアメリカ、ヨーロッパを乗り越える未来として幻想されたアメリカ、デモクラシーのアメリカ、資源と機会に恵まれたアメリカ、開拓民のアメリカ、原始の自然が息づくアメリカなど多様なイメージの集合体を基盤としている。

ギャツビーのアメリカ

一九二四年、スコット・フィッツジェラルド（F. Scott Fitzgerald, 1896-1940）『偉大なるギャツビー』が描き出した、ジャズ・エイジの騒擾と華美と疲弊の世界の終わりにも、すでに、あの幻想の《アメリカ》、可能態としての《アメリカ》が召喚されている。主人公ギャツビーの死後、物語の語り手であるニック・キャラウエイは、ギャツビー邸を訪れ、その「祭りの跡」を見ながら、やがて一つの幻想に

図５　雑誌の表紙を飾ったニューヨークの高級ホテルとして著名なプラザホテル（1922年）。『偉大なるギャツビー』の舞台の一つ

想いをいたす。それは、月明かりの下に、つまりは人工の光ではなく自然の光の下に浮かび上がる、いまある現実とは異なる世界であった。いま、ギャツビーの豪邸がある一帯は、かつては太古より続く森であった。かつてこの新大陸にやってきた「オランダ水夫」たちは、その森を「瑞々しい、新世界の緑色の胸」として、その美しさに魅惑され、息を呑むように見つめたに違いない。ギャツビーの二〇世紀から顧みれば、そのとき、「オランダ水夫たち」が眼前にしたアメリカは、「人間のあらゆる夢のうち、最後の、そして至高の夢」であり、その比類なき美は「歴史上、最後に、みずからの驚異の能力の限りを尽くして」向き合った何かであると作者は語る。

華美で虚妄に満ちた現実のアメリカのその過去に、「瑞々しい、新世界の緑色の胸」を幻視する有名な場面である。現実の輪郭が徐々に解けて、幻想としての《アメリカ》がそこに浮上する。それは、かつてオランダから新世界アメリカにやってきた者たちがこの地に投じた「至高の夢」を追想する行為であった。物語の終焉が、このようなもう一つの物語《オルタナティブ》を呼び寄せるという構図こそは、《アメリカ幻想》という、一面できわめて抽象的でありながら、同時にきわめて根源的な「魅惑のひととき」を招来する「何か」であるに違いない。

特定の国家や文化圏がある種の幻想性を放つことは、けっして例外的なことではないかも知れない。しかし、「自由の女神像」のレプリカが世界中で流布され、政治的な場面で使われ続けてきた理由もまたアメリカ幻想の歴史にあるだろう。

（野田研一）

2

宗教——迷信から理性の時代へ

ヨーロッパ列強による宗教と領土

大航海時代から新大陸の発見まで、カトリック国のポルトガルとスペインは圧倒的な強さを誇り、国土と宗教の拡大を目的とした。ポルトガルは一四九八年にインドに到着し、さらに一五二二年にフェルディナンド・マゼラン（Ferdinand Magellan, 1470?-1521）は世界一周に成功した。一方スペインは一四九二年にクリストファー・コロンブス（Christopher Columbus, 1451-1506）がスペイン国王フェルディナンドとイサベラの援助を得て新大陸に到達した。二つのカトリック国の領土争いを調停するため、ローマ法王アレキサンデル六世は一四九四年のトリデシリャス条約（Treaty of Tordesillas）で、ケープ・ヴェルデ諸島の西方一七七〇キロの子午線を境にスペインは西側、ポルトガルは東側を領土とした。これによりスペインはアメリカにカトリックを布教した。後発のカトリック国のフランスは、イタリア人ヴェラザノに命じて一五二四年にハドソン川に到達し、その後J・カルティエはカナダ地域のセント・ロレンス川を発見し、勢力は五大湖のスペリオル湖まで及んだ。

プロテスタントの英国はエリザベス一世が一五八八年にスペインの無敵艦隊アルマダ（Armada）を撃破して、急速に北アメリカ大陸に進出し、宗教に寛容なプロテスタントのオランダと競争した。英国はエリザベス女王の死後一六〇六年にジェイムズタウンに入植し、農業を中心に植民地を創設した。アメリカは、フィッツジェ

図１　ジョン・ウィンスロップ（マサチューセッツ湾植民地創設の最も重要な政治家）

ラルドの『偉大なるギャツビー』のなかで、オランダ人が夢見た「瑞々しい、新世界の緑色の胸」として理想化されて描かれた。

アメリカ大陸の植民と宗教

ヘンリー八世の離婚問題を発端に、英国はローマ法王のカトリック教会から独立し、一五三四年の首長令により英国国教会を設立した。その後継者であるエリザベス女王は一五五九年の国王至上法により英国国教会を支配下に置いた。その目的は政治と宗教における国王絶対主義であったが、ピューリタンはこれに反対し、純粋な宗教改革を推進しようとした。彼らは英国国教会と縁を切った「分離主義者」と、分離せずに内部から改革しようとした「非分離主義者」に分けられる。

ジェイムズ一世の時に英国からオランダに逃れた分離主義者は一六二〇年アメリカに渡航してプリマス植民地を創設し、「ピルグリム・ファーザーズ」と呼ばれた。彼らは「メイフラワー盟約」に署名して共同体の政府を樹立することを約束した。

マサチューセッツ湾植民地は、ボストンを中心に一六三〇年にジョン・ウィンスロップ（John Winthrop, 1588-1649）が率いた非分離主義者のピューリタンによって建設された。彼らは英国国王からマサチューセッツ湾会社を創立する勅許状を与えられ、法人植民地として植民地総会議を開催して自治を行った。ウィンスロップは「キリスト教徒の愛の原型」（一六三〇年）のなかで、共同体の「兄弟愛」や「公共」の重要性を強調し、神との契約を守り「丘の上の町」を建設する決意を述べた。教会は「恩恵の契約」をもつ「見える聖徒」により構成されたので、会衆主義と呼

図２　ジョン・コットン（マサチューセッツ湾植民地の宗教指導者）

ばれた。その思想的源泉はカルヴィン主義の予定説で、原罪を犯したアダムとその子孫を憐れんだ神が、救済を予定する者に「恩恵の契約」を与えたとする考えである。一六三〇年代は政治と宗教が深い関係をもつ「神権政治」が行われ、神学者として指導的立場にあったジョン・コットン（John Cotton, 1584-1652）は回心体験告白の制度を確立し、救済された聖徒を選ぶ教会の入会テストが行われた。自分たちは神により選ばれた者であるという選民思想は現在のアメリカの「使命感」に通ずる考えである。彼らは個々の教会の自治を重視し、牧師を選び、教会を監督する上部組織も置かなかった。このような民主主義的な運営は政治にも影響した。

宗教の衰退と理性の時代

アメリカへの移住の第二世代となる一六六〇年以降は「エレミアの嘆き」の時期で、信仰心が衰退した。一六六二年の「半途契約」は回心体験告白を行わない教会員に子どもが生まれた際に幼児洗礼を認めた。これは教会員の減少をくい止める手段であった。サミュエル・ダンフォースは「ニューイングランドに託された荒野への使命」（一六七一年）で、アメリカに課された歴史的使命を思い起こすよう説いた。しかし植民地では使命感とは反対に、一六七五年に先住民とフィリップ王戦争を戦い、一六八四年に勅許状は無効となった。一六九二年にセイラムの魔女裁判が起き、二十数名が犠牲となった。コットン・マザー（Cotton Mather, 1663-1728）は魔女裁判を悪魔の陰謀であるとみなして信仰の悔い改めを促したが、「霊的証拠」に依拠した非科学的な裁判は一年で終結した。

図3　ジョナサン・エドワーズ

図4　現在のボストン市内

宗教を再生しようとして一七四〇年代にジョナサン・エドワーズ（Jonathan Edwards, 1703-58）が中心となり「大覚醒」が起きた。英国のテナントやホイットフィールド（George Whitfield, 1714-70）は、ニューイングランドからジョージアまで巡回説教を行った。ジョン・ロックの経験哲学から「感覚」の重要性を学んでいたエドワーズは、センセーショナルな説教「怒れる神の手の中の罪人たち」（一七四一）を行ったが、回心体験告白を復活して反発を受け、教会の牧師の地位を追われた。

一八世紀に入るとニュートンの物理学を主体とするヨーロッパの啓蒙思想が広まり、自然現象は科学的に解説された。啓蒙主義の影響から宗教は衰退し、教会の権威は弱まった。啓蒙主義は科学により自然現象を予測可能としたので、カルヴィン主義における絶対的な「神の主権」や「選別」は薄れた。世界を神が創造した「完璧な機械」と考えて宗教と科学を融和させた理神論（Deism）は、アメリカ革命まで多くの知識人に支持された。理神論は神の精密機械を分析して神を知ることを目的としており、神の存在を認めているので、無神論ではない。フランクリン（Benjamin Franklin, 1706-90）はピューリタンの道徳と勤勉さを世俗化し、トマス・ジェファソン（Thomas Jefferson, 1743-1826）は迷信的な奇蹟に疑問をもち人間の理性を信頼した。彼らは敬虔さを保持しつつ新しい科学を導入し、知性により人間を「自立」させて、アメリカ独立革命の思想の源泉を創りだした。こうして個人の知性から大衆の判断力を重視するようになり、民主主義の素地ができた。

（小倉いずみ）

3 アメリカの「マイノリティ」——混交する身体、溶解する境界

図１　「シャイアン族のベル“ハティ”バレンティ」（2004年）

混血インディアンの意味するもの

伝統の衣装に身を包み、威風堂々とこちらをまっすぐ見すえる金髪のシャイアン族の少女と、国勢調査の人種の自己申告欄を背景に、屈託のない笑顔で木箱のなかに収まる混血の少年。チェロキー族出身の画家、アメリカ・メレディス（America Meredith, 1972- ）の描いた子どもたちである。メレディスは先住民の現在をありのままに描く画家である。少女の絵は、二〇世紀初頭に撮影された肖像写真の写生画だが、シャイアン族居留地内にはドイツ系移民の住人も多かったことから、混血の先住民が二〇世紀にはすでに日常的に存在していたことがうかがえる。また、少年の笑顔からは、人種の現実を機械的に処理しようとする国勢調査では可視化されない、より複雑なアメリカ人像とその未来が垣間見える。

アメリカ文学における「混血」の不／可視性

一五世紀以降、アメリカ大陸には人種も文化も異なる移民が次々とやってきたが、多様な人種が混淆していく実態を体現していたのが混血の人々の存在であり、その物語は文学にも表現された。先住民文学では、オカナガン族のモーニングドーブ（Mourning Dove, 1888?-1936）や、ラグナプエブロ族のレスリー・マーモン・シルコウ（Leslie Marmon Silko, 1946- ）が「混血」をテーマとする小説を書いたが、先

図２　「アガリシガがボックスをチェックする」（2006年）

住民文学以外でも、小説『パッシング』（一九二九年）を著した黒人作家のネラ・ラーセン（Nella Larsen, 1891-1964）をはじめ、自らをヨーロッパ系アジア人と称したスイ・シン・ファー（Sui Sin Far）ことイディス・モウド・イートン（Edith Maude Eaton, 1865-1914）、チカーナのグローリア・アンサルドゥーア（Gloria Anzaldúa, 1946-2004）やパット・モーラ（Pat Mora, 1942- ）など、混血の人々を、主体的な声をもつ語り手として、あるいは背景で沈黙する人物として表現した書き手は少なくない。このように、人種の混血性に着目したアメリカ文学の著作は少なくなかったにもかかわらず、混血の問題がアメリカ社会のなかで白人と非白人の対立問題ほど前景化されてこなかったのはなぜだろうか。

人種の混淆と国家的アイデンティティの揺らぎ

一九世紀から二〇世紀にかけて、アメリカの国家的アイデンティティは、国民の人種やエスニシティ、国籍、言語、性などの問題と不可分の関係にあった。どのようなアメリカ人観のもとに「アメリカ」を形成していくべきかという問いのもと、「人種のるつぼ」「アメリカニゼーション」「白人中心主義」「文化多元主義」などが議論されたが、人種的隔離や同化または多文化政策を含め、人種や文化に関わる制度は、国家の目指す自己像の形成へ向けたそれぞれの時代の多数派の民意を反映するものだったといえる。混血のアメリカ人の苦悶や葛藤は、こうした国家的アイデンティティ観のもとで明確に線引きされ、合法化された属性のどこにも居場所を許されないという、いわば「押しつけられた非合法性」によって、社会的他者としての立場を余儀なくされてきたところに生じる。とくに白人と非白人という対立的な人種の混血には、覇権的な白人社会ばかりでなく非抑圧者である非白人の社会からも疎外される現実への根源的な不安や恐れが暗い影を落とした。

しかし、人種的属性に収まらない存在が疎外される過程で、不安や恐れに苛まれていたのは、実は疎外する側の人間も同じだったのではないか。レスリー・M・シルコウの小説『儀式』(一九七七)に登場する混血のメキシコ女性ナイト・スワンは、自分と同じく白人との混血である先住民の主人公テイヨに、人間は「変化」を恐れるものだと説く。子孫に自らと同じ肌や目の色を求めるのも、自らと身体の姿形が異なる者を排除するのも、変化するものと変化しないものの本質を見極められず、変化する現実を拒絶することでしかその現実を生き延びられない人間が、自らの内に巣食う恐怖や脆弱さから目を背けたいがゆえに行う行為なのである。

「マジョリティ」と「マイノリティ」の対立

人間を分け隔て、中心と周縁からなる権力構造のなかで周縁を差別する意識はどの社会や文化にも存在すると考えられるが、民主主義を建国の理念とするアメリカでは、個人は、自分や自分が属する共同体の権利や尊厳を守ることにとくに敏感であることが求められる。アフリカ系アメリカ詩人オードリー・ロード(Audre Lorde, 1934-92)も指摘するように、人間の不和の原因は、人種や年齢、性などの差異の存在そのものではなく、差異の存在や意義を認めない態度や、差異への間違った理解に基づく人間の行動である。しかし、混血性は、既存の差異の認識では定

図3　ジョージア州アトランタの夫婦（*Mine Eyes Have Seen* より）

義できない領域として、「マイノリティ」や「マジョリティ」という二項対立的な構図はもちろん、差異や境界線の存在そのものへの疑問を促す。一六二〇年にケープ・コッドに到着したピルグリム・ファーザーズたちの建国神話、あるいは白人中心イデオロギーによって特権を与えられた「大きな物語」を切り崩していくのが「マイノリティ」の紡ぐオルタナティヴな「小さな物語」の集合体だとすれば、「混血」は、「マジョリティ」対「マイノリティ」という二項対立的構図の外部に位置することによって、そのような構造に無批判なまま「白人」と「非白人」が覇権争いを繰り返してきたアメリカ社会のありようを問い直す視座を提示する。

増殖する意識、未完の物語

今日のアメリカには、混血の人々のほかにも、新たなセクシュアリティの形を主張するＬＧＢＴ（lesbian, gay, bisexual, transgender）の人々や、異なる国家の狭間に位置するディアスポラの人々など、既存の価値観による枠のなかには収まりきれない人々の声が増殖し続けている。ベトナム系ディアスポラの映像作家トリン・Ｔ・ミンハ（Trinh T. Minh-ha,1952- ）は、二つの国家、二つの文化の狭間に生じる第三の領域を、日の出と日没、昼と夜の二種類の光が混じり合う「薄明（twilight）」の時間と表現しているが、複数の光が混淆しながら増殖していくアメリカ大陸という空間は、新たな意味の可能性に満ちた多義的な空間であり、それ自体が未完の物語であるともいえる。アメリカは、絶えず変化する未完の物語として、これからも境界線の神話を覆す、新しい人間の姿を呈示し続けていくことだろう。（喜納育江）

4 独立革命——革命の大義とその影

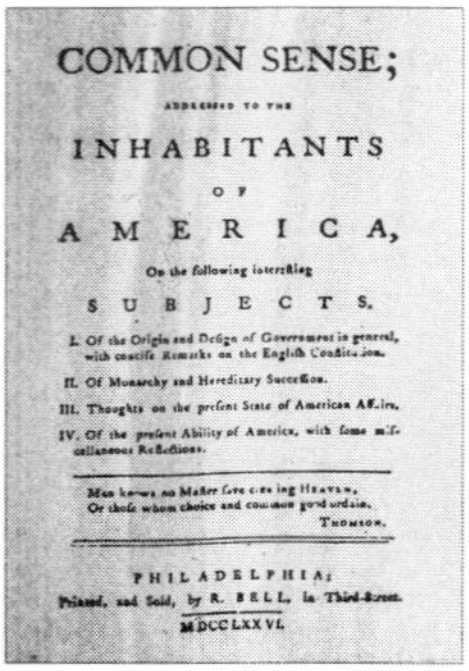
COMMON SENSE;

ADDRESSED TO THE

INHABITANTS

OF

AMERICA,

On the following interesting

SUBJECTS.

I. Of the Origin and Design of Government in general, with concise Remarks on the English Constitution.

II. Of Monarchy and Hereditary Succession.

III. Thoughts on the present State of American Affairs.

IV. Of the present Ability of America, with some miscellaneous Reflections.

Man knows no Master save creating Heaven,
Or those whom choice and common good ordain.
THOMSON.

PHILADELPHIA;
Printed, and Sold, by R. BELL, in Third-Street.
MDCCLXXVI.

図２　『コモン・センス』タイトルページ

図１　ボストン茶会事件の版画。1789年出版

独立革命の大義

独立革命（一七七五―八三年）は、一三植民地が、イギリス本国の政策に抵抗したことから起こった。七年戦争のため財政状態が悪化していたイギリスは、植民地に対して、通貨法（一七六四年）、砂糖法（一七六四年）、印紙税法（一七六五年）、軍隊宿営法（一七六五年）、タウンゼンド諸法（一七六七年）など、厳しい課税・管理政策を進めていた。それに対して植民地側はイギリス商品不買運動や本国議会への請願を繰り返していたが、一七七〇年三月、ボストン市民五名がイギリス駐屯兵により射殺されるというボストン虐殺事件が起こる。さらに七三年一二月、茶税法に反対した急進派住民がボストン港停泊中の東インド会社の船から茶箱を投棄したボストン茶会事件を経て、イギリスは植民地懲罰諸法を定めた。七四年には植民地側が大陸会議を結成、七五年四月一九日レキシントンとコンコードでイギリス軍と植民地民兵が衝突し、革命となる戦争が始まった。

独立論を一気に高めることになったのは、七六年一月の発売から三カ月で一二万部を売ったトマス・ペイン（Thomas Paine, 1737-1809）のパンフレット『コモン・センス』だった。わかりやすい言葉で世襲君主制を批判し、独立の利点と可能性を論じ、共和主義の大義を論じた『コモン・センス』は植民地の世論に大きな影響を与えた。同年七月四日、独立を主張する愛国派とイギリスとの和解を望む王党派と

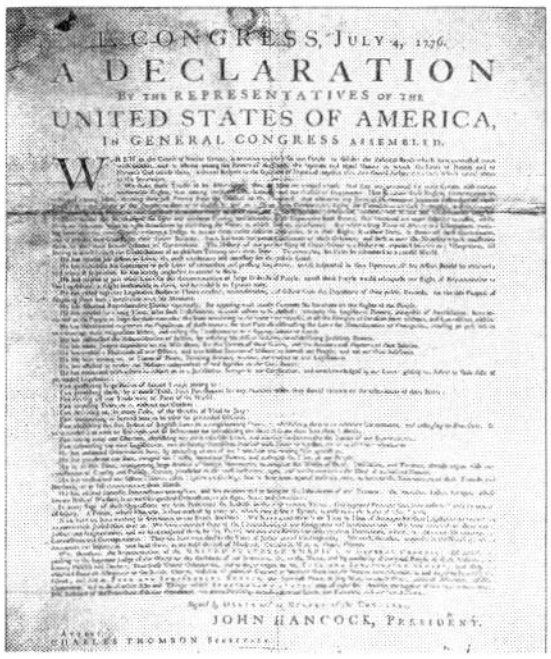

図3　印刷された独立宣言。約200部が流通

に二分されるなかで、大陸会議は独立宣言を公布する。のちに第三代大統領となるトマス・ジェファソンが起草した独立宣言は、独立の大義を公に表明することを目指した。万人の「生命、自由および幸福の追求」の権利を高らかにうたった独立宣言は、国王ジョージ三世の悪行を列挙して独立を正当化するだけではなく、被治者の同意に基づくことが政府権力の根拠となるという「同意による統治」という一般原理を、アメリカが拠って立つべき基本原理として主張した。君主制を否定し共和主義という原理を主張した点で、フランス革命にもつながる革命的理念を植民地内のみならず国際社会に表明したのが独立宣言だったのである。

帝国間戦争

独立戦争の理念は革命的だったが、その戦いは国際的な帝国間戦争でもあった。北米植民地でのイギリスとフランスの最後の決戦ともいえるフレンチ・アンド・インディアン戦争（一七五四－六三年）で大敗したフランスは、北米の植民地を失っていた。プロシアとオーストリアの間で戦われた七年戦争（一七五六－六三年）では、フランスはオーストリアと同盟、それに対してイギリスはプロシアと同盟し、英仏の抗争を軸とするヨーロッパでの戦争はアジア、アフリカに拡大した。フランスが独立革命を支援したのも、イギリス帝国を弱体化させ、北米大陸でのフランス帝国の勢力を回復するためでもあった。一七七八年初頭まではイギリス帝国内の内戦にすぎなかった独立戦争は、フランスの参戦（一七七八年）、続いて北米大陸にやはり広大な植民地を有していたスペイン（一七七九年）、またオランダ（一七八〇年）が植民地側について参戦することによって、国際的戦争となった。戦争の長期化と拡大にともなって外国の軍事的援助を切実に必要とした植民地にとって、独立宣言は、国王に対する反乱に正統性を与えるだけではなく、独立国家となり外国と同盟するための手段でもあった。

大陸軍と民兵の活躍

独立革命を戦い抜いたアメリカの大陸軍には、正規軍だけではなく、多くの民兵が参加していた。民兵は武器の扱いには慣れていたが、正規軍なみの訓練を受けていたわけではない。また自分の住む土地を守るために参戦し、必要に応じて戦線を離脱する者も多かった。戦争の間、大陸軍の兵力は正規軍と民兵を合わせて二万を超えることはほとんどなかったという。一方、イギリス側は訓練をうけた正規軍約四万二〇〇〇名とさらにそれを補足するためドイツの傭兵約三万名という兵力だった。数や装備、訓練のうえで劣るものの、地形を知り尽くした民兵の活躍が独立戦争で果たした役割は大きい。また国際的な義勇兵の参戦もあった。フランス、ポーランド、そしてイギリスからさえも、共和主義の理念に共鳴してアメリカ軍に参加した。その意味でも国際性をもった戦争だった。

独立の陰で

独立革命の最初の犠牲者は、ボストン虐殺事件でイギリス兵に射殺された元奴隷、クリスパス・アタックスだった。独立のために約五〇〇〇人の黒人が戦ったが、

図４　ヘンリー・ペラム画のボストン虐殺事件

「生命、自由および幸福の追求」を万人の権利とした独立宣言文から、採択前に奴隷制を批判する文章が削除されたことはよく知られている。大陸会議が、全会一致で採択にこぎつけるまでの激しい政治的駆け引きは、一九六二年のミュージカル『一七七六』にも描かれている。独立革命で戦った元兵士など、独立革命後に自由を得た奴隷もいたが、一七八八年の憲法の発効とともに、南部での奴隷制はむしろ確固たるものになった。各州の代議員数を、上院においては同数、下院においては人口比で決定、奴隷人口の五分の三を各州の人口に加算することが定められ、奴隷貿易の禁止は一八〇八年まで待つこと、そして逃亡奴隷は所有者に戻すことが定められた。後の南北戦争（一八六一－六五年）につながっていく妥協である。それは自由と平等を求めて戦った黒人兵の姿を建国の物語から抹消したのであった。

女性たちもまた戦った。戦争前にはお茶や織物などのイギリス製品の不買運動を展開し、戦時中には父や夫、息子の不在と物資不足のなか、幼い子どもたちや家業、農場を守った。戦闘はニューヨークやサウスカロライナなど植民地各地で展開していたのであり、看護師や料理人として軍隊とともに移動する女性や、時には大陸軍の緊急連絡文書を秘密裏に運び、スパイを務める女性もいた。家庭を守り夫に従順であることが理想だった一八世紀の女性たちが、愛国派と王党派の双方において大きな社会的役割を果たしたが、革命後に従来の性役割が変化することはなかった。

しかし独立革命の進行に伴い、民衆は政治意識を高めていった。その意味で独立革命は、アメリカ人というアイデンティティを形成する決定的契機でもあった。

（外岡尚美）

5 「発見」の物語——植民地言説の系譜

図１　17世紀に描かれたコロンブスの英雄的図像（1638年）

新世界の発見

一四九二年——クリストファー・コロンブスがアメリカ大陸の一部を成すカリブ海島嶼に到達した。アメリカ大陸の「発見」という歴史的事蹟は何をもたらしたか。フランスの思想家ツヴェタン・トドロフ（Tvetan Todorov, 1939- ）は、この年、ヨーロッパは誕生したのであり、同時に、近代という時代が始まったのだとする卓抜な議論を展開している。ヨーロッパが誕生したとは、アメリカ大陸という未知の大陸が〈新世界〉（New World）として定位された結果、ヨーロッパがみずからを〈旧世界〉（Old World）として定位し、世界の版図の拡大を認識すると同時に、ヨーロッパが世界の中の一地域、一部にすぎないという相対的自己認識を産出したことを意味する。自分たちの世界こそが〈世界〉のすべてであるという認識の布置が、このヨーロッパによる「発見」によって自壊し、ヨーロッパのローカリティが明確になったのである。

歴史学的に厳密にいえば、コロンブスのそれはかならずしも発見ではなかった。それでも、かれの発見が依然として大きな意味をもち続けているのは、その後の世界に、歴史的かつ象徴的なコンテクストを生成し続けているからである。その一つが、〈発見〉（discovery）という観念である。アメリカ大陸は〈発見〉された世界である。この事実は、アメリカ大陸とその世界が一貫して、〈発見〉されるべき世界

図２　ルネッサンス期の発見と発明を描いた版画。左側の円のなかにアメリカの地図が描かれ，円周にコロンブスとアメリゴ・ヴェスプッチの名前がある

として、延いては、ヨーロッパによって見られるべき客体＝対象《オブジェクト》として布置され続けたことを意味する。アメリカ大陸も、その自然も、その先住民も、すべては非ヨーロッパ的なるもの、異質なるものの源泉として、〈発見〉の衝撃をもたらす力として、そしてヨーロッパの文明に対立する非文明／反文明および異文化の場として、さらには、プリミティヴなるもののモデルとして、逆説的にヨーロッパ近代の観念世界を構造化してゆくことになる。

コロンブスは何を発見したか

新世界アメリカの発見は、ヨーロッパ世界がそれまで「未知の大陸（*terra incognita*）」として空想し続けた世界の発見であり、大航海時代以降の植民地主義と異文化遭遇／衝突の最大のドラマとなった。ただ、そこにはそもそも〈発見〉とはどういう事態であるのかという問いを再考させるような出来事も含まれていた。『コロンブス航海誌』では、いよいよ新大陸の一部に近づくあたりから、ある特徴的な言語表現が目立つようになる。それは、「アンダルシアの四月のような気候であった」「海はセビリャの川のようにまことに穏やかであった」「カスティリャの四、五月ごろのように、青々とした葉が茂っており」といったレトリックである。未知の大陸を探検し、そこで観察しつつ記述される言葉、すなわち〈発見〉の具体を提示する言葉が、故国スペインの地名と風光への頻繁な言及であるとはどういうことか。

それは、未知を前にしたとき、人はそれに類似する既知を参照し、アナロジーに基づく比較／比定を行うという典型的な異文化認識のプロセスである。このような

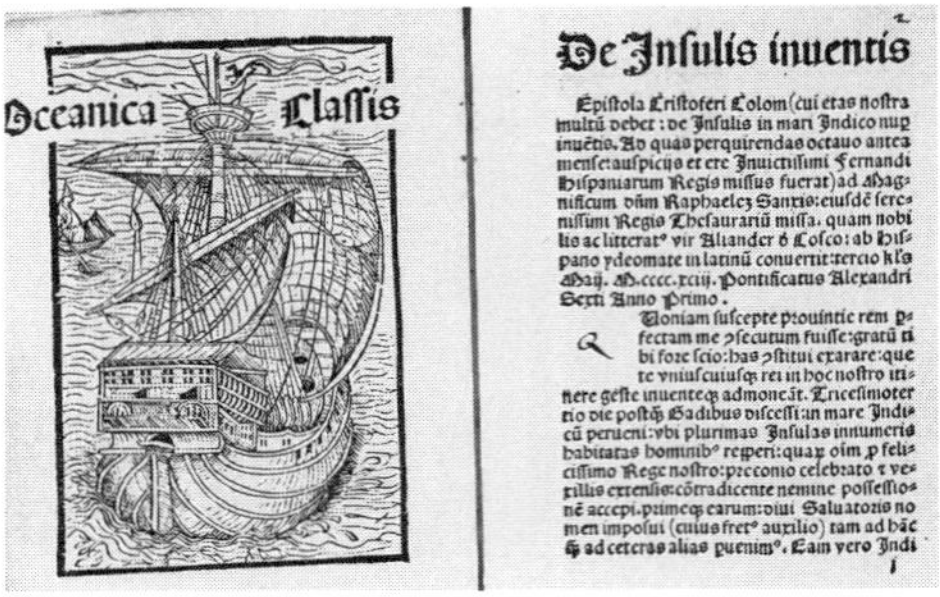

図３　新大陸発見を報告するコロンブスによる書簡（ラテン語翻訳）。1493年，スイスのバーゼルで出版されたもの

エクリチュールについて、歴史学者リチャード・ホワイトは「北アメリカにおける自然の発見」（一九九二年）という論文において、『航海誌』は、〈発見〉という出来事にまつわる、後代にまで及ぶ類似した「テクニック」や「問題」を内包していること、とりわけ「差異と類似」「何があり、何がないか」といった認識の方略を通じて、「アメリカの自然を知覚し理解しようとする試みの記録であった」と位置づけている。コロンブスは、未知の土地を前にして、なぜスペインのアンダルシア、セビリヤ、カスティリャといった地名に言及するのか。ホワイトのいう差異／類似（似ているか／否か）とあるか／ないか（存在／不在）の「方略」には、比較対照のための参照枠が前提となるからであり、その参照枠はいうまでもなく既知に属するからである。既知により未知を考量する。このような表現上の特徴に目を凝らしながら、ホワイトが問題視するのは、このような比較／比定の枠組みによって、対象それじたいは不可視化されるという事態である。

　このような認識の仕方を、『旅の思想史——ギルガメシュ叙事詩から世界観光旅行へ』（一九九一年）の著者エリック・リードは、「旅行者がコミュニケーションを実践する際、その行為者同士を結びつけるあの瞬間、あの〈現在〉を隠蔽する」行為だと批判する。未知を既知へと還元し、比較対照の視線を前提とすることそのものが、いま／ここで出遭っている事象を不可視化＝「隠蔽」するはたらきをする。それは、事実上、〈発見〉を不可能にし、出遭いを不可能にする「方略」にほかならない。ヨーロッパによるアメリカ大陸の発見は、本質的にはみずからにとっての〈他者〉の発見であった。トドロフに倣うならば、そのことによってヨーロッパと

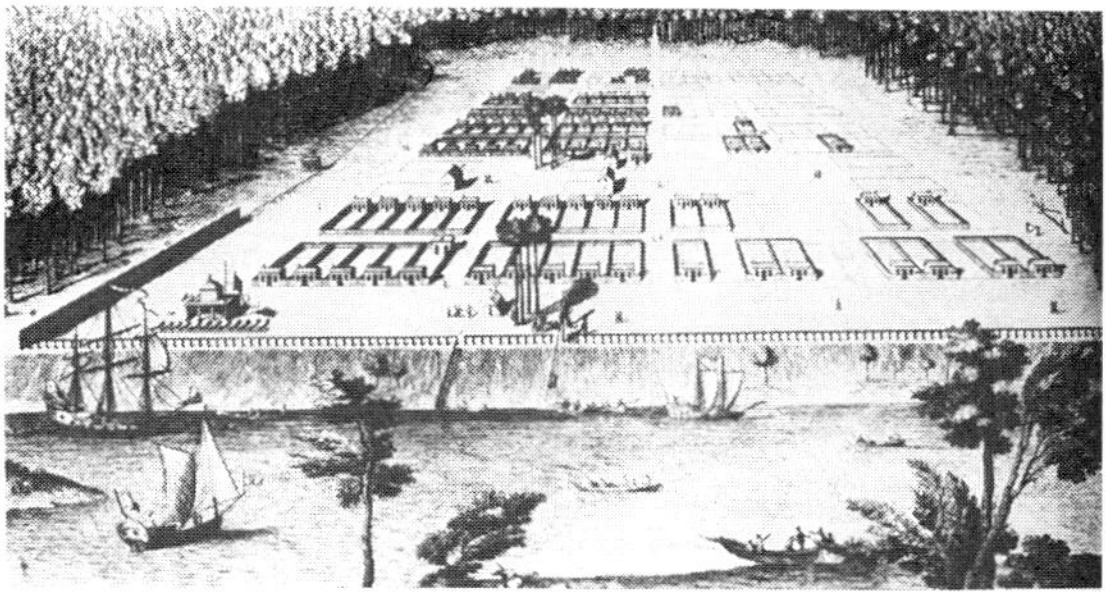

図4　開拓される新世界の表象（1734年）。ウィルダネスと文明の拮抗が描き出されている

いう〈自己〉が同時に発見されたという出来事なのだが、その出発点たる〈他者〉発見は、実践的にはきわめて矛盾に満ちた出来事であった。『征服の修辞学――ヨーロッパとカリブ海先住民、一四九二年―一七九七年』（一九八六年）の著者ピーター・ヒュームが指摘するように、「コロンブスが提示するヨーロッパと原住民の対話」なるものは、「ヨーロッパ人の独話」の域を出なかったからである。

ヨーロッパ人の「発見」の物語

ヨーロッパにとって、アメリカ世界の発見が〈他者〉との遭遇の壮大な歴史的経験であったように、アメリカ大陸へ移動し、やがてアメリカ人になる過程をたどった人間たちにとっても、アメリカは〈他者〉発見の歴史の場であり続けた。〈他者〉とは先住民であり、野生やウィルダネスとして表象される自然そのものであった。そこに、「発見の物語（discovery narrative）」の系譜が生成される。ヒュームは、ヨーロッパが、ヨーロッパのために産出した「非ヨーロッパ世界」を語る言語的実践の総体を「植民地言説」と名づけ、その分析を進めているが、その中心部を成すのが「〈発見〉という身振り」であり、それは同時に「何かを隠蔽する策略」であること、またそれは三〇〇年（一四九二―一七九七年）にわたって反復されてきたのだと指摘している。

このような「発見の物語」の系譜が、さまざまな探検家たちによる旅行記を経て、一九世紀アメリカのロマン主義文学にまで継承されていると想定する研究者もいる。そこに、アメリカにおける他者性をめぐる問題が潜んでいる。

（野田研一）

6 ヤンキーとサザナー――葛藤するふたつの相貌

ふたつのフロンティア、双頭のアメリカ

広大な西部へ国土を次第に拡大していったフロンティアの国アメリカ。しかし、アメリカは東から西に一直線に大きくなっていったのではない。アメリカの西漸運動には、北東部沿岸プリマスロックを起点とする北ルートと、のちのヴァージニア州ジェイムズタウンを起点とする南ルートがあり、アレゲーニー山脈を南北に迂回して、大陸の中央を流れる大河ミシシッピを横切り、今のミズーリ州あたりでふたつのルートは交差、そしてふたたび北西ルートと南西ルートにわかれる。フロンティアの動きは、さながら巨龍が二匹、大陸の中央で交わるがごときX字型をしていた。

フロンティアの存在が、広くアメリカ人の精神を形作っていったとするターナー(Frederick Jackson Turner, 1861-1932)の学説はその全体的有効性を失うことはないが、起点の違うふたつのフロンティアをたどって西に進んだ人々には、その起点を彩っていたふたつの異なる特徴がそれぞれ自然に備わっていた。アメリカは古代ローマのヤヌス神のように、北と南、ふたつの顔をあわせもった国だったのである。

図1　入植初期のジェイムズタウン

ヤンキー商人と南部農園主、並立するアメリカ人像

南北ふたつのフロンティアが交差するころにはアメリカ入植から二〇〇年が経過しており、それぞれのフロンティアの移動の軌跡に生じた事柄の違いが、そこをた

図２　南部農園主

図３　南部綿花農場と黒人奴隷

どった人々の気質あるいは自己イメージをある程度固定化しようとしていた。

北部は、何より旧世界からの精神的独立をモットーとし、政治・文化・教育の中心をなす沿岸都市部の養成とそれを支える農業・工業後背地の開発、両者を結ぶ交通網の整備等、いち早くシステマティックな近代社会樹立を目指した。これに対し南部は、温暖湿潤な自然を活かし、奴隷制度導入によって新大陸最大の問題である人手不足を解消し、旧世界を第一の市場とする換金作物栽培の農業社会を構築した。

北部人も南部人もいずれも未開の地を切り開いてゆく力強い進取の気性を共有しており、両者の相違をあまり強調するのは常に危険なのだが、それでも北部人のあいだでは清教徒由来の、身を慎み、努力を怠らず、理智を重んじる精神に重きがおかれ、一方、南部人にはのどかで享楽的な人生への姿勢、克己心というよりは自他ともに許し合う関係を重視する生き様をよしとする傾向があった。北部には個人が理想を効率的に追求する、言うなれば、タテ型社会が根づきやすく、一方南部には、彼らの産業が共同体互助を要する農業中心であったことから、ヨコの関係秩序を維持するためのエチケットやマナーが発達しやすい社会的風土があった。

彼らが自立した個々の植民地自治区の住民から、一八世紀後半、英国からの独立という急務のため小異を捨てて団結し、同じ国の国民であるという意識をもつようになると、むしろ彼らの間にある小異が鮮明に意識されるようになった。北部人は南部人の田園的生活をうらやむ一方、彼らの怠惰に流れがちな暮らしぶりや封建的気風を残した社交上の虚飾を批判した。そして南部人は北部の経済的発展に常に引け目を感じつつ、北部人の利ざとさ、人間関係における情の希薄さを悪し様に言い

図４　『アンクル・トムの小屋』初版挿絵より：トムに聖書を読み聞かせるリトル・エヴァ

つのった。彼らの典型的な人間像として、ヤンキー商人《ペドラー》と南部農園主《サザン・プランター》とが、社会構成の実体を越えて定着し、定着するとそれらは容易に是正されず、また彼らみずからの行動様式をそれに見合うように矯正するといった本末転倒さえ生じた。

ヤンキーとサザナー、対立深化の要因

そもそも南北の差異は、国家独立のためには乗り越えることも可能な「小異」にすぎなかった。しかし、その「小異」ゆえに、アメリカ史上空前絶後の大戦争が一八六一年に起こらねばならなかった。南北の軍事衝突の焦点は、南部奴隷制の存在にあった。北部の沿岸都市部に形成された知的市民階層の間に、一八二〇年代以降、奴隷制度廃止の気運が高まってきたのが直接の原因である。それは間もなくハリエット・ビーチャー・ストウ（Harriet Beecher Stowe, 1811-96）の大作『アンクル・トムの小屋』（一八五二年）に結実した。ストウの小説は南部奴隷領主たちのキリスト教徒的良心に訴えることを主眼とし、彼らの非人道性を徹底攻撃するというより、奴隷労働の上に成立した物質的安寧が抗いがたい生活の惰性となり、正しい行動に踏み切れないでいる彼らのその意志薄弱さに抗議したのだ。

実のところ、奴隷制度が自由と平等の国アメリカに存続し続けている矛盾はアメリカ建国以来あきらかだった。奴隷制農業を産業基盤におく南部はそれでもこの制度を擁護しなければならなかったので、南部人はたとえばストウのような知情をつくした批判に対しても後に引けず、あらゆる危うい知見を総動員し、その存続を主張した。そしてその形勢不利な後退戦のなかで南部人は、彼ら自身の黒人奴隷に対

図５　ヤンキー商人

する慈愛に満ちた処遇や奴隷たちが親を慕うように彼らを頼りにすることを、しばしば事実以上に誇張し、返す刀で北部の批判を事情を知らぬ無責任な批判と反発し、商売人《ペドラー》型ステレオタイプをさらに酷薄非情なものに戯画化した。結果、ヤンキーとサザナーのイメージは、戦前にしてすでに不倶戴天の敵対関係の指標と化した。

南と北、イメージの衰退と復活

南北戦争の北部勝利による国土の再統合後、アメリカは未曾有の経済発展を遂げ、「金メッキ時代」の泡沫景気に国が沸き立つなか、戦争の勝者北部ヤンキーのイメージは正しいアメリカ人像としていったん定着するかに見えた。しかし、機転と勤勉とで富の道の前途は洋々と開けているという夢が、一九世紀末に至ってあえなくついえると、ヤンキー流の自由主義的経済観念が、富めるものの専横と貧しいものの絶望との断絶を根底にもつことがもはや覆いがたく露呈してきた。すると戦中戦後を通じて、非人道的、非キリスト教的、非アメリカ的と目され抑圧されてきた南部の古い生活のあり方が、共同体内部の融和、自然と密着した貧しくとも実直な暮らしぶり、人と人とのあいだの礼節と親密のバランスなどといった観点から懐旧思慕の好ましい対象として復活してくるのだった。

以降、富の積極的な追求か、生活の安定維持か、人種融和の理想か、現実社会における摩擦回避か、資本主義国アメリカ、多人種国家アメリカがかかえる永遠のアポリアとともに、ヤンキーとサザナーはアメリカ人の心性を捕らえるふたつのイメージとして、今日に至るまで交互に浮沈を繰り返してきたのである。（後藤和彦）

7

ギャングとシンジケート——神話と現実世界

図1　『犯罪王リコ』暴力と破滅のもとになる友情

ギャングの神話

一般人がギャングと出会うことは滅多にない。裏社会についての私たちのイメージは、多くの場合、映画やテレビ番組で描かれるギャングの姿によって作られている。アメリカでギャング映画が隆盛をきわめたのは一九三〇年代のことだ。『犯罪王リコ』（*Little Caesar*, 1930）、『民衆の敵』（*Public Enemy*, 1931）、『暗黒街の顔役』（*Scarface*, 1932）などの名作が次々と制作された。トーキーの出現によって可能になったサブマシンガンの音響が、刺激的なアクションと暴力のリズムを刻み、反社会的ヒーロー、裏社会の非情な掟と暴力、破滅を招く女性と道徳、たった一人で敵方に挑む銃撃戦など、ギャング映画の公式ともいえるパターンがたちまち成立した。このパターンを一九一〇年代から二〇年代に人気を博したウェスタンの変奏と見ることもできる。禁酒法時代に酒の密売でシカゴを牛耳ったアル・カポネをモデルにした『暗黒街の顔役』をはじめ、当初は主に二〇年代の実在の人物や出来事がちりばめられていたギャング映画は、反社会的な世界に表社会の問題を投影して描くという比喩的なジャンルへと急速に展開していく。

組織間や人間同士の対立、裏切りと忠誠、社会規範の遵守と侵犯、外部と内部など、いくつもの対立を劇的に描くギャング映画のなかには、その対立関係を通して、共産主義や核の脅威、精神障害と精神分析、女性の役割やジェンダー関係など、時

図２　『ザ・ソプラノズ』。中産階級化したギャング

代に応じて変化する社会の関心時が裏社会の話としてわかりやすく表現されたのである。機会の国アメリカにおける階級なき社会の理想、成功の夢と階級格差の不安、牢獄としての都市・社会、家族の崩壊と擬似的家族関係、法の不在や堕落した法。こういったテーマが、時代に応じて力点をずらしながら、描かれてきた。五〇年代以降には裏社会と表社会の差異がより曖昧なものとして描かれるようになる。『ゴッドファーザー』（*The Godfather*, 1972）や近年エミー賞を受賞したテレビ・ドラマ『ザ・ソプラノズ』は、冷徹な計算のもとに行われる裏社会のビジネスと人間模様を描きながら、暴力が普通の人間に及ぼしていく精神的な影響をも描いている。

シンジケート

現実世界である程度組織化された犯罪集団が登場したのは、一九世紀半ばである。移民が流入する都市の劣悪なスラムの環境のなかで、犯罪集団が形成されたが、ニューヨークのファイブ・ポインツ地域はとくに悪名高い。ハーバート・アズベリーのスラム・ルポを原作に映画化された『ギャング・オブ・ニューヨーク』でも描かれたように、とくに一八四〇年代に流入したアイルランド系移民の犯罪集団が名を馳せ、さらに二〇世紀初頭にはユダヤ系犯罪集団も台頭、同じく台頭してきたイタリア系犯罪集団と支配権を争った。ファイブ・ポインツ地域で形成された主に若年層のイタリア系犯罪集団、ファイブ・ポインツ・ギャングはニューヨーク政界と癒着しながら、力を強め、のちの組織犯罪の大立て者となったアル・カポネ、ジョニー・トーリオ、ラッキー・ルチアーノといったギャングたちを生んだ。

図3　1863年築の移民用住宅。現在は美術館

　禁酒法時代（一九二〇―三三年）にニューヨーク、シカゴ、ニューオーリンズなどを中心にギャング組織は発達し、全国的組織が形成された。禁酒法を定めた憲法第一八修正が廃止されると、賭博や麻薬売買、売春、高利貸し業などを主な収入源にさらに階層的な組織化が進み、多くの主要都市に裏社会を支配するシンジケートが存在するようになった。多額の金銭で地元政界への影響力を強め、労働組合に食い込み組合費を流用するなど、さまざまな違法行為で手に入れた収入をたとえば高利貸し業といった合法的なビジネスに投資するという手法で、犯罪組織の地盤を固めていったのである。不動産業、ドライ・クリーニング業、廃棄物処理業、自動販売機管理業などの合法的なビジネスでも、シンジケートが運営にかかわっている場合は強制や脅迫、時には暗殺などで競争相手が排除された。脅迫や買収、殺人などで証言を封じ込め、地元政界や警察と癒着することで、特定の地域に根ざしたシンジケートは、必要に応じて他のシンジケートと連携しながら生き延びてきたのである。

　アメリカにおける組織犯罪は、歴史的に見て、都市の移民や少数民族集団が社会での地位を獲得する手段の一つであり、非合法活動で得た利益と地盤をもとに合法的活動に移行することも多かったという点で、移民・少数民族同化の社会プロセスの一部だという見方もある。しかし近年の組織犯罪は、グローバル化とコミュニケーション技術の発展によって、多国籍化・国際化している。アメリカ国内ではイタリア系のマフィアの他に七〇年後半から台頭してきたロシア系、八〇年代後半から登場してきたバルカン系、九〇年後半から活発化してきたアジア系など、強力な組織が活動し、さらに国際的シンジケートがアメリカ内部でも活動していると報告されている。資金洗浄、密輸、知的財産や高級品の海賊版偽造、貨幣偽造などがアメリカ経済に与える悪影響ばかりか、国際的シンジケートがエネルギー産業などの基幹産業やサイバースペースに侵入して経済基盤や安全保障基盤を脅かすことも危惧されている。利益さえあがればテロリスト組織とも連携する可能性も考慮され、組織犯罪を国内における少数者同化プロセスの一部と考えることは難しくなっている。

ストリート・ギャング

一方で、アメリカ各都市のストリート・ギャングとよばれる若年層の犯罪集団が、スラム化した貧困地区における劣悪な環境、教育および労働機会の欠如のなかで、構成されるという事実は現在でも変わりはない。一九九〇年代の都市部での麻薬不法取引の五分の二、殺人事件の多くに若者ギャングがかかわっていたとされ、二一世紀初頭において全国で約二万五〇〇〇の集団が存在しメンバーは七五万人と推定されている。若年層のギャングたちは地域の犯罪集団のもとでたとえば麻薬売買に携わり、成長後は若者ギャングを「卒業」し、本格的に大人の犯罪集団に参入する。地域レベルでの小規模犯罪集団が、麻薬売買や銃器の密売、売春だけではなく、「みかじめ料」の要求や時に地域の小売店主に便宜をはかることを通して、多くの住民が合法と非合法との間のグレーゾーンで働かざるを得ない貧困地域の地下経済の一部にしっかり組み込まれていることも指摘されている。その意味では、ギャングと組織犯罪は、現在でも貧困という社会的病理の一部だといえるだろう。

（外岡尚美）

8

暴力——アメリカ史の裏側

暴力の歴史

暴力は、アメリカの起源や歴史を語る国民的物語の裏面でもある。独立宣言（一七七六年七月四日）は、万人の平等と「生命、自由および幸福の追求」の権利を主張して、イギリス国王が絶対的暴政のもとに人民を支配するとき、そのような政府を廃棄して、将来の保安のために新たな保障の組織を創設することが人民の権利であり義務であると訴えた。人間の平等や自由を脅かす敵に対して戦いを挑むこと。そのような人民の勇気がアメリカ建国の物語とともに、常に称えられてきたのである。独立後、一八〇三年のルイジアナ購入でロッキー山脈まで、さらに一八四五年のテキサス併合、四六年のオレゴン併合、四八年のアメリカ＝メキシコ戦争（一八四六－四八年）によるカリフォルニアとニューメキシコの獲得によって、アメリカはその領土を西へと拡大していったが、そのような領土拡張の運動もまた、「自由と自治」を拡大するという文脈で語られた。四五年、ジャーナリストのジョン・L・オサリヴァン（John L. O'Sullivan, 1813-95）は、テキサスとオレゴン併合を支持して、「自由と自治という偉大な実験のために神の摂理によって我々に与えられた大陸」にアメリカ人が広がっていくのは「明白なる天命《マニフェスト・デスティニィ》」だと訴えた。大陸を西へと進んでいく開拓民の姿は自由と自治を求める勇気とともにほとんど神話化されたのである。

図１　テキサス州サンアントニオのアラモ

奴隷制と先住民文化の破壊

フロンティアは独立自営や相互扶助など、アメリカの民主主義の礎となる精神を養ったとされる。しかし自由と自治の獲得・拡大を大義とし、大自然と先住民との戦いによって創造された国家は、その理想とは裏腹の暴力によって築かれたことも否定できない。自由と平等の理想に反して奴隷制は維持されていた。また西部開拓が先住民の追放、殺害、土地奪取の過程だったことも明らかだ。一八二〇年代から三〇年代にかけて、農民・労働者・都市小市民の政治参加が著しい進展をとげ、第七代大統領アンドリュー・ジャクソン（在任一八二九－三七年）にちなんでそれはジャクソニアン・デモクラシーと呼ばれる。しかしインディアン・ファイターとしても名高かったジャクソンの任期中、一八三〇年のインディアン強制移住法による先住民の排除、そして綿花栽培の急激な発展に伴う黒人奴隷制度の再編・強化が行われたことは、アメリカの民主主義の両義性を照らし出す一例である。

国民意識と暴力

アメリカの歴史は、暴力を国家創出の力としてとらえてきた。テキサスのアメリカ人入植者がメキシコからの分離独立を求めたテキサス革命（一八三五－三六年）は、独立革命の大義を模倣したが、実態は入植者が無償で土地を得るかわりにメキシコへの忠誠を誓うという、そもそもの約束を根底から覆したものだった。しかし映画『アラモ』は、二〇〇名ほどのテキサス分離独立派が約四〇〇〇人に及ぶメキシコ軍に対して一二日間砦を死守した戦闘を、自由と独立のために戦い抜いた義勇兵の

図２　ウーンデッドニー虐殺（1890年）跡地

英雄的物語として描いている。暴力がアメリカ人の忍耐や犠牲を恐れぬ勇気を象徴する出来事として物語化されるとき、植民者、開拓者そして「生命、自由および幸福の追求」の権利を求める人間たちの個人主義的な利益追求の欲求が、共同体への帰属意識と忠誠を醸成する母体となった、と地理学者のケネス・フットは指摘している。つまり暴力は、アメリカの国家や国民意識を築く重要な手段だったのである。

大統領暗殺の系譜

そのような国民意識と暴力との不即不離の関係は、大統領暗殺という行為に象徴的に表れるともいえるだろう。S・ソンドハイムのミュージカル『暗殺者たち』（*Assassins*, 1990）は、エイブラハム・リンカーン（Abraham Lincoln, 1809-65）の暗殺者ジョン・ウィルクス・ブースを始めとする大統領暗殺者の系譜をたどり、「生命、自由および幸福の追求」の権利という独立宣言の理念を信じるがゆえに、その権利を手に入れることのできない人間が、「アメリカの夢」の体現者でもある大統領に銃口を向ける姿を皮肉に描いている。J・ガーフィールド大統領暗殺のチャールズ・ギトー、マッキンレー大統領暗殺のレオン・チョルゴシュ、ジョン・F・ケネディ（John F. Kennedy, 1917-63）大統領暗殺のリー・ハーヴェイ・オズワルド。大統領暗殺が、アメリカの夢と「生命、自由および幸福の追求」の権利という国民的物語の反転した悪夢だった、とこのミュージカルは示唆する。引き金を引けば「世界を変えられる」と歌うミュージカル・ナンバーは、暴力と国家創世との両義性が、大統領の暗殺ばかりか、非暴力の公民権運動を貫いたマーティン・ルサー・

図3　キング牧師暗殺現場のロレーン・モーテル

図4　オクラホマ連邦ビル爆破事件メモリアル

キング・ジュニア牧師（Martin Luther King, Jr., 1929-68）暗殺を含むアメリカの暗部を覆っていることを鮮やかにとらえている。

テロとの戦いと「内なる敵」

このような文化において、「テロとの戦い」が同時に「内なる敵」との戦いになるのも故なきことではない。一六八人の犠牲者が出たオクラホマ連邦ビル爆破事件（一九九五年四月一九日）は、当初イスラム過激派の仕業と考えられたが、実はアメリカ市民による犯行だった。主犯のティモシー・マクヴェイは一九九〇年代に高まりを見せた、政府の強権に反対し民兵運動ともつながる右翼的愛国主義運動に信条的に共鳴していた。爆破事件の日は独立戦争の始まりを記念する愛国記念日だったが、終末論のもと武装化を進めていた宗教団体ブランチ・ダビディアンにＦＢＩが強行突入し大量の死者を出した日でもある。国家創世の暴力と自由の追求という理念がテロリズムへと反転した瞬間をここにも見ることができる。

植民地時代に起こったセイラムの魔女狩り（一六九一―九二年）、五〇年代のアカ狩り、そして近年のテロとの戦い。危機に際して内なる敵による暴力的陰謀を想定せざるを得ない傾向は、国家創世の理念と暴力が表裏一体となったアメリカの文化構造を逆説的に照らし出しているといえよう。

（外岡尚美）

Column 1

アメリカ国歌――戦争から生まれた詩

一八一二年の対英戦争から現在のアメリカ国歌は生まれた。初期アメリカの戦争が担った役割の一つは、ナショナル・アイデンティティを確立することであった。独立戦争またはアメリカ革命について書かれた詩の多くが、愛国主義を称揚し、アメリカに殉じた兵士たちを称える。フランシス・スコット・キー（Francis Scott Key, 1779-1843）の「マクヘンリー砦の防衛」（"The Defense of Fort McHenry"）はその代表的なものの一つである。この作品はもう一つの題名"The Star Spangled Banner"のほうが通りがよい。いうまでもなく、アメリカ国歌として世界中に響き渡っているから、世界でもっとも有名な詩の一つといっていいだろう。このような詩は歌うのではなく、じっくりと読んでみると普段聞いている印象とは異なり、新鮮で思いがけない意味を有する作品になる。

「マクヘンリー要塞の守備」あるいは「星をちりばめた旗」は、一八一四年、キーがイギリスの軍艦上から目撃したマクヘンリー要塞に対する一昼夜にわたるイギリス海軍の砲撃の後に書かれた四連の詩である。砲撃の後、夜明けの光のなかで、詩人は要塞がどうなっているか大いに気になる。だから、この詩は不安に満ちた問いかけで始まる――昨日の夕暮れの残光のなかで誇らしくはためいていたわれらが旗は、英軍の猛攻撃に耐えることができただろうか。砦の城壁の上で旗はいまも誇らしくはためいているだろうか。第一連の最後では、旗がはためいているかどうかという不安は拭い去られていない。しかし、同時に、その不安を打ち消すように、「自由な者たち」「勇敢な者たち」の国が称揚される。

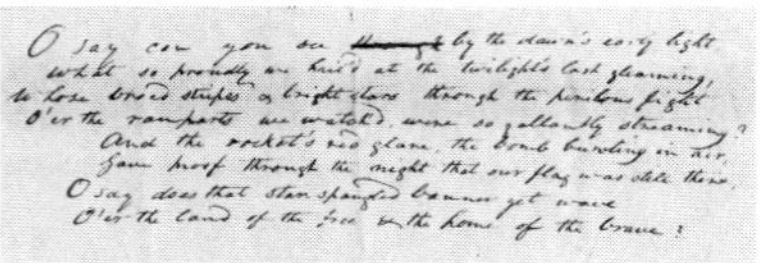

図1　「マクヘンリー砦の防衛」の手稿

このような不安が解消されるのは、二連目の三行目からであり、語り手は朝靄のなかでかすかに揺れ、朝日を浴びた旗が砲撃から無傷で残っていることを確認する。そして、最終連の最後の二行で「星をちりばめた旗」は、「自由な者たち」や「勇敢な者たち」の土地で永遠に翻ると高々と歌い上げる。

この国歌は、アメリカ人にとってアメリカン・アイデンティティの拠り所となっているのであり、日常的にそのような刷り込みを行う装置としても機能してきた。

いつまでも続くアメリカの戦争に対する国民の批判は根強い。

（山里勝己）

第2章

アメリカ人になる

「アメリカ」とアメリゴ・ヴェスプッチの遭遇を描いた絵

「アメリカ人」というアイデンティティ

「アイデンティティ」は、「アメリカ」文学や文化の主要なテーマの一つである。それはまた映画や音楽、そしてファッションや食物に至るまで、「アメリカ人」がこだわり続け、「アメリカ」とは何かと問い続けることで生成しようとしてきたものであった。

たとえば、アメリカの大学の文学教育で定番となっている教科書『ノートン・アメリカ文学アンソロジー』の目次を見てみよう。一六二〇年までの作品として、コロンブス航海記やアルバル・ヌニェス・カベサ・デ・ヴァカ（Álvar Núñez Cabeza de Vaca, c.1490-1558）の探検記、先住民の物語、ジョン・スミス（John Smith, 1580-1631）の探検記などが収録されている。これらの作品に「アメリカ人」としての意識が読みとれるかというと、それはまだない。アメリカ文学の始原を示唆しようとする編者の意図は理解できるが、ここに登場する語り手たちはいまだ「アメリカ人」にはなっていないのである。

文化的アイデンティティとは「あるもの」であるだけでなく、「なるもの」でもあるというスチュアート・ホール（Stuart Hall, 1932- ）の指摘（「文化的アイデンティティとディアスポラ」）にしたがえば、一七世紀あたりまでは、「アメリカ人」というアイデンティティは不在のものであり、「アメリカ人」になろうとする者さえ存在しなかったといっていいだろう。一七世紀にボストンを中心にアメリカの「伝統」の基礎を築いたピューリタンたちさえも、自らの宗教が堕落したヨーロッパの宗教とは異なるものであり、そのために「丘の上の町」を築くとその差異は強調したものの、自らが「アメリカ人」であるという意識は希薄であった。

「アメリカ人」に「なる」こと

ひとは自分が誰であるかを、ある権力関係のなかにおいて認識する。少なくとも「アメリカ人」というアイデンティティについては、政治的、文化的な関係のなかでそれは生成されていったといえるだろう。たとえば、アメリカ先住民が「アメリカ人」に「なった」のはヨーロッパ人との権力関係のなかで他者として認識されたことがその始まりであった。*OED*（『オックスフォード英語辞典』）によれば、American は、American Indian のことを指す言葉として一五七八年に最初に使われ、これが、「ヨーロッパ系のアメリカ生まれの人間」の意味で最初に使われたのは一七六五年、独立宣言のほぼ一〇年前であった。ちなみに Native American は一九五〇年代半ばから使われ始めた言葉である。

「アメリカ人」という幻想

文学史上もっともよく知られた「アメリカ人」の定義は、クレヴクール（J. Hector St. John de Crevecoeur, 1735-1813）の『アメリカの農夫からの手紙』の第三の手紙「アメリカ人とは何か」に見られるものであろう。クレヴクールは、「アメリカン」と呼ばれる新しい人種は、ヨーロッパ人が混血して生まれた人間であるとし、古い偏見や慣習を捨て去った者たちがアメリカで溶け合って新しい人種を創造すると指摘した。クレヴクールのアメリカ人論は、ヨーロッパに傾斜したものであるが、それでもすでに一七八〇年代に「メルティング・ポット」の原型的な比喩を用いていることは注目に値する。それはユーロセントリックな幻想であったが、同時にそのなかに二一世紀を予見する種子も孕んでいたといえよう。

ふたたびホールのアイデンティティ論を援用するならば、「アイデンティティ」は場所、歴史、文化を越えて「本質的に」存在するものではなく、それは常に変遷し、再定義され、再創造されるものなのである。アメリカ合衆国は、南北戦争、世界中からの移民の流入、公民権運動などを経て、そのアイデンティティをめぐる古い幻想を根底から破壊した。そのために、すさまじい人種間の葛藤と国内におけるイデオロギーの戦いを経験してきた。一九世紀において、いや二〇世紀の後半においてさえ、バラク・オバマ大統領の誕生と、彼の存在を核とするアメリカン・アイデンティティの生成が可能であると考えた者が何人いたであろう。

アメリカン・アイデンティティの行方

クレヴクールが観察したように、あるいは予見したように、二一世紀のアメリカ合衆国の人種的、文化的混淆からアメリカン・アイデンティティを定位することはきわめて困難であろう。たとえば、一四世紀に琉球に中国から到来した一人の男の子孫がハワイに移民として移動し、その子孫がハワイで混血した後でアメリカ大陸に拡散し、大西洋を越えてきたヨーロッパ系の人たちと混血する。このような人々は国勢調査の人種欄にどのような位置を見つけることができるのだろう。二一世紀アメリカの人種と文化のきわめて複雑なハイブリディティは、アメリカ人のアイデンティティ生成をめぐるネゴシエーションを先行きの見えない世界史的な実験の様相を帯びるものにしている。繰り返される国家的統合の試みにもかかわらず、「アメリカ人」の自己像は揺れ続ける。

（山里勝己）

図1　カーク・ダグラス主演の西部劇，*Lonely are the Brave*（1962，日本未公開：原作エドワード・アビー，*The Brave Cowboy*, 1956）

9 アメリカ人（になる）――アイデンティティの神話

カーク・ダグラスの来歴

イスール・ダニエロヴィッチ（Issur Danielovitch）、このロシア風の名前がかれの最初の名前であった。ハリウッドが生み出したスター、俳優カーク・ダグラス（Kirk Douglas, 1916– ）。帝政ロシアにおけるユダヤ人虐殺を恐れてアメリカ合衆国に逃げてきたユダヤ系ロシア移民の子どもとして、一九一六年、ニューヨーク州に生まれた。一家が住みついたニューヨーク州アムステルダムは繊維産業を中心とするアメリカ屈指の工業都市だったが、父親はユダヤ系なるがゆえに差別され、「人が捨てたものを集めて生計をたてる」くず屋を生業とした。学齢期になる頃、父母は姓をデムスキー（Demsky）と改め、家族全員が英語名を名乗るようになる。かれ自身もイサドール・デムスキー（ニックネームはイジー）となるが、大学卒業後、本格的な俳優修業に入るために、カーク・ダグラスというＷＡＳＰ（White Anglo-Saxon Protestant）的な姓名に改名したという。

アイデンティティ論

移民の国アメリカ合衆国では、こんな改名の歴史はごくありふれたことに違いない。このような改名の歴史は、いわば「アメリカ人になる（becoming）」ためのプロセスである。アメリカにおいては、「アメリカ人である（being）」ことはけっして自明ではない。もしも「アメリカ人である」ことを確保しようとするならば、その前に「アメリカ人になる」ことを強いられる。そのような個人史や家族史が渦巻いているのがアメリカ社会だといっても過言ではない。カーク・ダグラスは、いかにもＷＡＳＰ的な名前を芸名とし、そして法的に認定された自分の名前として使い始めたとき、ついに「アメリカ人」になったのだ。しかも、ユダヤ系でありながらＷＡＳＰ系の名前を名のるようになると、ＷＡＳＰたちがユダヤ系に抱いている偏見をさんざん聞かされる羽目にもなったという。

「になる」ことなしに「である」ことはないというアメリカ的な心的構造を提示したのが、心理学者エリク・Ｈ・エリクソン（Erik H. Erikson, 1902-94）のアイデンティティ論であった。元をたどれば、エリクソン自身が北欧系ユダヤ人の出自を有し、ユダヤ系であることと北欧系であることによる二重差別に苦しんだ経歴をもっていた。まさしく、みずからが、「になる」ことを通して「である」ことの獲得に向かった人物であった。アイデンティティ論とは、自分が自分であること（identity）を根拠づけるものは、自分以外のものとの関係づけ（identification）を通じて確立されるという、「帰属」をめぐる心理学であるが、「私は何に帰属しているか」という問いそのものが、いわばアメリカ的強迫観念《オブセッション》を探り当てたものにほかならない。

真のアメリカ人という神話

「アメリカ人になる」という命題のもっとも根源的なかたちは、アメリカ先住民との葛藤関係のなかに現れる。たとえば、一九九〇年に公開された映画『ダンス・

図2　ケビン・コスナー製作・主演，*Dances with Wolves*（1990）

ウィズ・ウルブズ』（*Dances with Wolves*）。「インディアンになる男」の物語である。「インディアンになる」こととは「アメリカ人になる」こととどのような関係にあるだろうか。映画は、一人の軍人が、フロンティアでの勤務を志願し、そこでオオカミとの接触を通じて、徐々にインディアン社会との交流を深め、ついにインディアン社会の一員として暮らすことを選択する物語である。

この物語が提示するのは、いわばインディアンへの同化願望であろう。オオカミという野生の自然はその媒介であった。この同化願望こそ、「アメリカ人になる」という「強迫観念」の究極のありかたにほかなるまい。そこには、アメリカ大陸という場所で、およそ二万年という時間を生き、この大陸の自然との親密な関係を築き上げてきた歴史を有するインディアンこそが、「真のアメリカ人」にほかならないという認識がある。この映画で監督・主演を務めたケビン・コスナーもまたインディアンの血を引くことを公言しているように、「アメリカ人」としての究極のアイデンティティの指標は、じつはインディアンにある。ヨーロッパに出自をもつアメリカ人が、インディアンに最接近し得たとき、かれは「真のアメリカ人」になれるという一つのアメリカ的神話である。

地霊の言葉を聴く

このようなアイデンティティをめぐる神話化の顕著な徴候を、一九世紀に遡れば、ヘンリー・D・ソロー（Henry David Thoreau, 1817-62）の『メインの森』（一八六四年）に見てとることができる。ソローは、当時の西部開拓指向をあえてよしとせず、

図3　ソローがメインの森への旅で登頂したカターディン山と湖水の写真

図4　ソローの旅装スケッチ

北へ向かう。それが東部メイン州の森＝ウィルダネスへ向かうこの旅行記の中心的なモチーフである。このメインの森への旅には、インディアンのガイドが雇われていた。先住民をガイドとしてアメリカ大陸を探索する。これはまぎれもなく、初期開拓以来の伝統の再演であると同時に、ソロー自身のアメリカの根源を希求する旅のかたちでもあった。この旅の途次、ガイドのインディアンが仲間のインディアンと話す声を聴きながら、かれはそばに身を横たえている。「その音はコロンブスが生まれる以前にこの土地の幕屋（wigwam）から洩れ聞こえていたあの音だ。その音はまだ絶えてはいない。そして驚いたことにほぼ例外なく、かれらの祖先の言葉はまだ豊かに生きている。私は感じていた。いま自分はアメリカの原住民のすぐそばに立っているのだ、いや、横たわっているのだ、と。往時のアメリカの発見者たちと同じように。」

ソローは、インディアンたちの「昔から変わらない言葉、白人には話すことも理解することもできない言葉」を、意味もわからないまま聴いている。コロンブスよりもはるか以前からこのアメリカ大陸に息づいていた「地霊」の言葉であり、この大陸の音なのであった。そのような声と音のすぐそばにみずからが、いまこのときに、このようにして「横たわっている」こと、そのようにして「アメリカの原住民」とともに在ることの至福。「アメリカの原住民」としてのインディアンとの出遭いを通じて、ソローはより根源的な「アメリカ人」をそこに求めた。コロンブス以前への幻想的遡及を語る、比類なく美しいアメリカ神話の一コマである。

（野田研一）

10

詐欺師——アメリカ文化の「人気者」

図1　偽副操縦士のアバグネイル（18歳当時）

(1)　Abagnaleの日本語表記は，これまで翻訳者によって「アバネイル」「アバグネール」「アバグネイル」と3通りあったが，本項では，アバグネイルとした。

俺をつかまえてみろ！

二〇〇二年にレオナルド・ディカプリオ主演で映画化された『キャッチ・ミー・イフ・ユー・キャン』は、元詐欺師フランク・ウィリアム・アバグネイル・ジュニア（Frank W. Abagnale Jr., 1948- ）[1]による同名回想録に基づく逃走劇である。パンナム機の副操縦士、医者、法務官、大学講師になりすまし、「二〇世紀でもっとも悪賢い偽装小切手の使い手」として一六歳から二一歳までに二六カ国をまたにかけ、計二五〇万ドルも騙し取ったアバグネイルの半生は、映画のみならず、二〇〇九年のシアトルでの試験興行に続き、一一年四月以降、ブロードウェイでも上演された。世に「伝説」と謳われる詐欺師は複数存在するけれども、彼がその一人であるのは間違いない。各種雑学知識「究極のトップテンリスト」を掲載するウェブサイトによると、アバグネイルは「有名詐欺師」の第一位に輝いている。だが、いかなる詐欺も永久には続かない。豪遊を続けた彼も結局は御用となる。模範囚アバグネイルは、仮釈放後、職を転々とした挙句、最終的には、なんと詐欺対策コンサルタントに従事するようになる。主要業界の大手企業を顧客にもつ元詐欺師による詐欺対策ビジネスは大成功を収め、その後二五年の長さに渡って、ＦＢＩと協力関係を築くというのだから、まさに犯罪とビジネスは紙一重、詐欺師の知恵も使い様である。

アバグネイルが活躍した一九六〇年代に、すでに引退した伝説の詐欺師となって

図２　フランク・W. アバグネイル

いたのがイエロー・キッドことジョーゼフ・ヴァイル（Joseph R. Weil, 1877-1975）である。大恐慌以前の三〇年間は、アメリカ詐欺犯罪の黄金期であり、シカゴはそのメッカであった。同市に生まれたヴァイルは、一七歳で、高利貸の集金人となり、ショバ代やボスの上前をピンはねすることからその詐欺師人生をスタートさせる。ちなみにイエロー・キッドという通称は、ペテン師フランク・ホーガンと「仕事」をした折に、シカゴの市会議員が、当時の人気漫画「ホーガン横丁とイエロー・キッド」を引き合いに出し、ホーガンの相棒ヴァイルを劇画の黄色いシャツの少年になぞらえた逸話に由来する。ヴァイルは、レースの結果を電報《ワイヤー》で知らせていた風習を利用し、大掛かりなサクラを仕込む「電報局《ワイヤー・ストア》詐欺」により、総計八〇〇万ドル以上を稼ぎ出す。ビック・コンと呼ばれる大胆な詐欺の手口は、映画『スティング』（一九七三年）に影響を与えたと言われている。犯罪者とはいえ、ずば抜けた才覚を示すアンチヒーローは、いつの時代も大衆を魅了する「人気者」なのだ。

詐欺師の自伝とアメリカ正典文学

往々にして大仰に過ぎるとしてその信憑性が疑問視されるアバグネイルやヴァイルの自伝テクストは、実在の詐欺師の犯罪が、文字化され、伝説化されていく過程で、虚実一体の娯楽となる様を示している。自身のペルソナを変幻自在に創作し、カモを騙し続けたヴァイルの自伝の序文で、W・B・ブラノンは、この詐欺師を「人間の本質に対する異様なほどの洞察力」のもち主と称したが、こうした人間心理を巧みに操る伝説の詐欺師の姿は、われわれに、ハーマン・メルヴィル（Herman

図3　各方面で「活躍」するアバグネイル

図4　スピルバーグ監督映画のカバーケース（左）とアバグネイルの著書の表紙（右）

Melville, 1819-91）の『信用詐欺師』（一八五七年）を想起させずにおかない。

もちろん、アメリカン・ルネッサンスの巨人が描く世界は、犯罪者自らがその手口を示しながら人生を語るノンフィクション大衆娯楽とは異なり、詐欺師に翻弄される船上の人々の実態や思惑を描く象徴性の高い文学作品だが、実在の詐欺師の虚像構築の手管とフィクションにおける詐欺師の造形とは、対象者／読者を煙に巻き、騙すという意味においては等しい。しかも昨今、メルヴィルが実在の「元祖信用詐欺師」ウィリアム・トンプソンの新聞紹介記事に触発されて小説を執筆したであろうとの指摘がなされ、しかもこうした南北戦争前期《アンテベラム》以降に出現する元祖信用詐欺師の起源がヤンキー行商人にあり、マーク・トウェイン（Mark Twain, 1835-1910）らのユーモア小説に描かれるフロンティア空間に詐欺師活躍の場が用意されていたと評されるとき、文学に描かれる人物と史実上の詐欺師像とは幾重にも交錯する。

詐欺師は体制批判者たりえるか？

さて、アメリカにおける詐欺師の文化史にはかように長い歴史があるわけだが、じつは、これよりさらに前の独立革命期のニュー・イングランドに、前述の詐欺師たちの先達がいたことはあまり知られていない。大真面目に自身の犯罪の正当性を主張し続けたスティーヴン・バロウズ（Stephen Burroughs, 1765-1840）もまた自伝を記し、人気を博した共和政期のアンチヒーローである。幼少より町一番の悪漢と目されたバロウズは、コソ泥行為、私掠船上での偽医者代行、偽牧師、偽教師等の詐欺遍歴によって行く先々で騒動をおこし、贋金つくりで逮捕・収監された刑務所

図５　ジョーゼフ・“イエロー・キッド”・ヴァイル自伝表紙

に放火したうえ、脱獄を繰り返す。さらに不動産詐欺まがいの事件にかかわり散財した挙句にカナダへ逃亡。伝聞によると、彼はその後も贋金つくりに従事し続け、泰然自若とした雰囲気すら漂わせる紳士となって一生を終えたらしい。となると、バロウズもまた「伝説的」詐欺師と言って然るべきなのだろう。もっとも、回想録によると、バロウズは、他者の利益を侵犯する確固たる意図をもたず、むしろ場当たり的な善を尽くしたがゆえに人を騙す結果となったとの意識をもち続けていた。国家の経済基盤を揺るがす贋金つくりの罪を棚に上げ、為政者側の失策を揶揄したり、監獄を犯罪者の矯正の機会と自由を剥奪する場であるとして体制批判を展開する。受刑者を奴隷になぞらえ、横暴な専制者からの解放を主張するあたりは、アメリカ独立宣言のレトリックが悪漢体験記に転用された例として何とも興味深い。

かつて詩人ロバート・フロストは、バロウズの回想録を絶賛し、同書を、ベンジャミン・フランクリンとジョナサン・エドワーズの自伝と並んで書棚に置いておきたい一冊と述べた。初期アメリカにおいて独立独歩のアメリカ人像を確立し、あるいはまた厳格なカルヴィン主義の価値観を復活し大衆を覚醒した偉人の列に、取るに足りない一地方詐欺師を加えるのは何とも奇異に思われる。だが、バロウズが示した建国期の偏狭なニュー・イングランド社会への風刺と体制転覆的抵抗が、権力支配や隷属状況からの脱却を意図したアメリカ独立革命の精神と共振するとき、彼は、壮麗な騙しの手口によって伝説となる詐欺師を遥かに凌駕するアメリカン・マインドの体現者となりうるのかもしれない。

（白川恵子）

11 アダムとイヴ——アメリカの神話

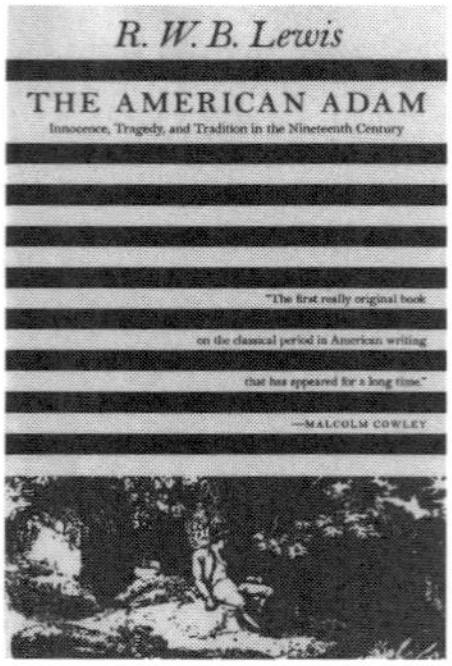

図1　R.W.B. ルイス『アメリカのアダム』の表紙

「アメリカのアダム」／「アメリカのイヴ」

聖書を読んだことのないひとも、アダムとイヴの名前は知っているだろう。聖書冒頭の「創世記」は、最初の男女をこう伝えている。神は天と地、草木、生きものを創ると、土から人間を創りアダムと名づける。アダムは生きものすべてに名前をつけるが、伴侶がない。そこで神は彼の肋骨から女を作り、アダムは女をイヴと名づけて妻とする。二人は知識の木の実だけは食べないよう神に命じられながら、蛇に誘惑されてイヴが、そしてそのあとでアダムもその実を食べ、エデンの園から追放される——。

このキリスト教の神話が「アメリカの神話」とかかわると論じたのは、R・W・B・ルイス（R. W. B. Lewis, 1917-2002）の『アメリカのアダム』（一九五五年）だった。「新世界」アメリカでは、「旧世界」ヨーロッパの象徴する過去に汚されていない無垢な人間、すなわち楽園からの転落前のアダムとしてアメリカ人をとらえる見方が生まれ、これが国の「神話」となったというのだ。こうした見方は、ラルフ・ウォルドー・エマソン（Ralph Waldo Emerson, 1803-82）の散文やウォルト・ホイットマンの「アダムの子ら」（一八六〇年）と題された詩群に典型的に見られるほか、これに反論して人間の罪深さを説く人々、さらにこれら二つを統合して人間は無垢を喪失する悲劇的経験をとおしてこそ高められると考える人々を生み出してきた。

図２　ナサニエル・ホーソーン

ルイスが取りあげたのはその書名が示すとおり主にアダムの伝統だが、同様に「アメリカのイヴ」の伝統があることも、E・アーネスト（Ernest Earnest）、J・フライヤー（Judith Fryer）、亀井俊介らによって論じられている。

ここでは、アメリカのアダムとイヴの出現の一端を、一九世紀半ばのナサニエル・ホーソーン（Nathaniel Hawthorne, 1804-64）、一九世紀末から二〇世紀初頭にかけてのマーク・トウェイン、二〇世紀末のアーシュラ・K・ル＝グィン（Ursula K. Le Guin, 1929-2018）という異なる時代の作家の作品に見てみよう。

過去の力と人間の悲劇

ホーソーンの短編「新しいアダムとイヴ」は、終末を迎えて人間の消えた文明世界に以前の住人についての知識をもたない第二のアダムとイヴが現れるという設定で、二人の一日をたどる。作品の出版された一八四三年は、マサチューセッツ出身の説教者ウィリアム・ミラーが世界の終末とキリストの再臨が起こると説いた年であり、ホーソーンは作中でミラーの名に触れ同時代のボストンを第二のエデンに見立てている。ここで強調されているのは、なぜ楽園から地上へと送られているのかわからず「罪なく」リンゴを食べる二人の無垢さであるとともに、それが翻って浮き彫りにする同時代社会の古さである。二人の目にする「新世界」は、裁判所や監獄、銀行の金貨や図書館の書籍など、さまざまな人工の事物にあふれており、そのようなかたちですでに過去の影響の下にあるのだ。

新世界の自由を希求しながら過去の力に囚われ葛藤する人間の姿は、ホーソーン

図3　マーク・トウェイン

図4　『イヴの日記』のレスター・ラルフによる挿絵

の作品に通底するものである。代表作『緋文字』（一八五〇年）では、信仰の自由を求めて「新世界」に渡ったピューリタンがその植民地の初めから監獄を有し、姦通を犯したヒロインを罪人として罰する制度をもつことが象徴的に描かれているし、晩年の大作『大理石の牧神』（一八六〇年）では、動物にも似た無垢さを示す青年が愛する女性のかかえる過去のために殺人を犯すが、罪の責任を負う経験によって人間として高められるという「幸運な堕落（Fortunate Fall）」のテーマを追求している。

転落の選択

トウェインの代表作『ハックルベリー・フィンの冒険』（一八八五年）の主人公ハック・フィンは、少年であることに加え、学校や教会にほとんど通ったことのない貧乏白人の浮浪児である身の上から、無垢なアダム的人物といえる。彼がジムとともに長大なミシシッピ川を下る筏は自由で平和な楽園に似るが、それは奴隷制の支配する南北戦争前のアメリカの過酷な現実に囲まれた、かりそめのものにすぎない。その現実のもとではジムは逃亡奴隷という重罪人であり、彼を助ける者も社会の法に背くことになる。ハックは葛藤の末にジムを助けることを決意する。それは彼にとって、ジムとの友情を守るため「地獄に行く」という転落の選択である。

トウェイン晩年の『アダムの日記からの抜粋』（一八九三年）および『イヴの日記』（一九〇五年）においては、楽園からの転落は、そもそも否定的に描かれてはいない。当初『ナイアガラ・ブック』に掲載されたアダムの日記では、転落（fall）は、「ナ

図5　アーシュラ・K. ル＝グィン

イアガラ公園」と名づけられた「楽園」のなか、ナイアガラの滝（Niagara Falls）を嬉々として下るアダムの行為によって戯画化される。しかしそれだけではない。イヴと暮らして一〇年後にアダムが漏らす「イヴなしで楽園に暮らすよりも、彼女とともにその外で暮らす方がいい」という言葉や、イヴを亡くしたアダムが妻の日記の最後に添える「彼女の居たところがどこであろうと、そこがエデンだった」という言葉は、楽園転落後の人間の生をこそ肯定するものとなっている。

男性＝言語中心主義への批判

ル＝グィンの短編「彼女は彼らから名前を取る」（一九八五年）は、聖書における神とアダムによる名づけを題材とする。「創世記」ではアダムが一方的に名前をつけるのに対し、この作品ではタイトルの「彼女」――アダムに貸してもらったという名前を返すことからイヴとわかる一人称の語り手「私」――の呼びかけに応じ、生きものが名前を放棄する。妻の話に関心を払おうともせず、夕飯はいつかと聞くのみのアダムの姿によって批判されているのは、男性が中心で言語の力をもつという聖書以来の世界観である。名前は互いを隔て階層づけるものであり、それを手放すことで「私」は自由と他者との連帯を感じるものの、その世界で語ることは、木を「木」と名指すこともできない困難を伴うものとなる。アダムを一人残して他の生きものと楽園を出ていく「私」の道行は、しかし、冬の光に照らされている。フェミニズムの発展を受け、このような新しい「アメリカの神話」も生まれている。

（藤村　希）

12

アメリカン・アイドル――大統領からポパイまで

図１　流通する大統領イメージ：１ドル紙幣に描かれたワシントン大統領

神の偶像《アイドル》は人間的アメリカ大統領

アイドルというとタレントのようだが、本来は神の似姿を偶像化した図像のことで、つまり神を身近にイメージさせるものである。その意味では、アイドル・タレントも、大衆が日常、気軽に愛玩しうる代替的対象といえるだろう。アメリカには大統領からポパイまで、実在かフィクションかを問わず、数多くの偶像がある。そしてジョージ・ワシントン（George Washington, 1732-99）大統領が少年時代、リンゴの木を切り、正直に謝って許されたという逸話のように、多くはカリスマ的というより人間的な偶像である。

アメリカ合衆国紙幣には、ワシントン、ジェファソン、リンカーンら大統領や、印刷業から身を起こし、アメリカ独立に貢献したＢ・フランクリンの肖像が使われている。これはアメリカ的偶像化の端的な例である。こうした英雄たちのなかで、南北戦争という、国を二分する危機を乗り越えたリンカーンの偶像化はとくに大がかりである。一九二二年に完成したリンカーン記念堂の六メートルの像は、神殿風の記念堂に座る威容と、折り目のないズボンの庶民性によって、アメリカ民主主義の特質を表している。さらにはサウスダコタ州のラシュモア山露頭には、他の大統領とともに、一八メートルの大きさでその顔が彫刻され、人気の観光スポットとなっている。このように大統領個人の顔を偶像化し、日常的に流通させることによって、

図２　ラシュモア山の大統領たち：左から，ワシントン，ジェファソン，セオドア・ローズベルト，リンカーン

危機を乗り越えるアメリカ的価値観や建国理念をわかりやすく提示しているのである。

困難に打ち勝つ代表的人間

丸太小屋から大統領官邸へと、アメリカ的成功物語を体現するリンカーンのように、個人の偶像化では、恵まれない条件をいかに克服したかが重視される。独学で弁護士となり、政治の道を歩んだリンカーンは、まさにフランクリン的「叩き上げの人間（self-made man）」の代表である。それは国家としてのアメリカの誕生がもたらした価値観に直結する。植民地条件をはねのけた独立戦争を契機として現われた「自由にして独立なる」（独立宣言）アメリカ像は、やがて一九世紀中葉の超絶主義思想家エマソンの自己信頼（self-reliance）、さらには問題解決のための実践的方法を求めるウィリアム・ジェイムズ（William James, 1842-1910）らによるプラグマティズム（Pragmatism）の思想へと発展した。ここから登場するアメリカ的偶像は、人間的条件を超絶する、アメリカを代表する大統領なのである。南北戦争に電報を駆使したリンカーン、第二次世界大戦でラジオを活用したフランクリン・ローズベルト、そしてテレビ演説を多用したＪ・Ｆ・ケネディなどが偶像化されてきた所以である。こうした最新のテクノロジーを駆使する条件克服の合理性が、自己信頼に貫かれているところにアメリカ的代表の像がある。その根には、「叩き上げの人間」モデルや、エマソンの超絶主義を共有する詩人ホイットマンの「ぼく自身の歌」（一八五五年）における多様性賛歌と友愛による「一つの宇宙」への融合のダイナミズムがあった。

図3　17世紀のポカホンタス像

境界の文学的アイドル

ウィルダネス（原生の自然）に立ち向かい開拓を進めてきたアメリカ人には、国家ではなく個人に信頼を置かざるを得なかった歴史的事情がある。その様子は文学作品に数多く描かれた。たとえばジェイムズ・フェニモア・クーパー（James Fenimore Cooper, 1789-1851）の「レザーストッキング物語」シリーズには、インディアンと一緒に狩りをして暮らす白人ナッティ・バンポーが、イギリスとフランスという国家権力の境界にある独立前の植民地アメリカで、個人として生きる姿が描かれている。一九九二年、コロンブス到達四〇〇年を記念して制作されたリドリー・スコット監督『一四九二　コロンブス』における平民出身のコロンブス像や、ディズニー映画『ポカホンタス』（一九九五年）でインディアンの捕虜となったジョン・スミスの偶像化に、困難な状況に個人として立ち向かう姿が強調されている。

ウィルダネスが開拓され、複雑化していく社会にあっても、自然のなかでの経験から社会を批判していく人物がアイドルとして愛されてきた。たとえばH・D・ソローは、一八四六年の米墨戦争に反対して、税金の支払いを拒否し、投獄されるという「市民的不服従（Civil Disobedience）」を実践した文学者である。ソローは、田舎町コンコードのウォールデン湖畔で農業と執筆の生活を試み、商業主義化していくアメリカを、文明と自然の境界において再考する『ウォールデン――森の生活』（一八五四年）を著している。ソローが自ら体現した、国家に変革を求める個人の姿は、公民権運動におけるキング牧師の非暴力主義に継承され、また六〇年代以後は対抗文化のモデルとなった。

図4　ビリー・ザ・キッドとその伝記

アイドルのアイテム化

一九世紀のダイムノベル（大衆小説）、二〇世紀コミックスや映画、テレビ映像など、大衆文化のなかにアイドルはあふれている。開拓地に登場するアイドルは、複雑な社会を離れ、自然により近く位置することで偶像化される。ダニエル・ブーンやビリー・ザ・キッドなどの実在の西部男が、アウトロー・ヒーローとして偶像化された。また、西部劇映画で人気を博したジョン・ウェイン（John Wayne, 1907-79）に代表されるように、大自然や先住民、あるいはギャングたちから家族を守り、正義を貫く男たちの姿が西部アイドルとして描かれてきた。それは世界戦略を展開する二〇世紀アメリカでも要請された、戦うヒーローの偶像化といえるだろう。

ヒーローのなかには、漫画のポパイのように、普段は普通の人間が、いざとなると缶詰のホウレンソウを食べて百人力を得て敵を倒す、という変身型のヒーローがいる。スーパーマン、バットマン、スパイダーマンなど、ヒーローものは数多いが、悪を倒すための銃やホウレンソウ、マントや仮面といったアイテムや変身能力などは、物理的でわかりやすい。ヒーローたちのグッズ同様、それらのアイドル像自体も、商品として流通可能なアイテム化が行われ、まさに大衆が買うことができる「アメリカン・ドリーム」の代替品となるのである。

ポパイはブルートの肉体的脅威に恋人オリーブを奪われかねない不安をかかえながら、ホウレンソウの力で立ち向かう。こうした、それぞれの負の条件をいかに超絶していくかという人間的な姿と、誰にも入手可能なアイテムとしての流通可能性にアメリカン・アイドルの特徴があるといえよう。

（山越邦夫）

13

キング牧師とマルコムX——造られた対比と二つのアメリカ

図1　握手をするマーティン・ルーサー・キング・ジュニア（左）とマルコムX（右）

一枚の写真と二つの言葉

スパイク・リー（Spike Lee, 1957- ）監督・主演の映画『ドゥ・ザ・ライト・シング』（一九八九年）はニューヨークで起きた人種的緊張とその顚末を悲喜劇的に描いた作品だが、エンディングでキング牧師とマルコムX（Malcolm X, 1925-65）が握手する写真とふたりの言葉の引用が映し出される。「人種的正義を獲得する手段として暴力に訴えるのは無益であり道徳的に間違っている」（キング）、「私は自己防衛としての暴力を否定しない。自己防衛の手段であるなら私はそれを暴力とは呼ばず、知性と呼ぶ」（マルコム）——和やかな写真を背景に提示された対立する言葉は、スクリーン上で暴力の爆発する場面を見たばかりの観客に問いを投げかける。善きこととは何か。正義とは何か。

キングとマルコムの対比は、暴力に対する両者の見解を浮き彫りにするのみならず、一九五〇年代から六〇年代にかけてのアメリカ公民権運動時代の対照的なスターとして二人を位置づけることにもなる。実際一般的な歴史事典においてキングのページは、南部の中流階級出身のキリスト教指導者、公民権運動のリーダー、非暴力主義と愛、アメリカの統合、そして「私には夢がある」といった言葉で飾られ、いっぽうマルコムのページには都市の貧困家庭出身の戦闘的な黒人イスラム教徒の活動家、暴力肯定、分離主義、「投票権か弾丸か」「私が見るのはアメリカの悪夢

図２　1964年３月，ネイション・オブ・イスラムとの訣別を宣言するマルコム

だ」といった刺激的な言葉が並ぶ。

この対比的なイメージは、彼らに対するアメリカ人の受容と拒絶を象徴してもいるだろう。かたやその誕生日が国民の祝日（一月第三月曜日）である全米統合の象徴にしてヒーロー、かたや人種統合を拒否し「黒人性」にこだわる危険な黒人民族主義者のレッテルを貼られたアンチヒーロー。リーはこの対比の構図をあえて利用し強調することで、この作品を一つの見方を強制する映画ではなく、選択についての映画にしているといえる。

このような単純化された二項対立でキングとマルコムを位置づけることに対して異を唱えるJ・H・コーンは彼らの思想と言葉の変化を検証してキングとマルコムが一般的に考えられているほどには対照的でなく、むしろ晩年には二人の距離は相当接近していたと分析している。

統合主義と分離主義の対立を超えて

一九六四年、マルコムは彼の活動の拠点であったネイション・オブ・イスラム（ＮＯＩ）と決裂し、独自の道を歩み始める。マルコムは「白人は本質上悪魔である」とするムハンマドの教えに疑念を抱くようになった。ＮＯＩの教義では、人種差別という罪を犯しているアメリカ白人社会は悔い改めて正義をなさない限り滅びるのだから白人世界への統合を求めるのは愚かである。これまでマルコムはこの分離主義的教義に基づき、キングを弱腰であると批判してきた。しかしＮＯＩからの独立がマルコムの思想に変化をもたらし、公民権運動とキングの価値を認め始めた。

図3　1967年，国連前で行われた反ヴェトナム戦争集会で演説するキング牧師

同年にマルコムは「われわれは統合のために闘っているのでもなければ、分離のために闘っているのでもない。われわれは人間としての認知のために闘っているのだ」と述べている。マルコムがキングとの対立を乗り越え、共通の目的のために闘っていきたいという意志が示唆されている。

マルコムの変化は、一部の公民権活動家たちにキングとの共闘の可能性を期待させるものだったが、キングを支える白人後援者たちはそれを容認しなかった。

夢から悪夢へ

キングの転機は、マルコムが暗殺された一九六五年以降、とくにロサンゼルスの黒人ゲットーで起きたワッツ暴動を契機におとずれる。三四人の死者を出しブロック一体を全焼させたワッツ地区の惨状を見たキングは、前年の公民権法成立による平等の獲得という輝かしい勝利にもかかわらず、人種と貧困の問題は軽減されなかったことを思い知らされた。憲法上の平等が達成されたとしても、経済的正義なくしては状況を変えることはできない。問題は、白人と同じランチのカウンターに座れるかどうかではなく、ランチを食べる金があるかどうかであった。

これ以降、キングはしだいにマルコム的な分離主義的思想に接近していく。彼は事実として「二つのアメリカ」が存在することを認めざるを得なかった。美しく豊かで白人的なアメリカと、醜く貧しくて黒人的なアメリカである。キングは、ゲットーの絶望的状況を抜け出すには、現に分離されている黒人共同体を黒人の手によって支配しなければならないと考え始めた。なぜなら白人たちはそれを解決しようとは決してしないからだ。

六七年、キングは「夢」を否定する。「私は告白しなければならない、私は夢が悪夢に変わるのを見始めたということを」。そして暗殺される直前の一九六八年、ヴェトナム反戦を訴える演説のなかでキングはアメリカを断罪した。「アメリカよ、お前が『すべての人は平等に造られ一定の譲渡すべからざる権利を造り主から付与されている』という信条を現実化するまではお前を安眠させるつもりはない」。この激しい調子にマルコムの影響を見ることはあながち間違いではないだろう。

二重のアイデンティティ

正義への闘いという共通の目的をもっていた二人の共闘は実現しなかった。コーンは二人が「W・E・B・デュボイス（William Edward Burghardt Du Bois, 1868-1963）の二重自我[1]における二つの側面を代表していた」と解釈する。彼らは互いを批判することで互いを鍛えつつ共通の敵に対して異なる立場から闘っていた。ある人々にとっては二人が握手を交わす一枚の写真ですら脅威であったように、二人の接近は、キングをアメリカ史上の英雄として輝かしい公民権運動の勝利の象徴にしておきたい者にとって、あるいはマルコムを民族主義的アンチヒーローにしておきたい者にとって脅威だった。だからこそ、マルコムとキングはつねに対比的な構造のなかで提示され続けるのである。

（有満麻美子）

(1) デュボイスは著書『黒人の魂』（1903年）において黒人は二重の自我をもっていると述べ，黒人のなかに白人の視線で自己を見る視線があるのを看破した。

14

エリス島――「移民の歌」が聞こえた場所

映像のなかのエリス島

フランシス・フォード・コッポラ（Francis Ford Coppola, 1939- ）の『ゴッドファーザーPARTⅡ』（一九七四年）には、一九〇一年にヴィト・アンドリーニという少年がイタリア移民としてアメリカに渡り、天然痘のためエリス島に三カ月間隔離されるという印象的な場面がある。イタリア語のわからない移民管理局の役人に出身地のコルレオーネ村を名前と間違えられ、以後彼はマフィアのボス「ドン・コルレオーネ」として君臨することになる。

イタリア系移民の子孫であるコッポラのようにこの島とつながりのある映画関係者は多く、ハリウッド黄金期の製作者サミュエル・ゴールドウィン（Samuel Goldwyn, 1879-1974）や、古典的ハリウッド映画の巨匠フランク・キャプラ（Frank Capra, 1897-1991）も世紀転換期にエリス島を通過した移民であった。

移民管理局の開設

一八世紀末、サミュエル・エリスという人物がハドソン湾河口に浮かぶ小島を取得した。やがて島はその名前だけを残して所有者の手を離れ、一八九一年に州から連邦へと入国審査の管轄が移されたのを契機として、翌年一月一日当地に移民管理局が開設される。こうしてエリス島は、マンハッタン南端のキャッスル・ガーデン

図1　エリス島鳥瞰

図2　移民の到着：「忍耐の場」

に代わって移民の受け入れ地となる。

作家のヘンリー・ジェイムズ（Henry James, 1843-1916）が「最初の避難所であり忍耐の場」と評したように、島は移民たちにとって傍らに聳える自由の女神に象徴される約束の地の入り口であると同時に、審査次第では強制送還される試練の場でもあった。一九五四年に閉鎖されるまで、全移民の七〇％に当たる約一二〇〇万人がそこを通過、アメリカをアングロサクソン中心の比較的同質な社会から「人種のるつぼ」へと変えていく玄関口となったのである。

世紀転換期の移民ラッシュ

一九世紀末から二〇世紀初頭にかけてアメリカ経済は急成長し、安価な労働力を大量に必要とした結果、移民の流入量が急増する。その数は年間で一〇〇万人以上、一九〇七年には一二八万五三四九人が押し寄せることになる。この時期の移民は従来の西欧系移民と区別するために「新移民（new immigrants）」と呼ばれ、その大半は深刻な飢饉と民族的迫害が吹き荒れた東欧・南欧からの移民（とくにユダヤ人とイタリア人）であった。

エリス島の移民管理局は年間の入国者数が約二〇万人のときに構想されたので、この世紀転換期の移民ラッシュは予想をはるかに超えるものであった。そのため、ジェイムズが「工場への燃料補給」と揶揄したように、入国手続きは工場の流れ作業よろしく行われた。移民たちは簡単な健康診断を受けたあと、登記所で年齢や職業、主義・信条に関する質問を受け、それにパスすれば入国。所要時間は三―五時

図４　トラコーマ検査：定番の風景

図３　移民局内：「工場への燃料補給」

間ほどであった。

健康診断のさい、病人は衣服にチョークで印をつけられ、治癒するまで隔離されるか送還された。ちなみにトラコーマは厳しく検査され、エリス島での検査といえば眼のそれが定番の風景となる。また、登記所には各国語の通訳がいて、コルレオーネのように名前の手違いが起こることは実際にはなかった。

想定外の移民ラッシュ、そして不十分な設備と管理のため、一時拘留所はつねに不衛生なすし詰め状態、心ない検査官によるゆすりやセクハラなど日常茶飯事であった。進歩派の局長ウィリアム・ウィリアムズ（William Williams, 1862-1947）による改革までこの劣悪な状態は続き、エリス島が「涙の島」と呼ばれる原因となった。とはいえ、労働力確保のため一九一七年までは移民受け入れが前提であり、入国拒否されたのは全体の二％に過ぎなかった。

移民制限とエリス島

しかし、二〇世紀に入り移民の数が膨大になるにつれて、状況は一変する。アングロサクソン系中心の旧来の入植者たちから見れば、新移民は宗教から食文化に至るまで異質な、英語すら話せない「他者」であった。ジャーナリストのジェイコブ・A・リース（Jacob A. Riis,1849-1914）がニューヨークのスラムを潜入ルポしたとき、アメリカの中心都市に「アメリカ人がいない」と警鐘を鳴らすほど、社会のボーダーレス化に対する危機意識は高まることになる。

このような民族的な危機感に新移民による労働市場の「侵略」という経済的な不

図５　「移民割当法」図解

安も絡まって、他者排除の機運が形成されていく。そして、優生学に基づく民族衛生思想が排他的な空気に「科学的」な根拠を与え、一九一七年の第一次世界大戦参戦が決定的な転機となって、読み書き能力テストによる「不適格者」の選別が実施される。一九二一年、「第一次移民割当法」が成立。これにより入国者数は年間三五万人に制限され、二四年の「第二次移民割当法」でその数はさらに一五万人にまで絞られる（アジア系移民と並んで厳格な規制の対象となった南欧・東欧の移民は、割当数を年間二万五〇〇〇人にまで削減された）。こうした移民制限に加えて、海外領事館による入国審査が可能になり、エリス島は事実上その歴史的な役割を終えることになる。

記憶としてのエリス島

その後、エリス島は不法入国者や戦時中は敵性外国人の収監所として使われ、一九五四年に正式に閉鎖される。しかし、一九八六年の自由の女神一〇〇周年事業をきっかけとして、廃墟と化した島は九〇年に「エリス島移民博物館」としてリニューアルされ、現在はニューヨークの観光名所となっている。

博物館には、移民たちやその子孫たちから寄贈された思い出の品々が歴史資料として展示されている。貧困や迫害から逃れて、ハドソン湾で自由の女神を目にしたときの喜び、「忍耐の場」を通り抜けるときの不安や悲しみ、そうした記憶が擦り切れた旅行カバンやセピア色の写真に刻み込まれているのである。（細谷　等）

15

新興宗教――アメリカの寛容と多様性

図１　コネティカット渓谷に向かうフッカーの一団

フロンティアにおける宗教の寛容

厳格なピューリタンの時代に、ロジャー・ウィリアムズ（Roger Williams, 1603-83）は政教分離を唱えて一六三六年にプロヴィデンス植民地を創設し、フッカー（Thomas Hooker, 1586-1647）も同年西部に位置するハートフォードに移動してコネティカット植民地を創設した。三九年の「コネティカット基本法」は教会員資格を市民権に必須とせず、宗教に寛容な最初の成文憲法であった。八一年にペン（William Penn, 1644-1718）は英国で迫害されたクエーカー教徒をペンシルヴァニア植民地に受け入れ、信教の自由を保障した。フィラデルフィアはドイツからのアーミッシュやルター派などの移民で繁栄した。メリーランド植民地はカトリック教徒のために創設され、一六六四年の第二次英蘭戦争後に英国領となったニューヨークは、王領植民地として英国国教会を「公定教会」とした。公定教会は、収入の十分の一の税金（タイド）により維持された。こうして植民地ごとに宗教の特色をもつアメリカは、領土の拡大とともに多様性を増した。

信教の自由と政教分離

アメリカの宗教は、アメリカ独立革命を契機に信教の自由が広まる。トマス・ジェファソンはヴァージニア信教自由法を一七八七年に制定し、公定制度を廃止した

図２　トマス・フッカーの到着を記念する像

図３　キャンプ・ミーティング。1829年ごろに行われた屋外での礼拝の様子

が、同年に制定された合衆国憲法は、修正第一条ですべての市民に信教の自由を保障し、政府に国教の樹立を禁止した。このため王領植民地を支配した英国国教会や、公定制度に守られたニューイングランドの会衆派教会と長老派教会は経済的に破綻し、大陸の西部での伝道が遅れた。

ロジャー・ウィリアムズの流れに始まるバプティスト派は、I・バッカスが政教分離を掲げ、ケンタッキーやテネシーなどの西部に積極的に伝道し、一九世紀半ばには一〇〇万人以上の教会員を誇った。英国メソジスト派のジョン・ウェスレー（John Wesley, 1703-91）は、革命以前に牧師をアメリカに送って信者を増やし、この二つの新興セクトが革命後の大きな勢力となった。彼らは屋外の礼拝であるキャンプ・ミーティングを開き、西部のフロンティアやニューヨーク州北部は「燃焼した地域」と呼ばれたほど人々は宗教に熱狂した。この一九世紀の信仰復興運動は西部から逆に東部に拡大し、長老派教会のビーチャー（Lyman Beecher, 1775-1863）とフィニー（Charles G. Finney, 1792-1875）は、宗教伝道だけでなく奴隷制廃止や禁酒運動などの社会改革を提唱した。

ボストンを中心とする古いニューイングランドの町では、カルヴィン主義からユニテリアン主義へと教会はリベラルな方向に向かった。ハーバード大学は啓蒙主義の影響から、物理学や数学、天文学を教授し、古い宗教体質から脱皮した。会衆派教会は教会員が激減したが、チャニング（William Ellery Channing, 1780-1842）が広めたユニテリアン主義はキリストの人間性に重点を置き、エマソンに代表される市民宗教の時代の先駆けとなった。一九世紀前半、ジャガイモ飢饉が原因でアイルラ

図4　モルモン教徒のソルトレイクへの移住

ンドからの移民がボストンに集中し、カトリック教徒が増加したが、このなかにはケネディ大統領の曽祖父も含まれていた。

アメリカ独立革命以後の新興宗教の発生

アメリカ合衆国憲法修正第一条に規定された信教の自由は新興宗教の誕生を促した。ジョゼフ・スミス（Joseph Smith, 1805-44）は一八三〇年にモルモン教（末日聖徒キリスト教会）を設立したが、一夫多妻制の教義のゆえに迫害された。後継者のヤングはイリノイからロッキー山脈のソルトレイクに移動し、酒やタバコを禁止する道徳的に厳格な宗教を広めた。モルモン教は現在信者が五〇〇万人おり、二〇一二年の大統領選挙で共和党候補となったM・ロムニーはソルトレイク・オリンピックを成功させたモルモン教徒で、民主党が優勢なマサチューセッツで共和党の州知事（二〇〇三－二〇〇七年在任）として財政を再建した。

新興宗教の特色は千年王国論（ミレニアリズム）である。キリストの再臨が至福千年の「前に」存在し、キリストが千年の正義の支配を行うプレ・ミレニアリズムと、キリスト再臨が至福千年の「後に」続くと解釈するポスト・ミレニアリズムがある。この至福千年の到来を信じた人々はアドベンティスト（Adventist）と呼ばれたが、予言された一八四三年は外れて消滅した。礼拝にダンスをすることで有名なシェイカー教徒もキリスト再臨を信じたが、独身主義のため衰退した。健康と治癒に関心をもったメアリ・B・エディ（Mary Baker Eddy, 1821-1910）はボストンでマザー・チャーチを創設し、機関紙の『クリスチャン・サイエンス・モニター』は信仰と科

図５　シェイカー教徒のダンス。19世紀の新興宗教で，礼拝でダンスをしたことで知られる

学や健康を主題に今日も購読されている。「エホバの証人」は、南北戦争後にラッセル（Charles Taze Russell, 1852-1916）により創立され、二〇世紀に国旗儀礼を拒否して政教分離をめぐる裁判となり、さらに兵役や輸血を拒否したことで有名になった。

一九世紀半ばのダーウィンの進化論と適者生存の理論は経済に応用され、「社会進化論」を創り出し、産業革命の勝利者アンドリュー・カーネギー（Andrew Carnegie, 1835-1919）は弱肉強食を正当化した。貧しい人々のために「社会福音（Social Gospel）」の改革も行われたが、南部では進化論や科学に背を向ける保守派の原理主義が台頭し、一九二五年のスコープス裁判を支持した。第二次世界大戦後は、ビル・グラハム（Bill Graham, 1918- ）やジェリー・ファルウェルは野球場で礼拝を開催し、テレビを使用して大衆伝道をした。ロバート・ベラーは「市民宗教（Civil Religion）」により知識人の「神」とアメリカの民主主義を結びつけた。

キリスト教以外の宗教としてユダヤ教や仏教があるが、二〇〇一年の同時多発テロ事件でイスラム教は批判され、現在グランド・ゼロ近くにモスクを建設すべきかで議論がある。戦後韓国で創設された統一教会（世界基督教統一神霊協会）はマインドコントロールが問題となり、イスラム教から派生したバハーイー教（バハイ信教）は信者を増やした。一九五〇年にL・ロン・ハバードが創始したサイエントロジーは精神性を重視し、俳優トム・クルーズを信者にもつカルト的な教団である。

現代のアメリカは宗教が多様化している。無宗教や特定の宗教をもたない人は二〇％に達する。歴史的にプロテスタントが過半数を占めていたが、ヒスパニック移民が増加してカトリックが優勢となっている。

（小倉いずみ）

16

クレオール――アメリカに潜在する不安とダイナミズム

流動しつづける概念

土着のアメリカ先住民を除き、植民地（とくにアメリカ大陸およびカリブ海島嶼域）において「生まれ育った」（語源“criar”＝スペイン語・ポルトガル語で「産み出す」「育てる」）白人あるいは黒人、のちに混血をも含むすべての者を「クレオール」と呼んだ錯綜した歴史の先端で、この概念が、意味論の大海を漂うように揺れている。フランス語風に〈クレオル〉créole または〈クレオール〉とするか、英語の音に近づけて〈クリオール〉creole と呼ぶか。ポルトガル語の〈クリオウロ〉crioulo、あるいはスペイン語の〈クリオーリョ〉criollo を採用するか。さらには、この用語じたいがクレオール語化されて、ルイジアナやハイチで〈クレヨル〉kreyol などと呼ばれている状況もある。すでに用語じたいにこれだけの変異が宿されているものを一律に定義するには、まさに大きな困難がつきまとう。

ある意味で、「クレオール」を定義しつつ語ることはそれじたい矛盾した行為である。客体化することが不可能な、範疇や固定的意味論を逸脱してゆく越境的で混淆的な文化の運動性そのものを示す「クレオール」は、それが人間や言語にたいして使われる場合であれ、あるいはさまざまな文化活動（音楽、料理、文学など）にたいして使われる場合であれ、つねに定義的な曖昧さ、流動性、便宜的性格をかかえているからである。そのため、「クレオール化」creolization という動詞化された

図1 「アブサロム，アブサロム！」の初版本（New York: Random House, 1936）

図2 ユードラ・ウェルティによる南部のクレオール女性の写真（1930年代）

用語によって、存在状態ではなく混淆的な文化変容力としての特性をより厳密にとらえようとする論者も多い。国家的・制度的規範を逸脱し、単一原理の専横に反抗し、純化より混濁化、透明性より不透明性を指向するすべての動きを、「クレオール化」にかかわる文化過程としてとらえることができるだろう。

ウィリアム・フォークナーとクレオールの強迫観念《オブセッション》

『アブサロム、アブサロム！』（一九三六年）の多義性はクレオール的なものに根をもつ。小説が舞台とするアメリカ南部の文化的交雑性・非正統性はいうまでもない。アメリカ文学史上もっともクレオール的な世界に真っ向から対峙した書き手であるウィリアム・フォークナー（William Faulkner, 1897-1962）。彼の描く複雑で難解な物語は、話者が流動的に変容するその特異な文体も含め、クレオール性を文学言語として体現した稀有の実践ともいえる。主人公として怪物的に造型されたトマス・サトペンは、わずかな黒人の血の混濁・混淆をも嫌う徹底した白人純血主義者として描かれる。「クレオール」は、この小説ではまさにイデオロギーとしての「アメリカ」が潜在的に宿しているもっとも恐ろしい不安＝脅威として、物語の底に沈められたまま暗示されている。その不可視のクレオールを描いたことこそ、「南部」の生んだ文学者としてのフォークナーの偉大な達成であった。

『アブサロム、アブサロム！』において、盟主サトペンの「原罪」の種が播かれたのがカリブ海のクレオールの島ハイチとして設定されていることも、アメリカにおける「クレオール」の否定的潜在を暗示する。アメリカのハイチ占領期末期に書

図3　エドゥアール・グリッサン『フォークナー，ミシシッピ』英語版の表紙。後ろ姿はウィリアム・フォークナー

図4　ケーキスタンドで子どもに菓子を売るクレオール婦人（1880年代の挿絵）

かれたこの小説において、ハイチは黒人国家としては不可視化され、奴隷叛乱を恐怖する南部白人にとっての存在論的「不安」の潜在的な根拠として暗示されている。だがまさにハイチ的なクレオールの世界観こそ、「アメリカ」なるイデオロギーの脅威であることを、フォークナーはこうした設定において語っていたのである。フォークナーによって表象されたアメリカ南部の集合無意識として潜在する「クレオール」へのオブセッション、すなわち「人種混淆《ミセジネーション》」へのアメリカ的不安については、マルティニックの詩人＝思想家エドゥアール・グリッサン（Édouard Glissant, 1928-2011）の著書『フォークナー、ミシシッピ』（一九九九年）においてクレオール論の立場から深く論じられている。

アメリカ南部のクレオール発見者、ラフカディオ・ハーン

アメリカ南部に歴史的に伏在する「クレオール文化」を、現代的な想像力において「発見」したのは、作家ラフカディオ・ハーン（Lafcadio Hearn, 1850-1904）であった。ハーンはニューオリンズのことを「クレオールの古都」と呼び、その地で行われている民間医療を「クレオール医療」と呼ぶなど、アメリカ的文脈のなかで「クレオール」なる概念を南部文化の諸相に広く適用、流布させた中心的な人物だった。ハーンの著作『キュイジーヌ・クレオール』（一八八五年）は、食文化におけるルイジアナのクレオール性を、民俗学的記述に裏打ちされたレシピ集として巧みに提示した。また、ニューオリンズ、マルティニック、ハイチ、トリニダード、フランス領ギアナ、モーリシャスの六つのクレオール語圏におけるクレオール語の諺

図５　ラフカディオ・ハーン『キュイジーヌ・クレオール』復刻版の表紙

を集成した辞典『ゴンボ・ゼーブズ』（一八八八年）は、アメリカ南部のクレオールという問題系が、カリブ海から南米、さらにはインド洋の島嶼地帯にまで及ぶ植民地主義的な地政学の帰結であること例証した。

アメリカと非アメリカの界面

「クレオール」を狭義の「アメリカ」の文脈において考えるとき、こう総括的に言うことができるだろう。いわゆる「アメリカ」が「非アメリカ」と接触する界面に生まれるものがクレオールである、と。それは、白人的・アングロ的なアメリカが、非白人的・非アングロ的なアメリカ（すなわちキャノニカルな視点から見れば「非アメリカ」）と接し、せめぎあう、矛盾にみちた、しかしダイナミックな界面である。歴史的には、それは奴隷制を介した白人と黒人の対峙をめぐる状況においてもっとも激烈に表面化してきたが、現代においては、これをカリフォルニアのチカーノ（メキシコ系アメリカ人）やフロリダのキューバ系アメリカ人、さらにプエルトリコやハイチなどの出自をもった移民や亡命者たちの共同体が、支配的なアメリカ社会と接触・融合・反目する界面に現われている問題系へと援用することも可能であろう。ニューヨークで精力的に活動するハイチ人亡命作家エドウィッジ・ダンティカの存在などが、そうした新たな文脈におけるクレオール的言説の登場を示している。

「アメリカ」という近代のイデオロギー的支配原理が本質的にはらんでいた排他的傾向にかかわる矛盾を、もっともアクチュアルな問題意識によって批判するために、「クレオール」はきわめて重要な方法論的概念としてありつづけるだろう。（今福龍太）

アジア系アメリカ人——アイデンティティの問題

アジア系アメリカ人とは、アジア人の祖先をもちアメリカに居住している人々であり、中国系、フィリピン系、インド系、ベトナム系、韓国系、日系など、二〇一〇年現在、アメリカの人口の五・六％を占めている。アジア系は勤勉、従順で我慢強く、「モデルマイノリティ」と呼ばれてきた。

白人主流の社会で生きるマイノリティは「自分は誰なのか」に悩むことが多い。文学においても生き方に迷い、自分のルーツに戻り、力を得て未来に向かうといったアイデンティティ探究の様子が描かれてきた。アジア系の文学では、戦争や移民における人種差別、祖国の慣習による女性蔑視などの苦難を描いている点が特徴的である。

日系アメリカ人は第二次世界大戦中、強制収容所に入れられた。「(日本と戦っている) 合衆国軍に従軍するか」、「日本への忠誠を否定し、合衆国に忠誠を誓うか」に答えるよう強要され、アメリカと日本との間で、二世は苦渋の選択を迫られた。ジョン・オカダ（John Okada, 1923-71）が書いた『ノー・ノー・ボーイ』（一九五七年）のイチローは日本を信奉する母の意向を汲み、どちらにもノーと答える。橋田壽賀子脚本の『九九年の愛』（二〇一〇年）の一郎は家族がアメリカで認められるよう、どちらにもイエスと答える。親を思いながらも自分らしい生き方を模索する二世が描かれる。

図1　リトル東京（LA）の壁画

中国系の女性作家マキシーン・ホン・キングストン（Maxine Hong Kingston, 1940- ）は、『チャイナタウンの女武者』（一九七六年）で中国の伝説を女性の力強さを示す話に語り直して論議を呼んだが、沈黙させられてきた女性たちに力を与えた。映画化された『ジョイ・ラック・クラブ』（一九八九年）の作者エイミ・タン（Amy Tan, 1952- ）は、アメリカでの成功という母の期待に応えられなかった二世の娘が、中国を訪問することで母との絆を回復する様子を描いた。

アメリカで生まれ育った二世には、祖国の価値観を重んじる一世との精神的葛藤があった。三世以降になると、白人文化に同化する者、ルーツに回帰する者、他のアジア系と連帯する者などさまざまである。また混血の子どもや、越境を繰り返す者などの異種混淆的な主体意識も加わり、アジア系アメリカ人のアイデンティティは多種多彩で、現在も変化し続けているのである。

（楠元実子）

第3章

アメリカ文化の光と影

ストーンウォール暴動のあった1969年６月27日のプラカードを掲げて気勢をあげる90年代の新世代クィアたち

楽しい文化

アメリカでは快楽の最大化が文化の享受にあたって目指されている。これは、幸福追求の権利が神から人間に賦与された権利として独立宣言に謳われていたこととも無関係ではない。快楽、幸福はアメリカでは無条件に肯定され、必然の成り行きとして追求されるものだったのだ。

個別具体的なアメリカ文化の大半がもつ誰にもわかる楽しさや親しみやすさは、この前提なしには成り立たないにちがいない。一方、歴史や伝統が脈々と伝承されている国の文化は、紆余曲折を経て醸成されたものであるがゆえに、他国民ばかりか自国民にとってすらしばしば理不尽で不可解な面をもつことがある。しかし、アメリカ文化のほとんどには、自国民ばかりか他国民にとってすらわかりやすい明快さがある。さまざまなアメリカの文化の強い国際的な伝播力の秘密はここにある。

アメリカ人とは何者か、アメリカ文化とは何か

アメリカでは文化は歴史や伝統を経て自然におのずから生まれてくるというより、作られたものであるという傾向があるといえるだろう。また、そうした人為性が働きかけるそこにはアメリカ文化とは何か、というアイデンティティの不安もつきまとっていた。それは、アメリカ建国がアメリカ人を生んで以来、さまざまな出身国の文化的背景をもつアメリカ人が久しく「アメリカ人とは何者なのか」という問いを発し続けてきたこととも重なる。

多様なエスニシティが「アメリカ人」なるものの同定を困難にしてきたことと同様に、「アメリカ文化」も多様となり、そこに確固たるアイデンティティへと収斂しきれないものがうまれている。

ことに公民権運動を経てからは、マイノリティたちは誇りをもって、おのれのエスニシティを復元しながらアメリカ文化に参入し直してくる。それは、マイノリティのアメリカ社会でのエンパワーメントとしても為された。彼らの地位向上や自尊心回復のための自己主張でもあったのだ。それはメインストリームの文化に対して六〇年代末から本格化した若者たちのカウンターカルチャーの流れを汲むものでもあった。

アメリカ文化は、そうした多様性を豊饒な積極的価値として誇ると同時に、混乱と未成熟という消極的価値としてかかえこむことにもなったのである。

性愛の文化

一九六九年、ニューヨークのゲイ・バー、ストーンウ

ォール・インで起きた暴動をきっかけに、同性愛者たちが、クローゼットから出てカミング・アウトし始めた。するとエスニック・マイノリティばかりでなく、レズビアンやゲイ、バイなどのセクシュアル・マイノリティたちも、おのおのの文化をもって自己主張を始めた。それは、異性愛を当然視し同性愛を排外抑圧する異性愛社会・文化に対するプロテストであった。だが、ただプロテスト自体に眼目があったわけではなく、性愛をあらゆる束縛から解き放ち、性愛から純粋に快楽をひきだそうとする情熱ももっていた。

暴力をはらむ文化

アメリカ文化には暴力が、見逃せない要素としてはらまれている。暴力は刺激である。刺激には麻痺がつきものだから、暴力がますます招来されることになる。映画やテレビなどの大衆文化には、そうした兆候がとりわけ顕著だ。暴力が文化現象のそこかしこに見られるのは、独立革命、先住民族駆逐、領土拡張と、暴力がアメリカの歴史の重大なモメントを彩ってきているために、アメリカ人が暴力に対して無意識に寛容な姿勢をとってしまうメンタリティに一因があるのだろう。また現実社会で、銃を頂点にした暴力の氾濫が彼らの日常生活を取り巻いていることもその一因だろう。

ドラッグ・カルチャー

アメリカを悩ませる問題の一つがドラッグであることはまちがいないだろう。五〇年代のビート・カルチャーが大麻や阿片によって活性化されたり、六〇年代にサイケデリック・カルチャーでＬＳＤがアシッドテストなどを通じて感性拡大の可能性を探求されたりしたことが示すように、カウンターカルチャーは、ドラッグと不即不離の関係にあった。

七〇年代、ベトナム戦争でコカインを盛んに常用した兵士たちが帰国後にもコカインを手放さなかったことも事態に拍車をかけたが、ドラッグはアメリカで尖端的文化の触媒になる以上の広汎な流通を始めた。ドラッグはカルチャーとなってストリートに伝播していったのである。とりわけ、コカインを手軽に吸引できる比較的安価なクラックの登場は、ヒップホップ・カルチャー、ギャングスター・カルチャーなど、黒人はもとより、黒人にあこがれる白人青年が熱烈に支持する文化の成立にも欠かせない触媒となっている。

（笹田直人）

図1　19世紀のトリニティ教会（ニューヨーク）

17 アメリカン・ゴシック――自由・平等の国の暗黒面

「ゴシック」とは？

「アメリカン・ゴシック」と名づけられた作品は、文学、絵画、映画、テレビドラマ、音楽などに見出すことができる。では、複数のジャンルを横断する「ゴシック」とは、そもそもどのようなものなのだろうか。他の国と異なるそのアメリカならではの特質を理解するためにも、まずゴシックという用語について確認しよう。

ゴシック（Gothic）とは、もとはゴート族を指す言葉ゴス（Goth）に由来する。ローマ帝国に侵入し、五世紀ごろヨーロッパ南部に王国を築いたゲルマン人の部族の名は、転じて「中世」という暗黒時代、さらにその特徴とされる「野蛮さ」や「異様さ」を意味するようになる。しかし、一八世紀から一九世紀にかけて、ゴシックを肯定的に意味づけ直そうとする「ゴシック復興運動《リヴァイヴァル》」と呼ばれる気運が起こる。なかでもその中心となったのは、ゴシック建築だった。時代や地域によりさまざまな分類のあるゴシック建築ではあるが、それは高く天に伸びる尖塔や、頂点のとがった尖頭アーチとその反復を特徴とし、イギリスのカンタベリー大聖堂などキリスト教の寺院に多くの例がある。こうした建築が、エドマンド・バーク（Edmund Burke, 1729-97）の『崇高と美の観念の起源』（一七五七年）に代表される一八世紀の美学の議論のなかで、人智を超えるものに対する恐怖を喚起する「崇高（sublime）」の概念と結びつけられ評価される。その様式を取り入れた建築は広く

図2　チャールズ・ブロックデン・ブラウン

人気を博し、アメリカでもニューヨークのトリニティ教会をはじめ数多く造られることとなったのだ。

この新しい流れのなかで生まれたのが、ゴシック・ロマンスと呼ばれる文学ジャンルである。それは、読者の内に恐怖を喚起することを目指す怪奇小説といえる。イギリスの作家ホレス・ウォルポール（Horace Walpole, 1717-97）の『オトラント城』（一七六四年）に始まるゴシック・ロマンスでは、中世《ゴシック》の城や修道院を舞台に、追跡や迫害、性の侵犯行為などに満ちた緊迫した物語が展開される。

アメリカのゴシック・ロマンス

イギリスにおいてゴシック・ロマンスが生まれ流行した一八世紀後半は、啓蒙思想の時代でもあった。アメリカにおけるゴシック・ロマンスは、この時代精神のもと、イギリスからの独立・建国とほぼ時を同じくする特異な状況で生まれた。

アメリカ最初の職業作家といわれるチャールズ・ブロックデン・ブラウン（Charles Brockden Brown, 1771-1810）は、ヨーロッパ中世の城や修道院のないアメリカにおけるゴシック・ロマンスの可能性をひらいた。彼は、『ウィーランド』（一七九八年）においては狂信ゆえに愛する妻子を殺害する男を、それをにわかには信じられない妹の視点から描き、『エドガー・ハントリー』（一七九九年）においては荒野でのアメリカ先住民による攻撃を、夢遊病癖のある男の辻褄の合わない手記のかたちで提示して、同時代アメリカの恐怖の物語を作り上げたのだ。「アメリカ小説の父」とも呼ばれるブラウンは、「建国の父」のひとりベンジャミン・フランク

図３　グラント・ウッドの絵画「アメリカン・ゴシック」

リンと、同じ時代と場所――独立宣言（一七七六年）の署名されたフィラデルフィアに生きた。後者が独立宣言の起草者のひとりとして、啓蒙の光に照らされたアメリカの表側を体現するのに対し、前者はその裏側――すべての人の自由と平等を謳って成立した近代民主主義国家は、恐怖政治に転じる危険性や異人種の抑圧をはらんでいた――を作品によって描いたといえる。

アメリカン・ゴシックとは、国の成り立ちと密接につながる家族や人種の主題を取り上げ、その抑圧された下層の暗黒面に深く探りを入れることを特徴とするものである。エドガー・アラン・ポーの「アッシャー家の崩壊」（一八三九年）や、ナサニエル・ホーソーンの『七破風の屋敷』（一八五一年）、ウィリアム・フォークナーの『アブサロム、アブサロム！』（一九三六年）は、その優れた例となる作品だ。それは、イーディス・ウォートン（Edith Wharton, 1862-1937）、フラナリー・オコナー（Flannery O'Connor, 1925-64）らを経て、現代のジョイス・キャロル・オーツ（Joyce Carol Oates, 1938- ）らにいたる、アメリカ文学の屋台骨をなす伝統である。

絵画「アメリカン・ゴシック」

異なるかたちで伝統となっているものに、グラント・ウッド（Grant Wood, 1891-1942）による絵画「アメリカン・ゴシック」（一九三〇年）がある。尖頭アーチ型のゴシック窓が目を引く家屋の前に男女が描かれているが、窓の形は二人の顔の形に、そして農夫の握りしめる農具ピッチフォークの形に、かすかに反復されている。農具が屋外での力仕事を表わすのに対し、女性のエプロンは屋内での家事を連想させ、

図４　映画『アメリカン・ゴシック』

図５　テレビドラマ『アメリカン・ゴシック』

二人が伝統的な慣習に従う謹厳な人々であることを示唆するとともに、父娘とも夫婦ともとれるその関係が、独特の不安定さを生み出している。

この絵画は、地方に生きるアメリカ人のピューリタン的な厳格さや不寛容さをあぶり出したものとして、シカゴ美術館で展示されるやいなや多くの賞賛と批判とを巻き起こした。反響はそれにとどまらず、男女の顔を歴代の大統領夫妻をはじめとする有名、無名の人々の顔にすげ替えたパロディが、今も無数に作られ流布し続けている。アイオワ州南部の町エルドンに実在する家屋は「アメリカン・ゴシック・ハウス」として観光地化され、訪れた人々が絵と同じ構図で記念撮影に興じている。

ポップ・カルチャーのなかのアメリカン・ゴシック

J・ハフ（John Hough）監督の映画『アメリカン・ゴシック』（一九八七年）は、ウッドの絵画をパロディ化したポスターを用いている。S・キャシディ（Shaun Cassidy）制作のテレビドラマ『アメリカン・ゴシック』（一九九五―九六年）とともに、追跡と迫害、殺人に満ちたホラーである。近年黒レザーのゴス・ファッションを前面に打ち出すロック・バンド、スマッシング・パンプキンズ（Smashing Pumpkins）には、CD「アメリカン・ゴシック」（二〇〇八年）がある。アメリカン・ゴシックは、今日もなお、さまざまなかたちでアメリカの暗黒面を描き続けている。

（藤村　希）

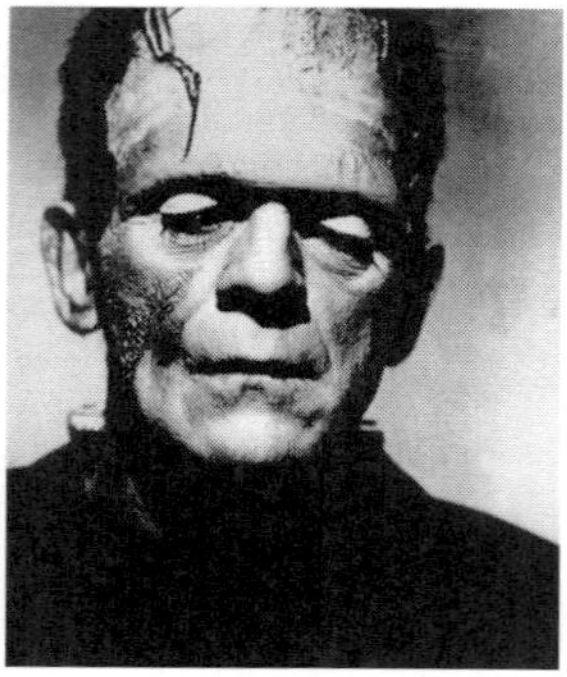

図１　『フランケンシュタイン』（1931年）アメリカでホラー映画となった古典的怪物

18　モンスター――「異種」から「家族」へ

モンスターの語源とその解釈

広く西欧文化において、モンスターとは、人間中心の社会システムに取り込まれることを拒むものたちの総称である。フェミニズム批評家のダナ・ハラウェイ（Donna Haraway, 1944- ）は、その著書『猿と女とサイボーグ』（一九九一年）のなかで、「モンスター（monster）」の語源が「実演する（demonstrate）」という言葉と同根であることを指摘し、そのうえで、猿やサイボーグや女までをも「モンスター」であると定義した。ハラウェイ流の解釈では、〈人間＝男性〉が支配する表象システムを拒絶し、みずからをみずからで指し示すものたちこそは、「モンスター」であったのである。

このような先端的解釈が、時代を遡ってゴシック小説黎明期の「モンスター」にも当てはまることは、たとえば比較文学者Ｇ・Ｃ・スピヴァック（Gayatri C. Spivak, 1942- ）が試みた、『フランケンシュタイン』（一八一八年）のポストコロニアル的読解を参照することによって明らかとなるだろう。曰く、「シェリーは怪物に、主人から返された眼差しを受け止めない権利――いわば視線のアパルトヘイトを拒否する権利をあたえ」（上村忠男、本橋哲也訳）たのである。

図２　『キング・コング』（1933年）
20世紀版モンスターの代表格

モンスターとラッダイト

「フランケンシュタインの怪物」から「サイボーグ」に至る、植民者側のテクストに書き込まれた「モンスター」たちの系譜。それをアメリカの近現代史に見出そうとするならば、『キング・コング』（一九三三年）からレイ・ハリーハウゼンのストップモーション・アニメーション――『水爆と深海の怪物』（一九五五年）の巨大ダコなど――を経由し、さらには和製モンスターであるゴジラの影響にも目配りしつつ、やがてトマス・ピンチョン（Thomas Pynchon, 1937- ）の『重力の虹』（一九七七年）に描かれる南アフリカの黒人表象（同作では、「黒」の表象として、南アフリカのヘレロ族と「キング・コング」の身体を、脱修辞学的手法により同一視している）へと収斂する、もう一つのアメリカ文学・文化史を紡ぎ出す必要があるだろう。

現代アメリカ文学の極北に立つピンチョンは、一九八四年のエッセイ「ラッダイトをやってもいいのか？」において、ゴシック小説から現代ＳＦ映画に至るモンスターの系譜を、機械文明に対抗する者、すなわち「ラッダイト」の系譜として再提示してみせた。ラッダイトとはそもそも、一八一一年に火の手をあげた、イギリスの繊維工場の職人たちによる一連の機械打ちこわし運動のことを指す。このとき、運動の指導者として祭り上げられたのが、当時すでに神話的存在とされていた「ネッド・ラッド」であった。

ピンチョンは、一八世紀後半に実在したとされるこの人物――別名「キング・ラッド」――の素顔に思いをはせ、彼の正体とは、じつは一人の女性に恋い焦がれただけの、大柄なワルであったのだろうと推測する。この「大柄でワルな男性（オ

図 3 『ジョー ズ』(1975年)スピルバーグ監督の最初の大ヒット作

ス)」という、彼独自の定義に基づき、ピンチョンは、ホレス・ウォルポールのゴシック小説『オトラント城奇譚』(一七六五年)に登場した巨大な手もまたラッダイト表象の一つであるとし、その末裔として、あのキング・コングの黒く大きな手をとらえてみせた。

モンスターからエコクリティシズムへ

ピンチョンが想像力逞しく展開するラッダイト論の核となるのは、理性の時代に生きた民衆にとって、ゴシック小説的想像力に描き出されたモンスター的存在――巨人、ドラゴン、そして魔術――とは、「自然の法則が、今ほど厳密ではなかった昔」に実在した「奇跡の時代」の形見であるという読解であろう。合理性とテクノロジーに隠滅されたものたちへの憧憬として、以後のテクストに繰り返し浮かび上がる「モンスター」たち。こうした読みは、ひるがえって、一八五一年に発表されたハーマン・メルヴィルの『白鯨』を基礎とする、アメリカ文学・文化における動物表象の歴史すらも、モンスターの表象史に置き換えうる可能性を示唆する。

『ジョーズ』(一九七五年)、『アリゲーター』(一九八〇年)、そして『クージョ』(一九八三年)といった、モンスター・パニック映画を、自然の主人たる人間の眼差しを拒否し、みずからをみずからで名指しする非人間的〈他者〉の暗喩ととらえるとき、モンスターが提示する問題系は、フェミニズムやポストコロニアリズムのみならず、エコクリティシズムのような環境批評の文脈にもその棲家を見出すだろう。

図4　犬と寛ぐダナ・ハラウェイ

「共生する異種」としてのモンスター

あらゆる現代批評理論に立ち現れる〈他者〉の、その格好のヴィジュアライゼーションとして「モンスター」を定義しなおすとき、我々はふたたび、冒頭に紹介したダナ・ハラウェイの議論へと立ち戻らなくてはならない。ただし、二一世紀に生きるハラウェイにとって、「モンスター」とはただ、脱人間＝男性中心主義的世界を具現化するばかりの「異種」なのではない。

その主たるメタファーを「サイボーグ」から「イヌ」へと転じたハラウェイは、『伴侶種宣言』（二〇〇三年）と題された小冊子で、「異種」と寄り添い生きることの意味を、「家族」というあまりに穏当な言葉でとらえてみせた。だが、この現代社会にあらわれた新たなる家族の形態とは、すでにしてモンスターの落とし子なのであった。ハラウェイ曰く、「重要なのは、コンパニオン・スピーシーズ（寄り添い生きる異種たち）の成り立ちだ。よかれあしかれ、死がそれぞれを引き離す日まで、私たちは家族なのだ。遺伝という系譜は、変容するためにこそ存在を強いられるものだが、それらは混じり合いモンスターとなり、その胎内に、この「家族」は孕まれるのである」[1]。

「人間」それ自体の存立基盤を疑い、「人間以外」とされる存在との共生のあり方を模索すること。ハラウェイを始めとする、現代思想家たちの取組みとは、まずは自らの出自を「モンスター」であると見なすことに他ならなかった。（波戸岡景太）

(1) Haraway, Donna. *The Companion Species Manifesto: Dogs, People, and Significant Otherness.* Chicago: Prickly Paradigm, 2003, p.96.

19

ジョン・ウェイン——現実と幻影のカウボーイ

図１　『静かなる男』（1952年）アイルランド系アメリカ人を演じるウェイン

二〇世紀のカウボーイ表象

カリフォルニア州オレンジ郡に、ジョン・ウェインの名を冠した空港がある。到着階には、現実と幻影、ふたつの〈西部〉に生きたカウボーイのブロンズ像があり、その不変の栄光を今に伝えている。だが一方で、アメリカ文化におけるカウボーイの表象史を思うとき、彼らの栄光が、実は、「不変」などとはほど遠いものであったことに気づかされる。

たとえば、一九三〇年代から四〇年代にかけて量産された「歌うカウボーイ」の映画群は、それまで「西部モノ」というジャンルが培ってきたタフガイのイメージに新たな側面を付け加えたし、冷戦まっただなかの一九五〇年代に制作されたウェスタン映画は、二極化する世界の縮図を、一九世紀のアメリカの荒野という風景のなかに描き出した。一九六〇年代ともなると、カウボーイたちの愛馬が舗装道路を爆走するモーターサイクルにとってかわり、今度は「スパゲティ（＝マカロニ）・ウェスタン」の隆盛とともに、カウボーイ像の「逆輸入」というべき現象が本格化していく。こうしたウェスタン表象の歴史において、一九三〇年よりそのキャリアを開始した俳優ジョン・ウェインは、一九七九年に激動の生涯を閉じるまで、たえず時代に翻弄されつづけてきたカウボーイの宿命に抗ったがゆえに、真のアメリカン・アイコンとなりえた稀有な存在であったといえよう。

初めての西部体験

一九〇七年五月、アイオワ州マディソン郡に生まれたジョン・ウェインは、本名をマリオン・ロバート・モリソンという。彼が生を受けた同郡の中心地、ウィンターセットは、二〇世紀初頭にあってもなお、南北戦争の記憶を生々しく残す土地だった。マリオンの祖父たちもまた、州は違えども壮絶な従軍経験をしており、そのこともあいまって、モリソン家の愛国心はきわめて強かった。

幼少時のマリオンは、いわゆる「パパっ子」で、いつでも父親クライドの働く薬局の店先で遊んでいたという。一九一二年、クライドはアイオワに家族を残し、単身カリフォルニアへと移住したが、その主たる原因は、胸を患い、商売にも行き詰まりを感じていたクライドが、すでに当地に赴いていた彼の父に呼び寄せられたからだった。だが、この新しい土地にあって、都会育ちのクライドに運が巡ってくることはなかった。それはとりもなおさず、カリフォルニアという土地そのものが、すでに形ばかりの「神話」となっていたからに他ならなかった。

一九一四年の終わり、クライドは展望の開けぬまま、一家をカリフォルニアに呼び寄せる。七歳のマリオンにとって、ジャックウサギとガラガラヘビが跋扈するモハベ砂漠は、生まれて初めての強烈な西部体験となった。灼熱の地で、家族は貧困にあえぎ、破たんする。一九一六年、クライドの父にしてマリオンの祖父を看取った一家は、ロサンゼルスの郊外都市へと越していった。

図２　『駅馬車』（1939年）Ｂ級俳優ウェインにとって起死回生の作品

図３　『駅馬車』のワンシーン。ウェインの作品は「西部」を神話化した

『駅馬車』のビフォー・アフター

最愛の父が他界したのは、一九三七年三月のことだった。すでに「ジョン・ウェイン」として活躍していたマリオンであったが、当時の彼は、Ｂ級ウェスタン俳優の名に甘んじていた。一九三〇年のデビュー以来、十年間で六〇本以上のＢ級映画に出演を果たした彼であったが、父の死から一年を数えても、いまだ成功の兆しは見えなかった。しかし、そうした下積み時代も、振り返ってみれば、必ずしも無駄とはいえなかった。

一九三九年、ジョン・フォード（John Ford, 1894-1973）監督による『駅馬車』のヒットにより、ウェインは一躍スターダムにのし上がるのだが、それを後押ししたのは、誰あろう、Ｂ級時代よりウェインに親しんできた、かつての少年少女だったのである。第二次世界大戦、そして朝鮮戦争を経験した彼らは、帰還後、ふたたびウェイン作品の支持者となった。つまり、ジョン・ウェインを愛したアメリカ人の多くは、大戦以後のアメリカ合衆国を実質的に背負って立つ世代でもあったのだ。次々と生まれる新しい世代の言説をしり目に、彼らの価値観は、たとえ公民権運動まっさかりの一九六〇年代であろうと、はたまた、ヴェトナム戦争が泥沼化し、大統領の権威が地に落ちた一九七〇年代であろうと、そう簡単に揺らぎはしなかったのである。

アウトローの政治学

『駅馬車』の成功以後、『アパッチ砦』（一九四八年）、『黄色いリボン』（一九四九

図 4　『捜索者』（1956年）テキサスを舞台とした50年代の代表作

年）、『リオ・グランデの砦』（一九五〇年）などのジョン・フォード監督作品を中心に、ジョン・ウェインは、さまざまなA級ウェスタンの主役をつとめてきた。しかし、やがて訪れた米ソの冷戦時代において、徹底して「反共」の立場を表明した彼は、保守的な主導者たちからは歓迎されるも、いつしか表現者としての評価は下げていった。

一方で、そうしたウェインのシンプルで頑固な政治的スタンスこそが、彼をしてアメリカの文化的アイコンたらしめてきたのも事実である。表象文化という観点からすれば、アメリカ合衆国という巨大な国家は、ときに、その片隅に息づくスモールタウンとその住人たちによって表象（＝代表）される。それとまったく同じ理屈で、アメリカの知性とエリート主義に背を向け、一見したところ時代の流れに取り残されているかに思える生身のウェインの生き様にこそ、アメリカ人たちは、「無法者」こそが「法」の番人とされるような、大いなるアメリカン・スピリットを見たのである。

一九七九年五月、胃癌のため余命わずかとなったウェインに対し、ホワイトハウスは、その長きにわたる国家への貢献を称えるメダルを授与した。彼の病室には、時の大統領J・カーターをはじめ、フランク・シナトラやジミー・スチュワートらが見舞いに訪れた。同年六月一一日、家族に看取られながら、ウェインは永眠する。彼を育てたカリフォルニアで、とある郡営空港がその名称を「ジョン・ウェイン空港」に変更したのは、彼の死からわずかに九日後のことであった。（波戸岡景太）

20 カウンターカルチャー――叛逆する世代

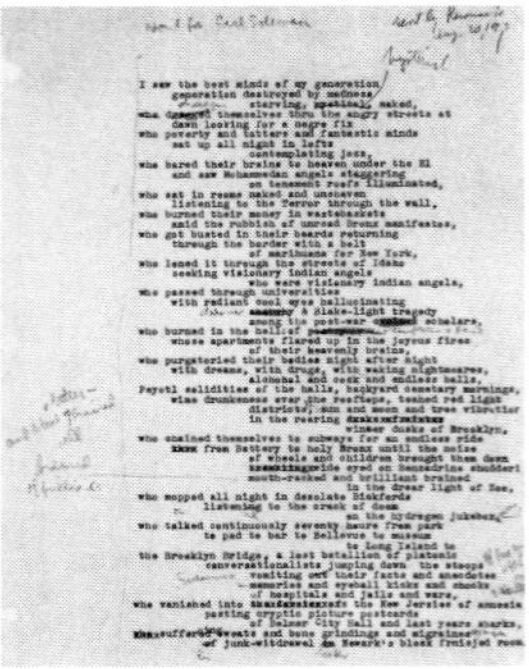
I saw the best minds of my generation
generation destroyed by madness
starving, mystical, naked,
who dragged themselves thru the angry streets at
dawn looking for a negro fix
who poverty and tatters and fantastic minds
sat up all night in lofts
contemplating jazz,
who bared their brains to heaven under the El
and saw Mohammedan angels staggering
on tenement roofs illuminated,
who sat in rooms naked and unshaven
listening to the Terror through the wall,
who burned their money in wastebaskets
amid the rubbish of unread Bronx manifestos,
who got busted in their beards returning
through the border with a belt
of marihuana for New York,
who loned it through the streets of Idaho
seeking visionary indian angels
who were visionary indian angels,
who passed through universities
with radiant cool eyes hallucinating
& Blake-light tragedy
among the post-war scholars,
who burned in the hell of
whose apartments flared up in the joyous fires
of their heavenly brains,
who purgatoried their bodies night after night
with dreams, with drugs, with waking nightmares,
alcohol and cock and endless balls,
Peyotl solidities of the halls, backyard cemetary mornings,
wine drunkeness over the rooftops, teahed red light
districts, sun and moon and tree vibration
in the roaring
winter dusks of Brooklyn,
who chained themselves to subways for an endless ride
from Battery to holy Bronx until the noise
of wheels and children brought them down
wide eyed on Benzedrine shudderi
mouth-racked and brilliant brained
in the drear light of Zoo,
who mopped all night in desolate Bickfords
listening to the crack of doom
on the hydrogen jukebox,
who talked continuously seventy hours from park
to pad to bar to Bellevue to museum
to Long Island to
the Brooklyn Bridge, a lost battalion of platonic
conversationalists jumping down the stoops
vomiting out their facts and anecdotes
memories and eyeball kicks and shocks
of hospitals and jails and wars,
who vanished into the New Jersies of amnesia
posting cryptic picture postcards
of Belmar City Hall and last years sharks,
suffered sweats and bone grindings and migraines
of junk-witdrawal Newark's bleak furnished room

図１　「吠える」の草稿

既成社会と若者

英語では counterculture、辞書は「対抗文化」または「反体制文化」という訳語をあて、「既成社会の価値観を破る若者文化」と定義する。それでは「カルチャー」とはなんであろうか。『アメリカンヘリテージ辞典』は、「生活方法の総体」であるとしている。もっと具体的にいえば、現在アメリカで「カルチャー」である呼ばれている運動は、一九五〇年代あたりから台頭してきた若者文化を指し、それが「対抗」し、批判し、破ろうとした価値観は、その両親の世代の生き方であり、価値観であり、社会のありようであった。

アメリカ五〇年代――ビートの先駆性

たとえば、第二次世界大戦後の一九五〇年代に台頭した、アメリカの新しい世代を指して「ビートジェネレーション」という言葉が使われた。アレン・ギンズバーグ（Allen Ginsberg, 1926-91）、ジャック・ケルアック（Jack Kerouac, 1922-69）、初期のゲーリー・スナイダー（Gary Snyder, 1930- ）などが代表的な文学者であった。彼らやその仲間たちはビートと呼ばれ、アメリカの伝統的な価値観に叛逆した。それは、家族制度であったり、性的な態度であったり、政治的な態度であったり、宗教的な選択であったりした。別の言い方をすれば、この世代が叛逆したのは、伝統

図2　ジャック・ケルアック（1953年，ニューヨーク）

図3　『路上』の表紙

的なプロテスタント文化であり、爛熟したアメリカの資本主義であり、第二次世界大戦を戦いながら無傷の国土を有し、二〇世紀のスーパーパワーとして台頭し始めていたアメリカという国家そのものであった。

アレン・ギンズバーグは、その長編詩「吠える（"Howl"）」で、ゲイの喜びを大胆に表現し、文壇だけでなく、アメリカ文化全体に衝撃を与え、ジャック・ケルアックは代表作『路上』で定職に就くことなく、北米大陸を放浪する若者たちを描いて新しい世代が登場したことを宣言した。ゲーリー・スナイダーはその初期の詩集で、都市に焦点をあて都市の文化を称揚したモダニズムを批判し、あらためて人間と自然の関係に焦点を合わせ、近代工業文明に立脚した人間観や世界観に根底的な疑問を突きつけた。

彼らの文学に共通しているのは、伝統的な性的なモラルを否定し、キリスト教の教義に異を唱え（三人とも仏教に深い関心を抱き、ギンズバーグとスナイダーは一貫して仏教徒としての生活をしている）、親の世代のブルジョワ的な価値観を拒否し、新しいコミュニティ像を追求し、伝統的な常識を拒否したことであろう。

西部の原生自然の価値観を体現する詩人であったスナイダーの生き方は、東部からやってきた小説家ジャック・ケルアックには衝撃であった。その衝撃から、ケルアックはスナイダーを主人公のモデルとした小説『ダーマ・バムズ』を書いた。そこには、禅を実践し清廉な生活をするが、性的には自由であり、しかし同時にカリフォルニアやワシントン州の大自然を愛し、近代文明で破壊されていく自然環境の状況にいち早く覚醒した主人公が描かれていた。

図4　ゲーリー・スナイダー，（1953年頃，バークレー）

彼らは、ヨーロッパではなく、メキシコやアジアに目を向け、前世代のモダニストたちとの違いを強調した。また、詩を聴衆の前で朗読することで、ポエトリー・リーディングという現代アメリカの新しい文化を創造した。顎ひげを伸ばし、バックパックを背負って自転車に乗り、ドラッグの実験をし、イヤリングをして伝統的なファッションを拒否し、ネクタイやスーツを捨て去った。頭はスキンヘッドの男性であった。二〇〇〇年に『タイム』誌の表紙を飾ったのはイヤリングをし、頭はスキンヘッドの男性であった。スナイダーがカリフォルニア大学の大学院のセミナーでその表紙を掲げながら、ここまで来るのに五〇年かかったと述べたが、いまやこれも現代アメリカの一つのメインストリームのファッションになってきているのである。

六〇年代対抗文化――ヒッピーのアメリカ

五〇年代のビートの運動は、その斬新さにもかかわらず、社会的には限られた文学者や芸術家の運動であった。しかし、ビート後の世代で、ビートが萌芽として有していたさまざまな叛逆と創造の種子を広範な社会現象として実践に移したのがいわゆる「ヒッピー（hippie, hippy）」と呼ばれる世代であった。六〇年代にアメリカ西海岸を中心に登場してきた若者たちは、アメリカ社会（あるいは西洋社会）の伝統的な価値観を拒否し、五〇年代のクルーカットの代わりに髪を伸ばし（ロングヘヤー）、ひげをたくわえ、派手な色彩の服装をし、マリファナなどのドラッグを日常的に使用し、集団でコミューンを形成して生活した。

政治的には、ベトナム反戦運動や公民権運動に参加し、バック・トゥ・ザ・ネイ

図５　1967年のサンフランシスコにおけるベトナム反戦 Be-In。中央がギンズバーグ，左端がゲーリー・スナイダー。ビートとヒッピーの歴史的な合流

チャー運動を展開するなど、都市的な生活や価値観を拒否して田園に住み、住居もエコロジカルな側面を強調するようなものを建築した。アメリカ文学の流れでいえば、ヘンリー・D・ソロー的な生き方が尊重され、その著『ウォールデン』は六〇年代ヒッピーのバイブルになった。

このように見てくると、アメリカにおける対抗文化《カウンターカルチャー》は、いきなり文脈なしに登場したものではなく、じつは、それは一九世紀アメリカロマンティシズムの伝統が二〇世紀において再評価され、モダニズムの極端で俗化した合理性を否定するものであったということも可能であろう。

成熟するカウンターカルチャー

カウンターカルチャーが理念として掲げた多くのことが二一世紀において現実のものになったきた。たとえば、公民権運動の衝撃から多文化主義が生まれ、やがてバラク・フセイン・オバマ（Barack Hussein Obama, Jr., 1961- ）大統領の誕生という歴史的な事件が起こった。あるいは、ゲイの文化があたりまえのように受け入られるようになった。あるいは、自然と人間の関係性に関する新しい思想が社会に深く浸透し、新しい人間観が生まれた。これらは、五〇年代や六〇年代には、社会のメインストリームから激しく拒絶されていたことである。映画『イージーライダー』は、自由の探求が狭量なアメリカの主流文化から拒否され抹殺されることを見せてくれたが、あれから半世紀、いま、アメリカのカウンターカルチャーは成熟し、社会を変え、未来の社会を創造する力になっているというべきであろう。（山里勝己）

図１　LGBT の社会運動
（1970年代，ニューヨーク）

21 セクシュアリティ、SM文化、ラテックス――アメリカ社会の「クローゼット」

アイデンティティとしてのセクシュアリティ

現代アメリカ社会では、セクシュアリティは一つではない。セクシュアリティの型は人の数だけあると考える学者もいるが、一般的には次の三型に分ける傾向がある――ヘテロセクシュアリティ（異性愛）、ホモセクシュアリティ（同性愛）、バイセクシュアリティ（両性愛）。誰もがそのうちのどれかに属し、セクシュアリティは人々の社会的アイデンティティの重要な一部だと、一般的には考えられている。

こうした共通理解の背景には、一九七〇年代以降に隆盛をみせたLGBT（レズビアン、ゲイ、バイセクシュアル、トランスジェンダー）運動がある。セクシュアル・マイノリティの権利を求めるこの運動は、セクシュアリティとは個人が選択できるものではなく、人種や性別と同様に生得的なものであると主張し、また同時に、マイノリティたちの「カミングアウト」を促してきた。非異性愛のセクシュアリティは、世間の目から隠れて、いわゆる「クローゼット」の奥で密かに行われる私的な行為ではなく、公の場で示され認められるべきアイデンティティなのである、と。

こうした動きのなかで巻き起こったのが、同性間の結婚をとりまく論争である。一九九〇年代中頃、同性愛者にも結婚の権利を求める運動が盛りあがったが、それに対して共和党主導の議会は一九九六年に結婚防衛法（Defense of Marriage Act：DOMA）を可決した。この法律によれば、ある州で承認された同性間の婚姻関係を他の州および連邦政府が認める必要はなく、たとえば連邦税額控除も同性結婚の場合は適用されない。

これに対し、二〇一二年にオバマ大統領は同性結婚を支持することを公表した。さらに二〇一三年六月には、連邦政府が州で成立した同性結婚を認めない、というDOMAの規定は最高裁判所で違憲とされ、その二年後の二〇一五年六月二六日には、オーバーグフェル対ホッジス裁判において、州が同性結婚を認めないことは憲法修正第一四条に反するという最高裁判所の判決が下った。その結果アメリカ合衆国すべての州が同性結婚を認めることとなった。

「クローゼット」のなかで

同性愛者のセクシュアリティが問題になるもう一つの場に軍隊がある。米軍では一八世紀からソドミー（男色）が禁じられていたが、一九九〇年代になると、行為の証拠がなくても、「ゲイ」というライフスタイルそのものが組織の士気に悪影響を及ぼすと主張する声が軍幹部からあがった。九三年にはクリントン政権のもと、同性愛者を排斥しようとする保守派と同性愛者の権利を擁護しようとする革新派のあいだの妥協案として、セクシュアリティについては「訊かざる、言わざる」を方針とする“Don't ask, don't tell”（DADT）法が通過した。この法律は、軍が具体的な根拠なしに兵士のセクシュアリティを調査することを禁じる一方、兵士が自ら同性愛者であると表明することも禁じるものであり、その結果、同性愛者は自分のセクシュアリティを隠し通すことによってのみ軍隊にいられるということになった。

図２　不倫騒動について証言するクリントン大統領

まさに「クローゼット」という概念が法律化されたのである。その後ＤＡＤＴ法は二〇一一年にオバマ政権のもとで廃止され、軍隊においてセクシュアリティを根拠とした差別は禁じられている。

その間もアメリカの主流メディアには、軍のバラックや潜水艦内の寝室において、男性兵士たちがひそかにセックスを営んでいるという秘話があふれかえっている。同様に、アメリカの刑務所についても、屈強な性的欲求不満状態の囚人が、弱々しい囚人をレイプする、というイメージがつきまとう。さらに、一九八〇年代以降、そしてとくに二〇〇二年のスキャンダル以降、カトリック教会における幼児に対する性的虐待もメディアは頻繁に話題にする。ここにおいても、教会という聖なる空間――軍隊と同様、性的逸脱がタブー視される場――におけるセックス・スキャンダルがとりざたされ、禁欲生活を課された神父たちが、実は、薄暗い懺悔室や日曜学校の倉庫部屋で性的悦楽に耽っていたことが問題とされる。禁じられたセクシュアリティに対する、アメリカ社会の恐怖または欲望の表れともいえるだろう。

隠蔽された、「クローゼット」のなかのセクシュアリティに対するアメリカ社会の熱狂は、同性愛や小児愛にかぎったことではない。なかでも、一九九六年のＢ・クリントン大統領とホワイトハウス・インターンのモニカ・ルインスキーの不倫騒動では、大統領という公的人物の私的な性生活に対するアメリカ社会の好奇心が浮き彫りになった。ホワイトハウスの執務室――私的領域でもあり公的領域でもある――で起きた性的行為に、アメリカ社会の想像がかきたてられたのである。

軍のバラック、州刑務所、懺悔室、そして大統領官邸を舞台とするこれらのセク

図３　SMラテックス・ファッションを商品化するレディー・ガガ

シュアル・ストーリーは、あたかも「クローゼット」のなかを覗きこむかのように、公と私が交差する閉じた空間のなかにセックスを見出す。アメリカのスキャンダルにおいてセクシュアリティは、寝室という私的領域に留まることなく、準私的な、あるいは公的な空間にこぼれだし、社会全体を浸食してしまうかのようである。

サブカルチャー化するセクシュアリティ

セクシュアリティのサブカルチャーもまた、私的であり公的でもある「クローゼット」のなかにあるといえるだろう。ＢＤＳＭ（Bondage, Dominance, Sadomasochism、隷属趣味と支配趣味とサディズムとマゾヒズム）やラテックス（ラバーフェティシズムともいう）は、アンダーグラウンドの文化であると考えられる一方で、実は、主流文化のなかにも散見される。映画監督クエンティン・タランティーノ（Quentin Tarantino, 1963- ）の映画『パルプフィクション』には、大げさな、パロディと見まがうほどのＢＤＳＭシーンがあるし、また、マドンナのＢＤＳＭファッションもレディー・ガガ（Lady Gaga, 1986- ）のラテックス・ルックも、こうしたサブカルチャーをステージ化したものだといえる。

このように、ほんらいは背徳的、周縁的とされる性的嗜好が、いまやアメリカの主流文化のなかでファンタジーの役割を担うに至り、さらには商品化されてすらいる。その意味において、これらのサブカルチャーもまたアメリカ社会の「クローゼット」だといえるだろう。隠されたものである一方で、アメリカはそれに魅了されているのである。

（ピーター・ソーントン）

22 遊園地——平等と解放という幻想空間

図1　シカゴのコロンビア世界博覧会景観（1893年）

遊園地の起源

遊園地《アミューズメント・パーク》とは、一般に、観覧車やローラー・コースター、メリー・ゴー・ラウンドなどの乗り物やアトラクションを供する大衆の余暇のための娯楽施設であり、テーマパークもこの範疇に含まれる。ただし、テーマパークとは、建造物や景観、出し物や配置のすべてを、一貫した特定のコンセプトに基づいて構築した娯楽空間であり、その典型例が、ディズニーランドやユニバーサル・スタジオである。こんにち、遊園地とテーマパークとは、ほぼ同義語として使用されることが多い。

遊園地の起源にはいくつかの説がある。たとえば、ロンドンで聖バルトロメオの日に開かれた市や、一八一〇年に始まったミュンヘンの十月祭のように、ヨーロッパの伝統的カーニバルや祝祭フェアが、公共的に娯楽を提供する空間へと発展をとげたと考えられている。あるいはまたロンドンのヴォクスホール公園のようにコンサートや舞踏会のための社交場としての庭園《プレジャー・ガーデン》が遊園地の祖であるともいわれている。アメリカでも、伝統的に、収穫時の祝祭として、家畜の展示や料理競技などの催しが郡や州のレベルで毎年行われてきた。だがアメリカ合衆国の遊園地の歴史に大きな影響を与え、その雛形を作ったのは、何といっても一八九三年シカゴで開催されたコロンビア世界博覧会の催し会場であった(1)。

(1) 現在，Athena Press より，「世界コロンブス記念博覧会」(1893年，シカゴ万博）の4巻からなる記録資料が出版されている。

図２　スティープルチェイス・パークの入場チケット（乗り物に乗るたびに，パンチを入れられる）

図３　博覧会の目玉の一つ，フェリス式観覧車

シカゴ万博

新大陸発見四〇〇年を記念して、アメリカの技術的・文化的達成を誇示するために博覧会が開催された世紀転換期は、ジム・クロウ制度が確立し、急速な工業化により巨大企業が台頭した時期でもあった。南欧・東欧からの新移民の大量到来と農村部の青年の都市への移住は、アメリカ合衆国の従来の人口構成と都市景観を劇的に変化させた。これに危機感を覚えたエリート層は、アメリカ社会の規範の再構築のために、シカゴ万博の催事で、彼らが考える理想的な都市のあるべき姿を示そうとした。一方、都市の労働者は、これまでの血縁・地縁による共同体から解放され、個人の時間をみずから管理するようになる。最低賃金と労働時間の規定により、まがりなりにも余暇をもてるようになった大衆は、刺激的な娯楽を求めた。こうして万博の催事場の奇抜な遊具や乗り物、ダンスホール、ボードビル劇場、パビリオンやサーカス余興は、彼らに格好のスペクタクル空間を提供したのであった。

J・F・キャソンによれば、そもそもシカゴ万博の主たる目的は、統一と調和にみちた整然たる理想的計画都市「ホワイト・シティ」の偉観を国内外に知らしめることにあった。「名誉の中庭」や巨大彫像を配した新古典主義的建造物を、投光照明できわだたせ、記念碑的なスケールで提示した。ヴィクトリア朝的お上品な伝統的価値観の標榜をもくろむエリート層は、技術の粋を集めた万博によって、現行の雑多な都市を、共和国の秩序に基づく高次の公共空間へと革新しようとした。同時に、多岐に渡るテーマでの会議を開催し、大衆啓発を意図したのである。ところが皮肉なことに、博覧会で大衆にもてはやされたのは、計画都市の文化的啓示ではな

図４　ルナ・パーク，昼と夜

く、ミッドウェイ遊園地《プレイザンス》と呼ばれるレクリエーションであった。このエリアは、博覧会場である「ホワイト・シティ」とは区別されており、商業的な見世物を提示する歓楽区域であった。ワイルド・ウェスト・ショーにジプシーやエスキモーといった異民族のサイド・ショー的展示、官能的なオリエンタルダンスの実演、巨大なフェリス式観覧車による空中景観と劇場や商店が軒を連ねる猥雑なパノラマは、「ホワイト・シティ」の壮麗な都市建築をはるかに越える人気を誇った。そしてこの商業的な娯楽空間こそが、遊園地の直接的なモデルとなったのである。

解放と制御のメカニズム

シカゴ万博から程なくして、ニューヨークはブルックリンの南端の半島に、大衆を魅了する一大行楽地が隆盛する。スティープルチェイス・パーク（Steeplechase Park）、ルナ・パーク（Luna Park）、ドリームランド・パーク（Dreamland Park）の三大遊園地を有するコニー・アイランド（Coney Island）は、アメリカ遊園地の黄金期を支えた商業的歓楽エリアとなっていった。一九世紀末、主要都市にトロリー電車が敷かれると、休日の集客のために、その路線上の郊外地域にトロリー・パークが作られたが、コニー・アイランドもまた、交通路発展の恩恵にあずかった。そこには、来訪者を陳腐な日常と都市の強制的労働環境から解放し、快楽と幻想空間へと誘う舞台装置が用意されていた。フェリス式観覧車やウォーターシュートの興奮はいうに及ばず、電光タワーや円柱を配した中庭は人々を圧倒し、日本庭園やデリー王侯宮廷の光景は異国情緒をあおった。宇宙船による月への擬似旅行も体験で

図5　月旅行のアトラクション

図6　コニー・アイランドへ向かうトロリー電車

きたし、洪水や火事を再現したパニック・スペクタクル・ショーも盛況であった。

遊園地が提供する娯楽は、洗練された芸術様式とはかけ離れた世俗的快楽であったため、不道徳を助長すると批判されたが、反面、そこで展開されるカーニバル気質は、あらゆる階級や人種を「自由と平等」のるつぼに落とし込む民主主義精神の反映であるとみなされ、新移民をアメリカ社会へ同化させる文化的手段であるとも考えられた。皮肉なのは、当初、階級区分や伝統的規範に対抗する文化の前線として、労働者の能動的な自由を生成する場と考えられた遊園地が、実際には、企画化され、仕組まれた楽しみを甘受するだけの順応型の大衆を生み出してしまった点である。本来、労働者の解放と平等を約束したはずの遊園地は、既存の社会階層と労働体制を維持するための画一的な安全弁になっていった。というのも、遊園地が都市生活の苦しさを癒すための即物的な幻想体験であるならば、それは、労働効率を上げ、現行の大量産業体制を擁護するためのガス抜きに他ならず、遊園地での娯楽は、結局、労働の延長となるからだ。つまり世紀転換期の仕事の機械化と娯楽の規格化とは、解放と隷属のメカニズムによって抱き合わせで提示されていたのである。

鉄道に変わる交通手段となった自動車によって、大衆の余暇の範囲は、徐々に遊園地以外に広がっていき、一九三〇年代の大恐慌と第二次世界大戦は、遊園地の衰退を決定づけた。その後の一九五五年、アナハイムにディズニーランドが誕生して以降、テーマパークが隆盛する。こんにち、ディズニーランドの完璧に管理された中流階級的な健全さには、もはや一九世紀末の遊園地の猥雑さはなく、アメリカ型娯楽の典型となっている。

（白川恵子）

23

フェミニズム——複雑化する争点《イシュー》

女たちの葛藤と団結

現代アメリカ社会において「フェミニズム」は、日常的な語彙である。女たちの葛藤を言語化し表面化させてきたこの運動は、しかし、多くの批判や揶揄、そして当の女性たちからの拒絶をも経験してきた。

アメリカのフェミニズムの達成のうち、もっとも明らかでもっとも輝かしいものの一つが、一九一九年に提案され一九二〇年に批准された憲法修正第一九条、すなわち女性参政権の確立であろう。この「第一波フェミニズム」は、女性もまた男性と同等に市民として公的な領域で声を挙げる権利を要求した。女性を政治の世界から排除しようとする保守派からの反対にも屈せず、女性たちは団結して権利を勝ちとったのである。

しかしその後、第二次世界大戦期の保守的ムードのなかでフェミニズムは停滞し、女性たちを「妻」そして「母」という役割に押しとどめようとする力が強まる。そこから生じる「名前のない問題」に光をあてたのは、一九六三年に出版されたベティ・フリーダン（Betty Friedan, 1921-2006）の『女性らしさの神話』であった。郊外に住むミドルクラスの主婦たちは、理想化されたイメージとはうらはらに、実は倦怠感、閉塞感、さらには神経症や依存症に苦しんでいた。政治参加のための権利獲得を求める運動からさらに進み、諸制度の背後にある精神構造や価値体系に挑戦

図1　デモ中のフリーダン
（1970年，ニューヨーク）

する運動、すなわち「第二波フェミニズム」が巻き起こった。

女たちの分裂

一九六六年にはフリーダンを中心として全国女性組織（National Organization for Women; NOW）が設立され、女性解放を目標とする運動がアメリカ全土に広がる。その活動には公的な場面、たとえば教育や職場における性差別の撤廃を目指すデモや座り込みに加え、女性たち自身の「意識向上（Consciousness Raising）」も含まれていた。女性たちが自らの個人的な経験のなかに性差別や家父長制という社会問題を見出していくこと、そして女性である自らの身体や性についての知識を深めることを目的とした「意識向上」は、しかし一方で、女性たちのあいだに亀裂を生むこともあった。「いろんなことがわかっていて自覚的な女性」と「まだなにもわかっていない無自覚な女性」という序列がもちこまれるとき、一方的に批判されたり否定されたりしてフェミニズムのなかに居場所を見出せない女性もいたのである。

加えて、一九六〇年代以降の争点の一つに、憲法上の男女平等を保障するための平等権修正条項（Equal Rights Amendment）があるが、これが女性参政権獲得のように実現に至らなかった背景にも、この時代のフェミニストのあいだに相違が見出されたことがあげられるだろう。とくに、女と男は違うから女性を解放すべきなのか、それとも女と男は同じだから女性解放が必要なのか、この性差をめぐる議論は、フェミニストたちを分断させる。これまで抑圧されてきた女性の身体や価値、母性を積極的に肯定しようとするエコロジカル・フェミニズムと、両性間の身体的な差異を重視せず同等の権利を要求するリベラル・フェミニズムの対立は、その顕著な例に数えられるだろう。

図２　黒人女性からの問題提起『私は女ではないの？』

フェミニズムは誰のものか

女であるからといって皆同じ立場をとるわけではないというのは、実は当然のことである。運動の担い手である「女」の多様性は、哲学的・政治的立場にかぎられることではない。「フェミニスト」を代表してきたのが、一般的に、白人の、中産階級の、キリスト教徒の、異性愛の女性たちであることを忘れてはならない。その背後には、人種やエスニシティ、階級、宗教、セクシュアリティ、地域、年齢、職業のために、フェミニズムから排除される女たちがいた。ブラック・フェミニズムそしてポストコロニアル・フェミニズムの声は、性差別が人種差別や帝国主義とわかちがたく結びついていることを鋭く指摘してきたし、レズビアン・フェミニズムは異性愛主義を前提とするフェミニズムの欺瞞を暴きだしてきた。男による女の抑圧だけでなく、女による女の抑圧もまた深刻な問題なのである。シスターフッドはユニバーサル、とナイーヴに言うことはもはやできない。

ポストフェミニズムの時代？

それではフェミニズムは終わったのか。教育や就労の文脈でめざましい進歩がみられたとはいえ、アメリカ社会から性差別が消えたわけでは当然ない。ミスコンからドメスティック・バイオレンス、中絶、売春まで、問題は数多く残されているし、

図３　新しい世代の声
『もう波はいらない』

女性に対する暴力や搾取、抑圧には、むしろ新たな問題群も含まれるようになっている。グローバル化によるアメリカ国内の移民問題そして国際的格差の拡大、技術革新が身体やコミュニケーションに及ぼす影響、そして環境問題など、社会全体の争点が複雑化するなか女性たちは今も、ナショナルに、ローカルに、時に異なる方針や戦略のもとに、女性による、女性のための運動を繰り広げている。

「第三波フェミニズム」とも呼ばれるこれらの動きのなかでもとくに耳目を集めるのが、一九七〇年代以降に生まれた若い世代が繰り広げるフェミニズムの活動である。九〇年代以降、パンク・ロックやダンス、ファッションといったポップ・カルチャーの舞台で新しい女性の生そして性を表現し創造してきたライオット・ガール（Riot Grrrl）ムーブメント、そして*BUST*誌や*BITCH*誌も、その代表的な例といえるだろう。彼女らは、「第一波」「第二波」の堅苦しい、地味な女性たちのイメージと比較されることも多い。

しかしそうした対置は、世代を超えたフェミニスト間の類似性や連続性を無視し、その結果、女性たちの運動や活動を矮小化しかねない危ういものである。事実、単純化された報道に反発し、「もう波はいらない、運動（movement）が必要だ」と叫ぶ若いフェミニストたちもいる。

彼女らの言うとおり、「波」を数えてばかりいてもしかたないだろう。大文字単数の Feminism ――運動の主体も目的も単一で一枚岩な――という幻想を手放した今、アメリカのフェミニズムは小文字で複数の feminisms ――多様な、複雑な、内部に葛藤や亀裂も抱えた――として息づいている。

（北村　文）

24 ポルノグラフィ——表現の政治、身体の政治

図１　『ハスラー』誌のラリー・フリント

規制か、自由か

現代アメリカ社会におけるセクシュアル・ストーリーの氾濫はつねに指摘されるところである。一九五三年創刊の『プレイボーイ』誌を筆頭に、アダルト産業は現在年商数十億ドルを超えるともいわれ、表舞台に立つ一つのビジネスとして地位を占めるに至っている。セックスをとりまく言説は大量生産され流通する商品であると同時に、個々の男女のセクシュアル・アイデンティティと深く結びついてもいる。

そうしたセックス文化において、ポルノグラフィは一方で、政府による規制の試みと表現の自由の対立という問題を引き起こしてきた。性的放埒や逸脱を助長し、公衆道徳を乱し、伝統的な家族のありかたを破壊し、その結果社会全体を不安定化することになると批判する保守派は、ポルノグラフィのプライベートな消費さえも処罰の対象とすべきだと主張する。これに対し革新派は、ポルノグラフィのかかえる問題を認めながらも、ひとたび検閲を認めてしまえばそれは合衆国憲法が保障する言論と表現の自由を侵すことになると反対する。たとえば、一九七四年に登場した、よりあからさまで過激な内容のポルノ雑誌『ハスラー』とその創始者であるラリー・フリント（Larry Flynt, 1942-　）などは、前者にとっては許しがたい社会の悪であり、後者にとっては表現の自由の限界に挑戦する闘士だといえる。

図２　女性たちの抗議行動（1979年，ニューヨーク）

反ポルノ運動と反・反ポルノ運動

他方、ポルノグラフィは性差別の一形態ともみなされてきた。フェミニストたちによれば、ポルノグラフィは女性の身体をモノのように扱い、商品化し、従属化する暴力に他ならず、したがって性差別構造の温床であり象徴でもある。とくに一九七〇年代から一九八〇年代には、ポルノとメディアの暴力に反対する女たち（Women Against Violence in Pornography and the Media）、ポルノに反対する女たち（Women Against Pornography）などの団体が精力的にデモや行進、ロビー活動を重ね、メディアの注目を集めたのに加え、アンドレア・ドウォーキン（Andrea Dworkin, 1946-2005）とキャサリン・マッキノン（Catherine MacKinnon, 1946- ）が反ポルノグラフィ公民権条例運動を展開した。ポルノグラフィの製作に携わった――携わることを強いられた――女性たちやポルノグラフィによって性的虐待を受けた女性たちを証言台に導くことにより、ドウォーキンとマッキノンは、これは性道徳の問題などではなく、女性の市民権の剝奪であると再定義したのである。ポルノグラフィは、男性支配を正当化し、女性に沈黙と服従を強いるものに他ならない、と。

しかし彼女らのラディカルな立場に対しては、反論も多い。権力による検閲や規制を危険視する声だけでなく、ポルノグラフィの生産や消費に積極的にかかわる女性を蔑視する可能性も指摘されている。事実、フェミニスト反検閲行動委員会（Feminist Anti-Censorship Taskforce）のように、ドウォーキンとマッキノンの運動に真っ向から対立を挑む女性たちの運動も出現し、また、性産業に従事する「セックスワーカー」の女性たちは、自身で労働組合や利益団体を組織し、労働環境や条件の向上に力を注いでいる。ポルノグラフィにかかわっているというだけで彼女らを非力な被害者とみなそうとするフェミニストたちのまなざしに抗するのである。また、反ポルノグラフィの立場をとることで、保守派の政治にフェミニストがのみこまれてしまうこと、とくに、他の性差別問題を軽視したり、女性をセックスから遠ざけようとしたりすることを危惧する声もある。

図 3　パット・カリフィア『レズビアン SM 安全マニュアル』

攪乱するポルノグラフィ

性に肯定的な、性の商品化そのものを悪とみなさないフェミニストのなかには、女性のためのポルノ雑誌やセックスグッズの生産・流通に従事する女性たちもいる。さらに、パット・カリフィア（Pat Califia, 1954- 、現在はパトリック・カリフィア）のように、真に女性のためのポルノグラフィとしてレズビアン・セックスを主題としたり、ＳＭやボンデージなどの「異常」とされてきた性愛をとりあげる、挑発的なポルノグラフィのクリエイターもいる。レズビアン、ゲイ、トランスジェンダーなどの、いわゆる「性的マイノリティ」たちにとって、自らの性について描かれたものを見ること、そこで正しい情報を得ることは命綱にも等しい。その限られた機会をも奪い、ある種類のファンタジー（他者に征服されたいという願望やフェティッシュな欲望）を抑圧し、フェミニストのなかから「変態女性」を締め出そうとしたところで、性差別をなくせるわけではない、と、カリフィアは言う――「そんなにかんたんなことなら、どんなにいいだろう[1]」。

ポルノグラフィは暴力である、いや、そう考えることこそが暴力である――フェ

(1) パット・カリフィア『パブリック・セックス――挑発するラディカルな性』東玲子訳，青土社，1998年。

ミニスト間のセックス論争（feminist sex wars）の決着はまだつきそうにない。

「私的に楽しむもの」の政治

第二波フェミニズムのスローガンにあるように、ポルノグラフィすなわち「私的に楽しむもの」はきわめて政治的である。反・反ポルノグラフィ派も含め誰もが認めるように、現存するポルノグラフィのほとんどが男性中心主義であり、性のダブルスタンダード、すなわち、見る主体が男性であり見られる客体が女性であるという二元論に貫かれている。さらに重要なことに、その製作にたずさわる女性の労働条件は多くの場合けっして望ましいものではなく、社会的な汚名《スティグマ》が根強いことも事実である。しかし一方で、性的な主体であることを否定されてきた女性が自らの身体や欲望をよりよく知るために、そして変態とか倒錯とか呼ばれてきた代替的なセクシュアリティを周縁におしとどめないために、「私的なこと」がもたらす「政治的な」効果もまた、期待されている。

さらに現代的な現象として、インターネット上で膨張を続けるサイバー・ポルノグラフィの問題も忘れてはならない。一九九六年に制定された通信品行法（Communications Decency Act）は、アメリカ政府による規制の試みであったが、最高裁で違憲判決がくだされるに至っている。しかしその後も、いっそうボーダーレス化する――国境を越えるという意味でも、タブーを無視するという意味でも――画像や映像を規制すべきか否か、そしてそもそも規制が可能なのか、議論は続いている。

（北村　文）

アメリカン・ホラー——黒い猫と白い鯨の伝統

アメリカン・ホラー映画の恐怖とはどこから来るのか。『サイコ』から『ナイト・オブ・リビングデッド』『キャリー』にいたるホラー映画は、アメリカ文学の「ゴシック」の伝統を引き継いでいる。八木敏雄『アメリカン・ゴシックの水脈』が示したように、アメリカ人の歴史的・宗教的な罪の意識が観るものの内面に再浮上する——この構図がアメリカ的「恐怖」の源泉である。

アメリカ人の罪の意識は、先住民排斥や奴隷制の時代に遡る。とりわけ一九世紀中葉、これらの問題が深刻化しつつある頃、代表的ゴシック小説、ポーの「黒猫」とメルヴィルの『白鯨』が生み出された。両傑作に共通するのは、ともに（人種問題を喚起する色をした）動物による人間への復讐という構造をもつ点である。

こうした「アニマル・ホラー」と呼ぶにふさわしい伝統の延長線に一九七五年公開のスティーブン・スピルバーグ（Steven Spielberg, 1946- ）の出世作『ジョーズ』を位置づけてみよう。ロケ地マーサズ・ヴィニヤード島は、『白鯨』でイシュメイルが捕鯨船に乗り込んだナンタケットと並ぶ一九世紀の捕鯨業の主要基地だった。はからずも『ジョーズ』には鯨の不気味な声がする暗示的な場面が挿入されている。

『ジョーズ』は観光地化された海岸で若者たちがキャンプ・ファイヤーをする場面から始まる。彼らは崩れかけの人工の柵と薄汚れた鉛色の海水を背景に、砂浜でタバコを吸い、酒を飲む。翌朝、一人目の犠牲者が出る。アメリカ独立記念祭で盛り上がる七月四日のことだ。この記念日を意識して、ヘンリー・ソロー（Henry David Thoreau, 1817-62）がウォールデン湖畔の森で生活を始めたことを想起するなら『ジョーズ』もまた、自然環境を浪費する観光産業とその背後にあるアメリカ型消費主義を批判する構図を有することがより鮮明になるだろう。

映画『ジョーズ』は誰もいない海岸で幕を閉じる。実際に映画の大ヒット後、国内の海水浴場には来場者が激減したという。自然からの復讐という構造は、一九九九年の『ブレア・ウィッチ・プロジェクト』にも引き継がれ、各州で森林でのキャンプが控えられたという。アメリカン・ホラーの恐怖の源泉とは、アメリカ人の原生自然にたいする罪の意識ともとらえられるのである。

『ジョーズ』の後、スピルバーグは歴代興行収入記録を『E.T.』（一九八二年）で塗り替えたが、同時期に『ポルターガイスト』を企画していた。アメリカの人気映画には人間心理が生み出す恐怖が通底しているのである。（山本洋平）

第4章

モノとイメージのアメリカ

FLOOR BURGER（床のハンバーガー）と題された G. オールデンバーグの彫刻作品（1962年）

均一性の記号学

キャンベル社製のスープ缶の絵を三二個、矩形に並べただけの作品がなぜ芸術になるのか。モノとイメージのアメリカを語ろうとするとき、アンディ・ウォーホル（Andy Warhol）の「三二個のキャンベルスープ缶」（一九六二年）ほど恰好の素材はない。そこにあるのは、「均一性」という魔法である。スープの缶詰という大量生産品であること。そのメーカー名とパッケージデザインは日常生活のイメージそのものであること。特別な、あるいは特殊な意味や記号性を帯びることのない、普通の暮らしのアトリビュートであること。にもかかわらず、潜在的には、近代的なテクノロジーの、あるいは産業社会の存在を告知すること。さらには、それを消費対象となしうる中産階級的な生活感覚を表象しうること。いや、消費社会という二〇世紀的現象そのものの表現であること。日常性と均一性、つまりは凡庸性、それこそが記号性を帯びるという逆説的事態である。ポップアートと名づけられた所以である。

そんな凡庸なる商品が、複数、それも全画面を覆うほどの数量並べられたとき、そこに大量生産が産み出す均一性という、近代社会が実現した新しい世界像が提示され、誇示される。たとえば、この缶詰の集合体には影がない。それは、リアルに描かれていながら、リアルではないからであり、いいかえれば、それはモノであり表象であり記号であるからだ。かりに、スープ缶の一つひとつに影が描かれていたならば、たちまちそれらはモノではなくなる。影の存在は、モノを媒介とした現在、あるいは過去となってしまった現在の存在を告知する。ある特定の時と場所においてとらえられた実在（リアル）の痕跡を語るのである。それがいつどこの現在であるかは問えないとしても（ロラン・バルト『明るい部屋』参照）。

商品もしくはアウラなきアウラ

一九六〇年代をはるかに半世紀以上も過ぎてしまった現在の私たちには、「三二個のキャンベルスープ缶」の意味がわかる気がするだろう。それは大量生産（と大量消費）を原因とし結果とする均一性と表層性のインパクトであり、日常そのものを異化した芸術である。その場合、日常世界が非日常に転化・変容し、思いがけず未知の奥行きをあらわにする、そのような古典的な異化作用ではない。どこまでも表層的で平板な日常であり続ける世界なのである。おそらくそれは、〈商品〉というものの呪力といったほうが的確だろう。なぜなら、〈商品〉が商品であるためには、そのものが日常の消費材でありながら、同時に大衆を魅惑する呪力を絶対的に必要としているからだ。したがって、ウォーホルの作品は非芸術的であるかに見えながら、じつは〈商品〉の呪力を取り込むことによって、後期資本主義的市場メカニズムを芸術として反映させることを可能にしたのである。まさしく、このような高度消費社会的日常、そこにおける〈商品〉の眩いばかりの、アウラなきアウラこそが、アメリカの、そしてアンディ・ウォーホルの一九六〇年代であった。

交通と流通

本章では、モノとイメージが流通・浮遊する社会としてのアメリカをとらえようとする。そのような問題ならばウォーホルの作品にそのエッセンスはあるといって過言ではないが、それはともかく、本章ではかなり独創的な項目選択を行っている。そのポイントは二点、すなわち交通と流通である。いずれの概念も、移動にかかわっている。前半の「宇宙開発」「鉄道」「自動車」「モーターサイクル」は、交通をめぐる手段の高度化を提示するが、それだけでなく、これらは流通のためのインフラでもあり、交通と流通を「高速化」する、二〇世紀において不可欠なテクノロジーであった。このような交通システムの高度化と組織化を通じて実現されるのが流通のシステムである。本章後半の「ハイブリッド文化」「スーパーマーケット」「ジャンクフード」「日本幻想」は、いずれも交通が可能にするモノと文化の移動をめぐるキーワードを構成する。マクルーハンが指摘するように、「メディアはメッセージである」とするならば、交通手段そのものもまたメッセージであり文化現象である。

大量生産を出発点とするモノとそれに随伴するイメージの流通は、それ以前のモノやイメージのありかたとはまったく異なるものである。ウォーホルはそれをコピーされた(ごとき)複数のモノ、複数の顔(マリリン・モンローなど)と、それらのある種整然とした羅列によって表現した。そこに広がるのは、冒頭に言及した均一性と表層性、いいかえれば、オリジナルなきコピーの世界、本物なき偽物の世界、ジャン・ボードリヤールのいう「シミュラークル」の世界の実現でもあるだろう。モノはモノでありながらイメージでもある。つまりモノとは一つの幻想の形態にほかならない。アメリカは、そのような近・現代社会の最先端を良かれ悪しかれ走り続けている。

(野田研一)

25

宇宙開発——米ソ冷戦下のフロンティアから経済支配の場へ

図1　アメリカ最初の有人宇宙飛行に成功したグレン大佐を祝福するケネディ大統領（左）

世界の拡大と宇宙表象

アメリカはフロンティアへと駆り立てられてきた。未知の土地での冒険や挑戦は、フロンティア精神として礼賛されるが、現実は開発という名の国家的実験だったともいえるだろう。アメリカは、一九世紀末に国内の未開拓地がなくなると、ハワイから太平洋地域へと覇権を拡大していった。そして二度の世界大戦を経て、ソビエト連邦と地球規模で覇権を争う冷戦状態に突入した。そうしたなか、一九六〇年の大統領選でアメリカ国民が選んだのは、ニュー・フロンティア政策を主張した若きケネディだった。彼の政策には、すでに有人宇宙飛行を達成していたソ連を意識した宇宙開発がもり込まれていた。すなわち、フロンティアは、地球から月や他の惑星にまで拡大されたのである。

アメリカの大衆文化において、宇宙はどのように描かれてきたのだろうか。最も早い時代には、作家ポーの「ハンス・プファールの冒険」（一八三五年）という短編ファンタジーがあり、空気圧縮装置を積みこんだ気球による月旅行を描いている。時代は下り、一九三〇年代コミックスでは、ロケットで惑星モンゴに達した地球人が皇帝ミンと戦う『フラッシュ・ゴードン』などがある。有人宇宙飛行が現実のものとなった六〇年代のテレビドラマでは、宇宙移住計画を扱った「宇宙家族ロビンソン」や、惑星連邦の宇宙艦隊を描く「スター・トレック」などが作られた。ある

図２　映画『スター・ウォーズ』の乗組員たち

いは映画では、ジョージ・ルーカス監督の『スター・ウォーズ』（一九七七年）シリーズ以来、宇宙を舞台とした映画作品が数多く作られている。こうした作品に登場する地球外生物は、ハリウッド映画が描いてきた先住民的な他者表象を補完しているようだ。たとえばジェイムズ・キャメロン（James Cameron, 1954- ）監督の『アバター』（二〇〇九年）は、希少鉱物開発のために外惑星の先住民排除を画策する話である。この映画に見られるように、植民地支配を逃れえないものとして描きながら、一方で失われゆく先住民の価値観をすくいとっていくパターンには、アメリカの市場的欲望と、過去の先住民支配のトラウマが表象されている。

ナチスのＶロケットから、米ソのロケット競争へ

第二次世界大戦後の米ソ宇宙戦略競争は、ナチス・ドイツのＶロケット開発に端を発している。開発の中心的科学者Ｗ・Ｖ・ブラウンは、ドイツ敗戦を前にアメリカ軍に投降し、Ｖロケット開発の貴重な資料と研究者を連れてアメリカに渡った。彼は渡米後も宇宙開発の最先端で、ロケット開発、衛星打ち上げなどに貢献し、とくにアポロ計画を成功に導いた立役者である。しかし、冷戦構造下、宇宙開発に先んじたのは、同じくＶロケットの研究者を連れ帰ったソ連だった。一九五七年のスプートニク号打ち上げ成功は、核を搭載したＩＣＢＭ（大陸間弾道ミサイル）の射程距離にアメリカ合衆国が入ったことを意味した。その後もルナ二号が月へ到達し、ソ連の月面着陸を目指す宇宙開発は順調に進む。六一年四月には、ガガーリンが世界初の有人飛行に成功し、「地球は青かった」と名言を残すに至った。

図３　アポロ11号の成功は「偉大な跳躍」を月面に記した

このソ連の地球周回飛行の成功に衝撃を受けたケネディ大統領は、宇宙での覇権回復を国家的事業として位置づけた。それまで分散していた開発を、ＮＡＳＡ（アメリカ航空宇宙局、一九五八年設立）中心の有人月探査計画に集約した。同年五月、ケネディ大統領が「六〇年代のうちに人間を月に到着させ、無事に地球に帰還させる」という「宇宙教書」を議会で演説すると、全米が歓呼してこれを迎えた。アポロ計画と名づけられた開発は、多大な予算と人材を全米から集め、多くの契約を産業界にもたらした。Ｆ-１ロケットエンジン開発、ＩＢＭ社のコンピューター開発など、時代の革新的技術を集約して、月に人類を運ぶ計画に国民も熱中した。そしてケネディの約束通り、六九年七月、アポロ一一号が月面着陸に成功した。

月面に足跡を残した偉業は、ニール・アームストロング（Neil Armstrong, 1930-2012）船長の、「一人の人間にとっては小さな一歩だが、人類にとっては大いなる飛躍」という言葉によって、今や人類全体のものになったのである。だが国民的熱狂も、一度到達してしまうと冷めてゆき、多大な予算が批判されて、二〇号まで予定されていたアポロ計画は一七号で終了する。その間、一三号の失敗を除いて、六回の月面探査で一二人の宇宙飛行士が月に足跡を記すこととなった。こうしてソ連との月到着競争を制したアメリカは、その後も火星などの惑星有人探査や月面基地計画などを唱えてきたものの、実際にはアポロ計画ほどに予算化されることもなく、低コスト、リサイクル可能な運搬船としてのスペース・シャトル計画（二〇一〇年終了）と、各国共同で開発を進める国際宇宙ステーションへと事業を移行した。

図4　1970年のアポロ13号の打ち上げ。アポロ13号は火災のために月面着陸はできなかったが，奇跡的に地球に帰還し，宇宙への移動が孕むさまざまな問題を提起した

軍事覇権から経済支配へ

アポロ計画後も軍事的覇権を争って、米ソは地球軌道上での宇宙開発を続けてきた。双方とも、大陸間弾道ミサイルの開発と原爆・水爆実験を繰り返し、一九六二年には、ソ連の核ミサイルがキューバに配備される危機的状況を迎えた。それを機に六三年の部分的核実験禁止条約、六七年の宇宙条約締結へと、米ソは核軍縮の方向へ進む。以来、核の脅威が逆説的に、双方とも核戦争を始めないという均衡を保ってきた。一九六七年に、国連は平和目的による宇宙開発を旨とする「宇宙条約」を決議したが、現在も核兵器以外の兵器の軌道上配備は禁止されてはいない。

ロナルド・レーガン（Ronald Reagan, 1911-2004）大統領が構想した戦略防衛構想スター・ウォーズ計画（一九八五年）以来、軌道上に配備された数多くの衛星を軍事的に運用し、弾道ミサイル発射への早期警戒システムや、ミサイル迎撃システムの開発は加速している。その結果、湾岸戦争、コソボ紛争、イラク戦争では、衛星からのミサイル誘導が現実に使用され、高い的中率での殺傷が可能になった。今や、衛星軌道上は重要な軍事拠点なのである。

現在は、世界の至る所で衛星放送や携帯電話、インターネットなどが使われ、情報システムが世界を一体化している。二〇一一年「アラブの春」と呼ばれたチュニジアやエジプトの民主化では、情報管理による国家統制が崩壊しつつあることを世界に知らしめた。もともとは軍事目的で開発され、アメリカ国防省が管理するGPS（全地球測位システム）が、ナビゲーションや携帯電話などで平和的に利用され、世界の経済活動を実質的に支配しているのも現実である。

（山越邦夫）

26

鉄道——アメリカ国家の推進力

「アメリカは鉄道の申し子」

アメリカと鉄道を語るうえで、一八六九年五月一〇日という日を忘れることはできない。この日、ユタ准州のプロモントリーで、東のネブラスカから建設されてきたユニオン・パシフィック鉄道と、西はカリフォルニアのサクラメントから建設されてきたセントラル・パシフィック鉄道が連結され、初めての大陸横断鉄道の基盤が完成したのである。大陸の東と西がはじめて線路によって結ばれた。それはアメリカの鉄道建設のランドマークであり、人々の待ち望んだ夢の実現であった。鉄道によって自分たちはやっと一つの国民として結ばれたと人々は歓喜したのである。

一八三〇年、ボルティモア・アンド・オハイオ鉄道が開業して以来、二〇世紀初頭に至るまで、蒸気機関車はアメリカ全土を駆け巡り、まさに国家を創り出していった。広大な大陸での人間や文物の輸送を革命的に増大しただけではない。鉄道とともに大平原に忽然と都市や町が生まれ産業が興った。空間や時間の障壁もねじ伏せ征服されていった。鉄道はアメリカという国家を推進する力、不可能を可能に変える力であった。「アメリカは鉄道の申し子」といわれるゆえんである。

図１　大陸横断鉄道の完成

鉄道の発展

鉄道に熱狂した時代は、すでに昔日のものとなった。二〇世紀のはじめに車や飛

図２　イリノイ・セントラル鉄道（I.C.R.R.）の汽車を待つ旅客とその線路図を示す1882年の石版画。周囲の囲みには他の移動手段が示されている

行機が登場して以来、鉄道は完全に主役の座を降りたのである。しかし、それまで鉄道は特別の存在であった。一八〇三年のルイジアナ購入やイギリス、メキシコとの戦争で国土は倍増する。人々は西へ、西へと未知の土地を目指し、一八四八年、カリフォルニアで金鉱が発見されるとさらにその勢いは増す。移民の増大、拡大を続ける経済と技術革新に伴う人々の大移動、急速に近代化を遂げる社会――そうしたまさにアメリカが形成されていく時代、白い蒸気と黒煙を吹き上げ、汽笛を轟かせつつ大地を疾走していく蒸気機関車こそは、国の牽引力そのものだったのである。

一八六〇年にはすでに延べ三万六二六マイル、八〇年に九万三〇〇〇マイル、そして一九一六年二五万四〇〇〇マイル（四〇万六〇〇〇キロ）という頂点を迎えるまで鉄道は拡大していった。現在、日本に張り巡らされた総鉄道網が約二万七〇〇〇キロ弱であることを考えると、これがどれほどの数字か想像できるだろう。それはまさにアメリカという肉体に張り巡らされて新鮮な血液を運ぶ血管のごときものだったというほかはない。

鉄道建設の光と影

しかし、このアメリカの夢の実現のごとき鉄道も、その建設には多くの苦難と犠牲者を伴い、その一方で泥棒貴族とのちに呼ばれる資本家たちは濡れ手に粟の莫大な儲けを得たのであった。その点でも、まことにアメリカ的な風景が繰り広げられたのである。大陸横断鉄道を例にとると、鉄道建設に駆り出されたのは東では貧しいアイルランド移民労働者、また西では苦力《クーリー》と呼ばれる中国人労働者が中心であっ

図3　人々を西へとかりたてる女神
（ジョン・ガスト「アメリカの進歩」）

た。整地から枕木並べ、そしてレール敷設まで、彼らは過酷な環境の中、差別され、時には虐待も受け、バッファローの肉で飢えをしのぎながら死力を尽くして働かなければならなかった。実際、事故や病気で多くが犠牲になったのである。

それだけではない。鉄道がシャイアン族、スー族、アラパホ族などの先住民の土地に踏み込んでからは、その襲撃を度々受けた。頭の皮をはがされながらも逃げ延びた労働者も報告されている。先住民側も同じである。南北戦争で有名なカスター将軍が鉄道建設の警護としてやってくると、シャイアン族のある村は絶滅させられている。こうして、多くの貧しい白人や有色人の血を吸いつつ鉄道は伸びていったのである。しかし、大陸横断鉄道がプリモントリーでつながった時の記念写真にたとえば中国人労働者の姿はない。それはまるで「白人」の手だけによって実現された事業であったかのように、彼らは影のごとく歴史の闇に忘却されていったのである。

鉄道は資本家たちには大儲けの絶好の機会であった。政府は鉄道に大量の資金を投入した。それだけではない。鉄道を敷設すれば、その両側の土地も無償で鉄道会社のものになったのである。コーリス・ハンティントンなどは、利権をめぐって当時の二〇万ドルをアメリカ議会にばら撒いたといわれる。儲けのためには不正、賄賂など手段を選ばないありさまであった。トマス・デュラントもまた不正な株式を販売して資金を集め、さらに株価を操作して莫大な利益を上げている。美しい夢の背後には、このような鉄道版「泥棒貴族」が跋扈していたのである。

図４　ボルティモア・アンド・オハイオ鉄道

鉄道の時代とその終焉

蒸気機関車に代表される鉄道は、産業革命を象徴する力であった。そしてそれは、アメリカの「明白なる天命《マニフェスト・デスティニィ》」の化身でもあった。人々の意識にも変革をもたらした。鉄道は近代的な時間の観念も人々に植え付けたといわれる。その「時刻表」は、人間の生活リズムが時間を生み出すのではなく、逆に人間を無機的な時間によって支配する社会体制を創り出した。思えば、鉄道はアメリカが資本主義の国家として繁栄していくうえで、必然的に生まれてきた乗り物であったようにも見える。しかし、時代は変わる。一九二〇年代に自動車の時代が到来し、やがて飛行機が空を飛ぶようになり、鉄道はその利便性や迅速性の点でこれらに追いつけなくなっていった。二〇世紀最初の三〇年間、インター・アーバンという近都市間を結ぶ電車が鉄道の重厚長大さを緩和して人気を得たが（そしてこれは現在の日本の私鉄のモデルとなるのだが）、アメリカで鉄道の時代は終わりつつあった。国を動かす力として出発した鉄道は、公益性の点で地域交通に責任を負うということができなくなったのである。個人の生活の変化がその背景にあった。

一九六〇年代から八〇年代まで、アメリカの鉄道は大きな変革を余儀なくされた。八〇年代に旅客部門が一元化されてアムトラックとして営業され、貨物部門は七つのグループによって運営されている。アメリカの田舎町にはよく昔の駅が保存されている。過去へのノスタルジーであろう。鉄道は人々の記憶の中で今なお走り続けているのである。

（成田雅彦）

27

自動車——車社会の夢と終焉

図1　映画『グラン・トリノ』で名車が走る

名車に映えるアメリカ人像

映画『グラン・トリノ』（二〇〇八年）には、車のメンテナンスに精を出すポーランド系の老人が登場する。監督クリント・イーストウッド（Clint Eastwood, 1930- ）が演じるフォード社を退職したコワルスキーだ。彼の名車グラン・トリノは、日本車を乗り回すラオスなどからの移民であるモン族のギャングにも、一目置かれていた。見事に整備されたフォード車が、今もミシガン湖周辺を颯爽と走る場面は、合理化に邁進した社会が忘れたものを物語る。

この映画には、「叩き上げの人間（self-made man）」というアメリカ人像への思慕がうかがえる。自らの技量や思念を現実に応用し、その効果を確かめながら生きる姿。『グラン・トリノ』の老人は、隣に引っ越してきたモン族移民の青年にこの生き方を教え始める。あたかもそれが「アメリカ人」の条件であるかのように。青年も自動車整備の工具の使い方から大口の叩き方まで習得し、身の丈にあった実学の思想を培っていく。イーストウッドは、この映画で「アメリカン・ドリーム」をアジアからの移民青年に託した。そして「移動の自由」とアメリカ人像を守るため、フォードの元組立工として改造車のギャングに立ち向かう。

図２ 『フォード その栄光と悲劇』の表紙

移動の自由と大衆車

フォード・モーター社は、大衆車を世に送り出すことに情熱をかけたヘンリー・フォード（Henry Ford, 1863-1947）を創業者にもつ会社である。フォードに四〇年間付き添った参謀役のチャールズ・E・ソレンセンが『フォード その栄光と悲劇』（一九五六年）で述べるように、「T型モデル」は、一九〇八年以降、一五〇〇万台を売り上げた。八〇〇ドルという低価格を筆頭に、自動車修理のしやすさや燃費効率への配慮など、まさに「大衆」にやさしい車であった。また、一九一〇年代に日当五ドルという破格の高賃金においても、フォードは大衆を驚かせた。しかしフォードが二〇世紀の象徴的存在へと押し上げられるなか、米国車は次第に排気量を増し始め、大衆車としての本義を忘れていく。日当一ドルの最低賃金がようやく引き上げられた一九五〇年代、ソレンセンは海外から輸入されるエコノミー車が自動車産業を圧迫すると予見した。

車社会はどのように描かれたか

フォーディズムと呼ばれるオートメーション化に伴う新しい分業体制は、自動車を必要とするライフスタイル、モータリゼーションを生み出した。車社会の登場に伴う期待は、小説や映画の筋立てにも大きな影響を及ぼしている。アプトン・シンクレア（Upton Sinclair, 1878-1968）の小説『石油！』（一九二七年）は、オープン・スペースの西部を疾走するスポーツカーの場面で始まる。石油掘削事業主の息子が乗る車は、ネッキングやペッティングという新たな性文化の媒体でもあった。また、

図3　『怒りの葡萄』の舞台となったルート66

ジョン・スタインベック（John Steinbeck, 1902-68）の『怒りの葡萄』（一九三九年）やE・L・ドクトロウ（E. L. Doctorow, 1931- ）の『ラグタイム』（一九七五年）で描かれる車は、二〇世紀前半の貧しい農民や黒人が、貧困や差別から逃亡するための媒体であった。しかし、これらの小説が描き出す車社会は、移動の自由を謳歌するどころか、因習、階級、人種を横断する期待を次々に裏切っていく。とくに『石油！』で描かれたように、車社会の利権に群がる道路行政、石油業界、不動産業界、ハリウッドといった文化産業が自由の統制役となる。

これに対し、空飛ぶ自動車の登場するプロレタリア映画『メトロポリス』（一九二七年）は格差社会を描き、チャップリン主演の映画『モダン・タイムス』（一九三六年）は、監視システムを揶揄した。部品組立作業から抜けだし一服するチャップリンを監視モニターの社長が叱るように、管理への怖れは早くから共有されていた。この体制は、第二次世界大戦を経て、冷戦時代へと継承される。

こうしたなかでジャック・ケルアックは『路上』（一九五一年）を書いた。登場人物たちは画一化したアメリカ社会に反逆して大陸を疾走する。また車社会の黒人は、音楽をとおして人種の彼方を夢想した。ミシガン州デトロイト周辺は、フォード・モーター、GM、クライスラーという自動車大手のビッグスリーが集う生産拠点である。ここに一九六〇年、新たな黒人音楽のレコード会社が設立された。モーターの街に由来する「モータウン・レコード」である。大和田俊之の『アメリカ音楽史』（二〇一一年）によれば、フォードの元工場労働者がベルトコンベア方式にならった「スター」の大量生産で、音楽による「人種統合」を試みたのである。

図４　映画『誰がビンセント・チンを殺したか？』

図５　1920年のウオール街で起きた荷馬車爆弾テロ

しかし、海外自動車産業の成長やオイル・ショック、公民権法制定後も引き続く「人種暴動」により、七〇年代になるとデトロイト周辺では自動車関連工場の撤退、倒産が相次いだ。日米自動車摩擦が顕著となった八〇年代には、失業の嵐が吹き荒れ、メディアも日本車をバッシングする。八二年、日本人に間違われたともいわれる中国人青年の野球バット殺人事件が起こる。犯人はクライスラーの工場監督と養子の息子であった。映画『誰がビンセント・チンを殺したか？』（一九九八年）は、「モータウン」の斜陽を露わにする。

自動車の一世紀

シカゴ万博にあわせて登場した夢の鉄道「スリーナイン」が時速一八〇キロを超すスピードで走る一九世紀末、自動車の大半は電気か蒸気で走っていた。しかし二〇世紀以降、ガソリン車が、鉄道や路面電車、そして映画『誰が電気自動車を殺したか？』（二〇〇六年）で描かれるように電気自動車を排除する。二一世紀になり、ジョージ・ブッシュ（George Bush, 1946- ）大統領はバイオエタノールの生産に、オバマ大統領は高速鉄道の建設に言及した。自動車は環境政策の影響を受け、新たな局面への対応を迫られている。

その一方で車は大きな不安の要素にもなっている。マイク・デイヴィスの『自動車爆弾の歴史』（二〇〇七年）によれば、一九二〇年にウォール街で起こった荷馬車による爆弾テロ以降、車は貧者の兵器となった。フォードの描く大衆車のシナリオは、一世紀で大きく様変わりしたのである。

（小谷一明）

28

モーターサイクル——鉄の馬のロマンと現実

モーターサイクルの発祥と鉄馬の誕生

国土の広いアメリカでは、多様な交通機関が発展する可能性があった。むしろ公共の交通機関よりも、手軽に扱えるプライベートな交通手段が、他国と比較すると異例に大きな生活空間をもつアメリカ人には必須だった。二〇世紀に入ると、都市化も進みはじめ、馬に代わる個人の交通手段へのニーズが高まってきた。二輪車は一九世紀にはわずかに出回り始めていたが、こうした趨勢をうけて、実用性の認識が高まり、次第に本格的に普及を始めた。まず一番人気を獲得したのは、インディアン・モーターサイクルであった。一九一三年には、年間三万台を超える生産があったという。かくして鉄の馬は誕生し、アメリカの道を走り始めたのである。

走行性能も着実に上がり、ますますの売れ行きを示していたインディアンに危機が訪れた。第一次世界大戦である。インディアンは政府に工場の供出を余儀なくされ、それは販売網に打撃を与えた。戦後の大きな需要期にも、インディアンの回復は追いつかず、ハーレー・ダヴィッドソンに首位を明け渡すことになったのである。

第一次世界大戦とハーレー

第一次世界大戦は、二輪車が初めて本格的に軍用として採用された戦争だった。その機動性をいかして、二輪車は戦場で活躍した。また戦場で二輪車に親しんだ兵

図1　ヨーロッパでも大人気のハーレー，活発に行なわれるラリー（集会）

士たちの多くは、戦後も、二輪を愛用するようになったのである。つまり戦争によって、二輪車はアメリカ社会にさらに普及する機会を得た。

ハーレーは、一九一六年のメキシコ革命時のメキシコ侵攻で軍用バイクとして採用され活躍していたため、第一次世界大戦でも一万五〇〇〇台ものハーレーが軍用として使われ、戦後も帰還兵をはじめ多くの若者に支持され、二〇年代以降、アメリカを代表するバイクになった。当時、一二〇〇c.c.もの巨大な排気量を誇るようになったハーレーは、その力強いVツインエンジンをアメリカの象徴的な原動機とするとともに、広大なアメリカを疾駆するクルーザーとして君臨した。

大恐慌と第二次世界大戦

さしものハーレーも、一九三〇年代の大不況の時代、減産の憂き目を見たが、インディアンとともに大型クルーザーを生産する二輪メーカーとして生き残り、第二次世界大戦によって、復活を遂げた。アメリカ市場で一三〇〇c.c.にまで巨大化していたエンジンを、軍用の機動性と高い動力性能を発揮するため七五〇c.c.に抑えるなど、ハーレーは軍用に全力投球した。一方、インディアンは、軍用と高級路線の民生用の開発という具合に力が何がしか分散した。ハーレーは軍用に特化した甲斐あって、戦後に再び大きな成長を遂げることができたのである。

第二次世界大戦は、二輪業界の飛躍に一役買ったことは間違いないが、また別の副産物も生み出すことになった。それは、モーターサイクルと反社会的勢力との結びつきであり、そこには帰還兵たちのかかえた空虚感、ニヒリズムが二輪車にはけ

図 2　1960年代初頭，ヘルズ・エンジェルズの首脳陣

口を求めたことの影響が現れていた。

アウトロー集団とモーターサイクル

すでに一九三〇年代からアウトローズ・モーターサイクル・クラブをはじめオートバイ乗りのならず者集団は存在したが、戦後社会にうまく適合できない帰還兵たちのなかには、彼らと徒党を組むようになった者たちも少なからずいた。

実際、アメリカのみならず国際的にも悪名を馳せている無法者集団ヘルズ・エンジェルズは、戦後間もない一九四八年に結成された。もとよりヘルズ・エンジェルズという名称自体、創立者の一人が第二次世界大戦で入隊していた飛行中隊の呼称から採られたものだ。彼らが革ジャンに使うワッペンも軍服の部隊章を連想させないではおかない。

一九五〇年代に入ると、反抗する若者たちは、社会への不満をモーターサイクルを通じて爆発させた。マーロン・ブランド主演の『乱暴者』（*The Wild One*）は、五三年に封切られたが、五五年のジェームズ・ディーン主演の『理由なき反抗』（*Rebel Without a Cause*）とともに、まさしく五〇年代の若者たちの気分を代弁し、また怒れる若者たちを鼓舞する映画だった。モーターサイクルは、ますます反社会的イメージを植え付けられるようになっていった。

モーターサイクルと一九六〇年代アメリカ文化

一九六九年の映画『イージーライダー』（*Easy Rider*）が描くようなモーターサイ

図3　イースト・ベイ・ドラゴンズ，黒人のみのアウトロー・クラブ

図4　レズビアンのモーターサイクル・クラブ

クルのもたらす自由と解放感、またアウトロー集団の既成の社会体制への反逆の姿勢は、六〇年代、束縛や抑圧を嫌うヒッピーたちや反体制運動にかかわる若者たちの支持を集めた。とくにカリフォルニアで誕生したヘルズ・エンジェルズは、同じく西海岸発のカウンターカルチャーと響きあうものがあったし、ヒッピーの共同体であるコミューンのあり方は、ヘルズ・エンジェルズのメンバー同士の絆を深め社会に立ち向かう部族主義《トライバリズム》と通ずるものがあった。

パーシグ（Robert M. Pirsig）の哲学小説『禅とオートバイ修理技術』という一九七四年の驚異的ベストセラーは、作者の実体験に基づき六〇年代の末に書き始められたものであるが、当時アメリカでモーターサイクルがいかに形而上的世界をも巻き込んでいたかを物語っている。

一%クラブ

かつてアメリカ二輪連盟（AMA）は、九九%のモーターサイクル・クラブは法律遵守の愛好家たちのクラブであり、一%が無法者集団のクラブだと主張した。たとえば、ヘルズ・エンジェルズは、オートバイの愛好家の集うクラブであるとの自己宣伝にもかかわらず、実態は、モーターサイクル・ギャングと言った方がふさわしいという。彼らは世界三〇カ国以上に支部を持ち、麻薬販売、恐喝、売春、果ては殺人などに組織的に手を染めているとされ、組織の存在そのものを非合法化している都市もあるほどである。現代では、こうしたモーターサイクル・クラブの文化的価値を云々するような状況はまったくなくなってきている。

（笹田直人）

29

ハイブリッド文化――混淆状態とその変化

図１　国境リオ・グランデの川岸

「テクスメクス」の料理・言葉・音楽

アメリカのハイブリッド文化を表すモノとして、「テクスメクス（Tex-Mex）」を例に見ていこう。テキサスは元々メキシコ領であり、国境と接していることからメキシコ移民が集中し、今なおメキシコの価値観を守りながらスペイン語だけで暮らしている人々も多い。そのような移民たちがもたらしたメキシコの文化とテキサスの文化が融合したのが「テクスメクス」である。料理では私達がメキシコ料理だと思っている揚げたU字型タコシェルを使ったタコスは実は「テクスメクス」である。本場メキシコではタコスには軽く焼いたやわらかいコーントルティーアを使用する。「テクスメクス」では、風味に癖のないフラワー（小麦）トルティーアが好まれ、これで具材をはさんだブリトーは巨大な太巻きとなった。また、「テクスメクス」のチリコンカーンは豆に加えて肉やスパイスを多用した煮込み料理となった。現在ではこれらがメキシコに逆輸入されることもあり、豊かなアレンジと万人受けする味の「テクスメクス」が世界に広まっている。

言葉については、テキサスでは英語とスペイン語がミックスされた「スパングリッシュ」が日常会話で使用されている。shawerear（英shower＋西 -ar動詞語尾）、wifa（英wife＋西 -a女性名詞語尾）など単語の中でハイブリッド化したものや、Cómo se llama that place?（あの場所はなんと言うの?）、Quieres ir a dancing?（踊

図2　本場のメキシコのタコス

図3　セレーナのCDジャケット

らない?」など、文の中で英語とスペイン語のフレーズをつぎはぎで使用したものが『ニューズウィーク』で紹介されている。詩人・批評家グローリア・アンサルドゥーア（Gloria Anzaldúa, 1942-2004）は「チカーノ（メキシコ系アメリカ人）のスペイン語は自然に発達した国境の言葉である。**発明や採用による新しい言語の**変化、**進化、豊かさ**がチカーノのスペイン語という**新しい言語**の複数の変種を作ってきた。」（『境域』、ゴシック体は西語）とその言語の可変性と多様性をその言語で表現している。

「テクスメクス」音楽はテハーノ音楽とも呼ばれ、ギターやアコーディオンの哀愁を帯びたメロディやダンサブルなリズムが特徴的だ。伝統的なメキシコ音楽にポルカ、ブルース、カントリー、ロック等が融合し、ポップな味つけがされた音楽は、パーティには欠かせないものとなっている。なんといっても有名なのは圧倒的な歌唱力と健康的なセクシーさで絶大な人気を誇ったセレーナ（Selena Quintanilla-Pérez, 1971-95）である。テハーノの女王と呼ばれた彼女の栄光と悲劇の二三年の生涯はジェニファー・ロペス主演で映画化（一九九七年）された。グラミーを受賞し、没後もアルバムが全米ビルボード一位を記録した彼女の音楽は、現在も愛され続けている。

異種混淆状態の変化

アメリカにはハイブリディティ（異種混淆性）を誇る国というイメージがある。ネイティブ・アメリカンと黒人に加えて、大量に受け入れてきた多様な民族集団の

図4　メルティング・ポット

アメリカでの混淆状態／混ざり具合は、大きく次の四段階に分かれ変化してきた。一七世紀の清教徒の入植の時代から一九世紀の南北戦争の時期にかけて、まず北・西ヨーロッパ「旧移民」がアメリカにやってきた。その後遅れてやってきた南・東ヨーロッパの「新移民」は「旧移民」のワスプ（アングロサクソン系プロテスタント白人）の価値観に順応する形でアメリカ化した。これが「アングロ・コンフォーミティ」の段階である。二〇世紀初頭には、さまざまな人種や民族が溶け合い新しいアメリカ人になることを目指す「メルティング・ポット」の段階となった。この段階までのアメリカは均一化を目指した混ざり具合となっていた。

すぐ後に続いて「サラダ・ボウル」と形容される「文化多元主義（cultural pluralism）」の段階が現れる。この文化共生論は、民族集団の価値観や文化などの私的領域の特色はそのままを尊重し、民主的な政治、社会、教育の制度など公的領域は全体での統一を目指した。多様な文化の統合体ということで「モザイク」という言葉でも表現される。一九六五年の移民法以降は、アジア系とヒスパニック系移民が大挙してアメリカに押し寄せ、公的領域においての統一性も保つのが難しくなってきた。よって一九八〇年代以降の「多文化主義（multiculturalism）」の段階においては、多様性が重視され、異種なものは混ぜない形でアメリカという場所に並存させた。以上、異種混淆の状態は同化から多元的共存へと変化してきたのだ。

内部の境界のゆくえ

さらに最近ではアメリカの民族集団内部においても世代進行が進み、出身国の記

図5　グローリア・アンサルドゥーア

憶が薄れ、白人系、黒人系、ヒスパニック系、アジア系など大きな人種・民族集団でひとまとめにとらえる動きもある。また、インターマリッジ（異民族間結婚）の増加や人々の移動や越境により境界が攪拌される部分も出てきている。一〇年に一度行われる国勢調査において、二〇〇〇年の調査からは人種の項目では一人で二項目以上を選択できるようになり、複数のグループに属するハイブリッドな主体を選択できるようになった。アンサルドゥーアの『顔に表す』では有色の女性達の連帯、シンシア・カドハタ（Cynthia Kadohata, 1956- ）の『草花とよばれた少女』では日系少女とネイティブ・アメリカン少年の連帯が描かれ、境界を越えて手を組む可能性が示される。一方では黒人のように、奴隷制度にさかのぼる深刻な人種差別の体験から、ほかの民族集団とは連帯ができず、境界が硬化し孤立しがちな集団もある。

ハイブリッド文化を対象にする学問としては、カルチュラル・スタディーズがあり、異なる集団の力関係を扱っている点で、ポストコロニアル理論（宗主国と植民地）、フェミニズム理論（男性と女性）などとも共通する。ポストコロニアル理論家ホミ・バーバ（Homi K. Bhabha, 1949- ）は「ハイブリディティ」を重要概念とし、文化の差異や交渉が存在する中間領域に、転覆や抵抗などの差別是正の可能性があると考えている。こういった境界についての研究や議論が現在活発になっているが、アメリカのハイブリッド文化内部の異種集団の境界は今後どうなっていくのか。ボーダレスとなり再び均一化するのか、境界が強固になり分裂化が進むのか、境界がもっと部分浸食されていくのか。グローバリゼーションの中、どの国でも起こりうる現象の一モデルとして、今後も注目される。

（楠元実子）

30 スーパーマーケット——豊かなアメリカをめぐって

アメリカの顔

ビート詩人アレン・ギンズバーグの詩「カリフォルニアのスーパーマーケット」（"A Supermarket in California," 1955）において、スーパーマーケットは一九五〇年代の豊かなアメリカの表の顔だと表現されている。だが、店内は果物や缶詰、冷凍食品が並び、客であふれているというのに、その中をうろつく語り手が抱いているのは飢えと孤独である。語り手は、さまざまな要素が混在する理想の「アメリカ」を謳った一九世紀の詩人ホイットマンに語りかけ、そしてたずねる——あなたが思い描いていたアメリカはいったいどんなものだったのか、と。

この詩が生まれてから半世紀以上が過ぎたが、スーパーマーケットという場所から、現代アメリカのどのような顔を見ることができるだろうか。

図1　郊外型スーパーマーケット

スーパーマーケットの進化と格差社会

いくつかのスーパーを回って買い物をする。一見、日本のスーパーと大きく異なる点は見当たらない。もちろん、買い物カートや商品個々の容量が比較的大きいこと、冷凍食品セクションの充実ぶりなど、二〇世紀後半に映画やテレビで描かれてきたような「豊かなアメリカ」のイメージは確かにまだそこにある。また、日本のスーパーにはない風景もやはりあって、少数のアイテムを購入する客専用のエクス

図２　セルフ・レジ。カード，小切手または，現金から支払い方法を選べる

プレス・レーンや、チップス類と同程度かそれ以上の売り場面積を占めるグリーティング・カード・コーナーの存在は興味深い。それでも、業態という視点からみると、物流システムや消費文化がグローバル化するなかで、アメリカのスーパーマーケットは、もはや日本に住む私たちに強烈なカルチャーショックを与えるような特異な場ではないだろう。

スーパーマーケットの起源については諸説あるが、一般的には一九三〇年、ニューヨークに生まれた「キングカレン（King Kullen）」とされている。多様な種類の商品が棚に並べられ、客が購入したい商品を選びカウンターで清算するというセルフサービス方式は、売り手と買い手がやりとりをして物が売買される市場のスタイルとは違う、低価格と大量消費を可能にした画期的なシステムだった。それがアメリカ全土へ広がっていったのだが、さらに、自動車の発展と郊外の開発とともに、週末に郊外型大型スーパーで食料品や日用品をまとめ買いする光景も、アメリカ・ミドルクラスのライフスタイルの一部となった。

今や、客が自ら商品をスキャンし代金を支払うセルフ・レジも登場し、小売業は効率化によって低価格と利便性を追求する方向へと進化を続けている。また、これまでのスーパーマーケットの枠をこえ、生鮮食料品・日用品を含むあらゆる商品を安値で提供するウォルマート・スーパーセンター（Walmart Supercenter）も誕生した。だが、近年、そのような方向性に対する疑念も強くなっている。たとえば、ウォルマートには、その低価格戦略が他の小売店をはじめとした地域経済に打撃を与えることへの批判、また、消費者への利益還元が優先される一方で従業員の搾取が

図４　土曜朝のフェリー・プラザ・ファーマーズ・マーケットにて。有機野菜や果物のブースにマイバッグ持参の老若男女が訪れる

図３　ホールフーズにて。冷凍庫のドアには，消費者へのメッセージが

あるとする批判がある。しかし、低価格が資本主義社会における消費者のニーズでもあるとすれば、小売業の進化の流れにおける消費者／労働者の役割は複雑な問題だ。長引く不況下で、安売りを支持せざるを得ない、経済的余裕のない中間層や貧困層の存在も浮かび上がってくる。豊かなアメリカはどこへ行ったのだろうか。

地域に暮らす市民として——スーパーマーケットの内と外で

だが、アメリカ社会は、ウォルマート的ビジネスが主流になるのをただ黙って受け入れているわけではない。地域に暮らす市民としての生活を支える、あるいは作るシステムとして自らを位置づけているのが、各地に店舗をもつホールフーズ・マーケット（Whole Foods Market）に代表される自然食品スーパーである。ホールフーズは企業理念として、顧客満足や富の形成とともに自然食品の販売、従業員の幸福、コミュニティと環境への配慮、生産者との共栄関係の構築などをあげ、「相互依存宣言（Declaration of Interdependence）」を同社ホームページ上に公表している。この宣言は明らかに、革命権と人民の幸福のための国の独立を謳った前文で知られる「アメリカ独立宣言（Declaration of Independence）」を意識している。“Whole Foods, Whole People, Whole Planet”というモットーが示すように、同社は、食と人と環境のつながりという資本主義的価値観のもとで顧みられなかった部分に焦点を当て、消費という行為を、個と社会をつなぐシステムに参加する機会なのだととらえなおしている。

さらに、食と人と環境をつなぐシステムを育て、維持する努力は、スーパーマー

図5　2011年11月，サンフランシスコのWells Fargo前での抗議集会

ケットの外でも行われている。サンフランシスコとその近郊だけを見ても、非営利企業や非営利団体の運営するフェリー・プラザ・ファーマーズ・マーケットや、バークレー・ファーマーズ・マーケットなどがある。市による家庭からの生ごみリサイクルの取組みなどもあり、目指す社会を具現化するようなシステムの構築と支援に多くの市民が参加している。理想の社会作りに参加するという、アメリカという国の成り立ちに深くかかわってきた意識は今も文化に息づいている。

格差社会のこれから

とはいえ、実際には、消費という行為にアメリカの良心をこめられるのは、ミドルクラス以上の層に限られるだろう。一握りの人々がこの国の富を独占しているとして、二〇一一年全米各地で行われた反格差抗議集会は、現在のアメリカのあり方に異議を唱えるものだった。サンフランシスコで見かけた集会参加者の胸に光るバッジには「I am the 99%」(わたしは持たざる99%のひとり)の文字。格差は拡大するのか。アメリカ市民の志向する豊かさとはどのようなものなのか。東部の作家ジョン・アップダイク(John Updike, 1932-2009)の代表的短編のタイトルにもなった老舗スーパーマーケットA&Pも、二〇一〇年に破産し再建された。グローバル化の流れのなかで、これからアメリカ社会はどう変化していくのだろうか。また、それはスーパーマーケットのような生活に密接した場にどうあらわれてくるのであろうか。

(豊里真弓)

31

ジャンクフード——食と消費の愛郷心

ジャンクフードとゴミの分別

ジャンクという「ゴミ」を示す言葉が食品に用いられるようになったのは、『オックスフォード英語辞典』によれば一九七〇年代に入ってからだ。七三年の用例によれば、「ポテトフライ、プレッツェル、ポテトチップス、アイスクリーム、キャンディ、ホットドッグ」が当時の学生が考える「ジャンク」としてあげられている。「ジャンクフード」は、とくに若者が好む、栄養に乏しいと思われた食品である。

ジャンクフードの人気は、一方で「ゴミ」の類別、つまりどのような食生活を目指すべきかという議論を現在に至るまでかき立てることになる。マイケル・ポーランの『フード・ルール』（二〇〇九年）では、健康を害する可能性のある食品を、簡潔かつユーモアたっぷりに説明する。たとえばおばあちゃんが食べ物だと思わない食品、五種類以上の原材料が含まれた食品は、本物の食品を規定するルールから外れることになる。七〇年代後半にはやりだす低・無脂肪食品も、ポーランは肥満を増加させた「フェイク《偽の健康》」食品として分類した。ジャンクからフェイクへの言葉の変化は、「ゴミ」の分別が難しくなった今を物語る。

図1　スーパー中央にジャンクフードが立ち並ぶ

食のモータリゼーション

ジャンクの代表格がファストフードだ。ポーランはドライブスルーで入手できる

図２　『ファストフードが世界を食いつくす』の表紙

図３　1950年代の菓子自販機「キャンディーズ」

類いの食品に警鐘を鳴らす。ルール違反の一つが、どこでもすぐに食べられる点だ。いわゆるファストフードは食材や味を吟味する時間を奪うことで、過剰摂取へと誘導する。映画『スーパーサイズ・ミー』（二〇〇四年）で描かれたように、過剰摂取へと誘導する。エリック・シュローサーが『ファストフードが世界を食いつくす』（二〇〇一年）で説明するように、ニュージャージー州に集まる工場では食欲を強くそそる「匂い」が食品に着けられている。またこんがりと揚がったように見せる食品の色合いにも工夫が凝らされた。人類は毒を見分ける味覚や嗅覚を身につけてきたと著者は指摘するが、大衆食という安心感もあり、蓄積された感覚は欺かれがちだ。

『オックスフォード英語辞典』によれば「ファストフード」という言葉は、ジャンクフードの二〇年前に登場する。そのため「ジャンクフード」が登場した背景には、食品と速さを結びつけたファストフード社会への危惧がうかがえる。シュローサーによると一九四〇年代、南カリフォルニアで急速なモータリゼーションが進行し、ホットドッグの屋台、ドライブイン、そしてセルフサービス方式の店が人気を集めるようになる。この方式の創業者が分業体制を取り入れたマクドナルド兄弟だ。一九五〇年代になると、インターステート・ハイウエイ建設の開始に合わせ、ファストフードのさらなるフランチャイズ化、チェーン展開が始まっていく。

つまり、食品業界に分業体制など車社会の文化が入り込むことで、食品とスピードが融合したのである。その結果、食品産業は創業者の地元を離れ「ウォールストリート」の事業になる。映画『フード・インク』（二〇〇八年）で映し出されるように、大量消費は家畜を不衛生で狭い場所に押し込み、育成期間を異常なまでに早め

図4　ビスケット作りにも速さを求める「ビスクイック」

る薬物を施すことを強いる。O157などによるさまざまな健康被害の発生は、シュローサーが述べるように「食する」が「消費する」（ともに英語ではconsume）になったことを物語る。

ジャンクと食育

今ではジャンクにあげられることの多いコカ・コーラやケロッグ社のシリアルは、一九世紀終盤の社会改良時代に健康食品として誕生した。二〇世紀の大量消費時代を迎えることで、健康ではなく大衆性に焦点を合わせ、マスメディアもそれを後押しした。人気テレビアニメ『シンプソンズ』（The Simpsons, 1989-）では、テレビを見ながらジャンクフードを食べる家族の様子が描かれる。これを一般的な家族像とすることは、テレビ業界にとっても有益であった。ただし、一九八〇年ごろより用いられた「カウチポテト」という言葉からもわかるように、運動不足による健康被害や情緒不安、怠惰なライフスタイルを連想させる食事風景への批判が高まってくる。

「カウチポテト」の家族像が現れた一因は、七〇年代から女性の就業率が三〇年で二倍になり、外食の機会が増えたことにあるとシュローサーは指摘する。そのため、子育てにおける食育への関心が高まり、ジャンクフードは健康リスクに関する言説の主役へとのぼりつめていく。アメリカ在住のインド系作家ジュンパ・ラヒリは、短編小説「停電の夜に」（一九九九年）のなかで移民と食の関係を描き出す。主人公は多様な食材を大量に買いそろえるインド系移民ショーバ。ニューヨークで暮らし始めた当初、突然の来客に応対できるよう、半頭分もの肉を買っておく。来客

図5　1930年代の「健全」なコカ・コーラの広告

日が決まれば、半日がかりの料理を出す。普段からいつ、どのような料理を作ったかを記録し、ジャンクフードは斥けられている。彼女にとって食は、イタリア料理、インド料理のように地名とつながる営みであった。都会暮らしの移民にとって、食は場所とつながる精神的な紐帯である。そして何よりも、生まれて来る子どもを母の過去につなげる役割を果たす。そのため、死産を経験した後、ショーバは料理への興味を失ってしまうのだ。

「ジャンク」文化の反知性主義

食習慣は、食への関心を高めることで変えられるわけではない。フードスタンプを配給される貧困層にとって、新鮮な食材を売る郊外のファーマーズ・マーケットを訪れるといったライフスタイルを選択する余地はない。安価ですぐに満足感を与えてくれるジャンクフードは、経済的に苦しい人々の生活に否応なく入り込む。皮肉にも彼らこそその関連産業で働き、添加物や重労働の危険にさらされているのだ。

危険性への警鐘にもかかわらず、「ジャンク」信奉の根は深い。それはアメリカの愛国的な反知性主義と密接な関係にあるためだ。冷戦下の一九八〇年代に「コーク、だから」（*Coke Is It!*）のCMが人気を博したように、ジャンクを伝統食として無条件に受け入れるという傾向がある。近年も、イラクなどの占領地でジャンクフードは、「民主主義」のシンボルとして喧伝された。三〇年代に始まるアニメ映画『ポパイ』は缶詰ほうれん草を主役に立てたが、脇役でしかない太ったウインピーの大好物、ハンバーガーが今なお主役の座を占め続けている。

（小谷一明）

32

日本幻想——日本体験と世界観の変容

「幻想」の意味

「幻想」という言葉は、「実際にはありそうもないことを、あれこれと想像すること」「とりとめもないことを頭に思い浮かべること」、あるいは「妄想。空想。」を意味すると『日本国語大辞典』は定義する。これが「幻想」という言葉を聞いたときにふつうに思い浮かべることであろう。否定的で、消極的な意味合いの強い日本語である。

しかし、これを妄想や空想ではなく、実際に存在する対象に対してみずからの想像力で働きかけ、「実際にはありそうもないこと」から「現実に存在するもの」を想像し、「空想」を「現実」へと変換することも「幻想する行為」と呼ぶことができるだろう。英語の vision は、現実に存在しない超自然的なものを見る、神秘的な視覚体験をする、という意味がある。これは先述の日本語の「幻想」に近い意味であろう。しかし、これから派生した動詞 envision には、「将来のことを心に描く」「構想する」という積極的な意味が込められている。ここでは、「幻想」を英語の envision が示唆する意味合いで解釈し、アメリカの詩人や作家たちが、日本に対してどのような「幻想」を抱き、その結果、どのようなことが起こったのかを簡潔に考えて見ようと思う。つまり、いわゆる、二〇世紀初頭のジャポニズムが表層の日本趣味であり、遠くから日本を「幻想」しながら、とりとめのないファッショ

図１　日本時代の禅僧姿のゲーリー・スナイダー

図２　ケネス・レックスロス

ンに傾斜した傾向であるとすれば、現実に日本を体験し、自文化を変え、世界を変えようとする傾向や運動を「日本幻想」と新たに命名してみたいのである。

たとえば、その顕著な例として、現代アメリカ詩の重鎮ゲーリー・スナイダーの日本をめぐる軌跡を考えてみよう。ゲーリー・スナイダーがサンフランシスコから日本に向けて船出したのは一九五六年。スナイダーは、他のアメリカ詩人のだれよりも深くアジアを体験し、その体験を基礎に詩を書き、思想を構築した。二〇世紀後半のアメリカ文学に見られるアジア像は、スナイダーの日本滞在以降大きく変化するようになった。かくして、一九五六年はアメリカ文化に見られるアジアを見つめる眼差しが、根底から変容し始めた年であったといってもいいだろう。

ポストモダニストの京都

一九五六年以降のスナイダーの詩的・思想的探求の本拠地は日本であった。来日した背景には、仏教や詩の衝動があったが、もう一つの重要な要素も忘れるべきではないだろう。それは西洋文明全般に対するスナイダーの深い懐疑である。

西洋文化や資本主義に対する懐疑は、複数の戦後アメリカ詩人や小説家が共有するものであるが、彼ら／彼女らはこのような懐疑を動機として異文化の探求に向かい、別の文明を求めて国外脱出をした。たとえば、ケネス・レックスロス、ジャック・ケルアック、アレン・ギンズバーグ、P・ウェイレン、J・カイガー、A・ウォルドマン等のアジア文化に対する強い関心はよく知られている。五〇年代半ば以降の京都は、二〇年代にヨーロッパやアメリカのモダニストたちが集まってきたパ

図3　A. ウォルドマンとギンズバーグ

りのように、欧米の「ポストモダニスト」の国外脱出者たちが居住し、足しげく訪問したアジアの都市であった。第二次世界大戦後のアメリカ文学は、多くの書き手が、ヨーロッパではなく、アジアやメキシコや南米に目を向けるようになるが、京都はそのような書き手たちを惹きつけたアジアの都市であり、スナイダーはそのような傾向を牽引する詩人でもあった。これは、ジャポニズムとは一線を画す動きである。

文明をひっくり返すために

つまり、スナイダーや同世代の来日や日本に対する強い関心の背景には、自らの文化伝統に対する深い懐疑が存在したのであり、こうみてくることで初めて、われわれはスナイダーの日本滞在が単純に個人的な宗教の探求、教えを求めての旅などという狭い枠でとらえるものではないということを理解するのである。スナイダーは、西洋近代工業文明とそれを支える資本主義に対抗するヴィジョン＝幻想を模索するためにアメリカを脱出したというべきであろう。

一九五三年一二月、スナイダーはウェイレンに次のように書いた――「ぼくの血にはフロンティアふうのウォブリー・ソロー・アナキズムが流れている。つまり、それがぼくの伝統だ。ぼくはそのような伝統の中で育った。これを東洋の歴史の深みと結合させると、ぼくは文明をひっくり返すための梃子《てこ》を手に入れることになるだろう」。

スナイダーがその書簡で言及する「東洋の歴史の深み」が何を意味するかはあいまいである。しかしながら、変革を模索する若い詩人にとって、それは自らの伝統と結合・合流することによって、新しい文化を創造する契機となりうるものであったにちがいない。五〇年代初期からスナイダーが目指したものは、「自己破壊的な」文明に対抗するオールタナティヴな文化であった。「東洋の歴史の深み」から掬いとられるさまざまな要素と自らの文化が混淆されるなかで作られる「梃子」をスナイダーは幻視したのであった。いうまでもなく、「梃子」とは、近代工業文明のありようを深く批判する思想であり、そのような文明を「ひっくり返す」役割を演じることができる大きなヴィジョンをスナイダーや彼と同じ世代は求めていたのである。そして、それは現代日本をめぐる「幻想」を、実践可能な思想へと鍛造するという粘り強い思索を要求したのであった。

図４　ゲーリー・スナイダー

ジャポニズムから日本幻想へ

ジャポニズムは西洋の中心から日本に向けられた表層的な幻想であった。オリエンタリズムの範疇に入る現象であろう。しかし、一九五〇年代以降の「日本幻想」は、実際に日本文化を体験し、日本社会に沈潜しつつ自らの文化と融合し合流するなかで生まれてきた未来像であり、自らの変容をも招来する世界観の創造をもたらしたものであった。そして、それは個人的なドメスティックな趣味に堕することなく、社会や文明を変革する思想＝「梃子」へと変換されていき、二一世紀に強い影響を及ぼす「思想」へと変容を遂げたといっていいだろう。ゲーリー・スナイダーの詩や散文が語っているのは、まさにこのことなのである。

（山里勝己）

ジーンズ——忘却されざる象徴性

ジーンズは西部開拓期の作業着を発祥とすることはよく知られている。しかし、ジーンズの代名詞リーバイス社（Levi's）の創設者リーバイ・ストラウス（Levi Strauss, 1829-1902）がドイツ系ユダヤ移民であった事実を意識する人はあまり多くはないだろう。彼はゴールド・ラッシュに湧く一八五〇年代にカリフォルニアに向かい、服飾事業を軌道にのせた。ネヴァタ州での銀行業を経て、社会貢献に精を出し、カリフォルニア大学でいくつもの奨学基金創設に貢献した。移民サポート活動にも尽力し、ユダヤ教徒の集会シナゴーグをサポートする活動もしていた。

移民であったストラウスが西部開拓の只中に生き、一攫千金を果たすアメリカン・ドリームの体現者であったこと、しかも、まさしくアメリカ文化の代表的アイテムたるジーンズをつくり出したことは皮肉な事実だ。それから約一〇〇年後の一九五〇年代に、ジェームズ・ディーンが映画『理由なき反抗』で脚光を浴び、ジーンズは「若者の抵抗」の象徴として流通する。六〇年代にはヒッピーたちの団結を示唆する愛用品として、ジーンズはその象徴性をさらに深く刻むことになる。しかし現代において、色褪せ摩耗したデニムほどファッション性が高まりヴィンテージ化するという逆説と重なり合うように、ジーンズは若者や抵抗を象徴するというより、洗練された都市的ファッションとして受け入れられてきているように見える。

しかし、ジーンズの魅力はその成り立ちを常に想起させる点にある。たとえば詩人、高橋順子は「ジーンズを洗って干した／遊びが好きな物っていいな／主なんか放っといて歩いていってしまいそう」と書く。ジーンズは子どもにとっては「遊び」を象徴し、おとなにとっては「労働」を象徴する。不在が強調される「主」の労働の疲れを暗示さえしている。日本で初めてジーンズを履いたと豪語する谷川俊太郎の詩「ジェームス・ディーンに」では、映画の英雄を「暗い反抗」者として「私のなかの年をとらない私／きみよ」とうたう。名優を若い頃の詩人と同一化しているのだ。これらの詩ではジーンズが示唆する「労働」「若者」「抵抗」といった象徴性が静かにうたわれている。

ジーンズは世界規模で流通するアメリカ文化の象徴であるとともに、社会規範に抗する労働者や若者の象徴であり続けている。事実、日本のドレス・コードにおいて、いくら洗練されたジーンズといえども、その是非をめぐる議論は後を絶たない。このように多面的な象徴性を維持するジーンズだからこそ、アメリカ大衆文化を代表するアイテムであり続けるのかもしれない。

（山本洋平）

第5章

社会と制度

建国後，第四代目にあたる合衆国国会議事堂。Capitol Hill とも呼ばれる

クレヴクールのアメリカ論——階級のない社会

ここには貴族はいません、宮廷もありません、王も、主教もいません。ヨーロッパのように、富める者と貧者の間には大きな差はないのです、と書いたのはクレヴクールであった（「アメリカ人とは何か」『アメリカの農夫からの手紙』）。これに続けて、クレヴクールは、私たちは王侯貴族のためにあくせく働き、飢え、血を流すことはしない、私たちの社会はいま世界に存在するもっとも完璧な社会なのですと書いた。さらに、アメリカにおける労働は自らに豊かな暮らしをもたらすためのものである、このような生活をする者が「アメリカ人」である、とクレヴクールは胸を張るのである。

ベンジャミン・フランクリン——流動性とアメリカ社会

クレヴクールの「アメリカ人」論には、後のホレイショ・アルジャー流の「極貧から大金持ちへ」という、アメリカン・ドリームの萌芽を読みとることもできるだろう。これこそが多くの貧者をヨーロッパの貧困から北米大陸の「自由」と「豊かさ」へと誘惑した夢であった。そしてこのような「夢」を体現し、成功にいたる「実践書」を書いたのがベンジャミン・フランクリン（Benjamin Franklin, 1706-90）であった。

『フランクリン自伝』は文字どおりボロを着た少年がいかに努力してヨーロッパの王侯貴族と食卓をともにするまでに成功したかという立身出世の物語である。これはまたアメリカン・ドリームの原型的ナラティヴの一つである。アメリカ人は、近代市民として獲得した資本の力でヨーロッパ的階級制度を克服することができる、とフランクリンは読者に語ったのであった。

反転するアメリカの夢——偉大なるギャツビーと階級

アメリカ大陸は、自らの大胆な創意工夫だけで階級の壁は飛び越えることができると大衆を誘惑した。リンカーンやバラク・オバマはそのような夢を体現する大統領である。しかし、このような夢がいつでも正夢になるとは限らない。富や名声を手に入れる者に射してくる影を描いた古典の一つに、フィッツジェラルド（F. Scott Fitzgerald, 1896-1940）の『偉大なるギャツビー』（一九二五年）がある。

中西部の片田舎から出てきたギャツビーは、裕福な家の娘デイジーに恋をする。出征している間に結婚したデイジーを取り戻そうと、彼は密造酒販売に手を染める。彼女を資本の力から取り戻すためには、階級の壁を跳び越えなければならない。しかし、この作品が描くのは、階級間に横たわる深い裂け目を跳ぼうとした男の死である。

マルクス主義的階級論とアメリカ文学

封建的な階級制度から解放され、自由な個人が自己実現を追求するというアメリカ社会のなかでは、マルキシズムの二項対立は伝統的に受け入れられなかった。しかし、一九三〇年代になると、明らかにマルキシズムに影響された思想の浸透が見られるようになる。アメリカ合衆国共産党（Communist Party of the United States of America; CPUSA）は一九三〇年代に一定の勢力を保持し、アメリカ文学や文化にその影響が浸透した。この時代の代表的な戯曲にクリフォード・オデッツ（Clifford Odets,1906-63）の『レフティを待ちながら』がある。タクシードライバーのストライキを題材にしたものであるが、決して舞台に登場しないレフティの名前は示唆的だ。

スタインベック（John Steinbeck, 1902-68）の『怒りの葡萄』（*The Grapes of Wrath*）も一九三〇年代を代表する作品だろう。銀行資本や大農場主とカリフォルニアに移住してくる貧農たちの闘争を描く作品だが、「階級」にトランセンデンタルなひねりを加えることで、ドグマにとらわれないアメリカの小説として成功した。

階級とエスニシティ——マイノリティの復権

アメリカの階級と階層を論じる際に、忘れられてきたのがアメリカ先住民やその他の多様なマイノリティの存在であった。あるいは、アメリカ社会は、マルキシズムに影響された階級闘争よりも、流動する社会とその制度のなかで、いかに多様なエスニシティの政治的バランスや平等性を保つか、ということに腐心してきたといったほうがいいのかもしれない。六〇年代公民権運動を経て、マイノリティはアメリカの階級と階層の生成に大きく貢献した。ヨーロッパや日本と違い、資本家と搾取される労働者、そしてこの構造からはみ出たアンダークラスという「明確」な構図は、アメリカのエスニックな闘争の渦のなかでは影が薄い。

しかし、それでもアメリカには階級が存在する。二〇一一年にウォール街で発生した、「ウォール・ストリートを占拠せよ」（Occupy Wall Street）は、アメリカの富を独占する上位一％の富裕層に対する若者の抗議の運動であった。だが、テロリズムや戦争や多様化する価値観にも動揺することなく、この不可視の階級は存在し続ける。

（山里勝己）

33

アメリカ大統領——地上の最高権力者の座

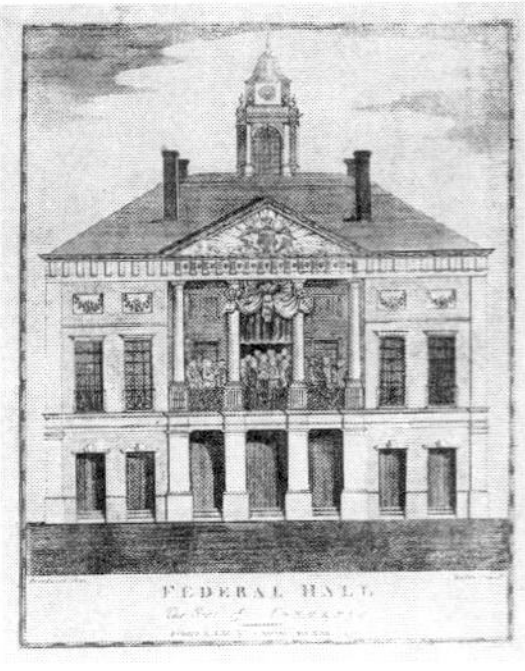

図1　旧議会議事堂のバルコニーで行なわれたワシントンの就任演説

図2　ケネディとジョンソンのペアのポスター

アメリカ初代大統領

アメリカは一七七六年、独立宣言をもって独立した。当時、共和政体を構成する一三州それぞれの主権は可能な限り尊重された。その結果、あまりに地域主権が強くなりすぎ、互いに利害対立する各州の調整がつかなかったため、アメリカ合衆国の国家運営は、必ずしも円滑には進まなかった。中央集権体制を導入するためにも国家憲法の制定の必要性が高まり、憲法が八七年に制定され翌年発効した。ちなみに、これは成文憲法としては、世界最古のものである。

大統領府を規定した憲法に従い、八九年、初めてアメリカで大統領選挙が行なわれ、六九人の選挙人（elector）の満場一致で、アメリカ合衆国独立革命戦争に将軍として武勲をなしたジョージ・ワシントンが選出されたのであった。

大統領選出の手続き

人口の少なかった初回選挙においては、六九人に過ぎなかった選挙人だが、現在は、各州の上院下院両議院の議員数と同じ数の選挙人が存在するため、五〇〇人以上の選挙人が選ばれる。

大まかにいえば、選挙人は国民有権者の直接選挙によって選ばれ、大統領は国民有権者の間接選挙によって選ばれる。国民有権者は、自分たちの意中の大統領・副

図3　1984年ジェシー・ジャクソン（Jessee Jackson）初の黒人大統領候補

大統領候補ペアへの投票を誓約している選挙人を選び、一一月の第一月曜の翌日に投票する。これを一般投票（general election）というが、その日はただの火曜ではないのでスーパーチューズデーと呼ばれる。州によって例外もあるが、勝者総取り（winner-take-all）方式にのっとり、その州で一票でも得票数の多かった大統領・副大統領候補者は、その州に割り当てられた選挙人団の票をすべて自分たちへの投票数として獲得する。この方式のため、国民有権者の投票結果と反する場合がまま生じてくる。たとえば、二〇〇〇年の大統領選では、ゴア候補の方が五〇万票以上、ブッシュ候補より有権者の得票数は多かったが、選挙人団の数は五人少なかったために、結局敗北を喫することになってしまった。

WASPではない大統領

大統領、副大統領の職を占めてきたのは、二〇一二年までの時点ではWASP（白人アングロサクソン系プロテスタント）の男性が、圧倒的多数を占めてきた。それでも、例外はあった。最初の非WASP大統領は、第八代大統領マーティン・ヴァン・ビューレンであった。彼は母国語をオランダ語とするオランダ系アメリカ人だった。他にも、フーヴァー、アイゼンハワーのようなドイツ系、遠くユダヤ人の血を引くセオドア・ローズベルトやF・ローズベルト、ギリシャ系でしかもクエーカー教徒のニクソン、アイルランド系の血を引くレーガンの例に見られるように、アングロサクソンは、容易に度外視できる属性であった。

さらに、一九六〇年選出の第三五代大統領ジョン・F・ケネディの場合、アイルランド系であるばかりでなく、カトリックの信者であり、かくしてプロテスタントという属性も外れたのである。だが、バラク・オバマ第四四代大統領の誕生は画期的であり、彼によってついにＷＡＳＰの最初の文字が崩れることになったのである。アングロサクソンが外れてもコーケイジアンという枠は外されなかったのに、コーケイジアンとネグロイドの混血人であるオバマに至って、穴だらけではあったものの体裁を保っていたＷＡＳＰという掟は崩壊した。しかし、ジェンダーの観点からは未だしである。

大統領になるための資格

オバマ大統領嫌いで有名な白人実業家ドナルド・トランプ氏は、オバマ大統領が本当にハワイで出生したのかどうか、二〇一二年大統領選のさなかにあってもなお偏執的に調査し続けているという報道がなされ、話題を呼んだ。アメリカ大統領の資格は、三五歳以上でアメリカ在住一四年以上、そしてアメリカ市民であってもアメリカ出生でなければならないということになっているからである。大統領になるために、男性でなければならないという規定はないが、大統領はおろか、副大統領についても、女性が就任した事例は二〇一三年現在、まだない。ただ、女性副大統領候補の最近の例としては、二〇〇八年にサラ・ペイリンが共和党副大統領候補として指名されたことはあるが、共和党大統領候補は大統領選で落選したので、その事例は、女性副大統領の誕生可能性を示唆するにとどまった。

図４　議事堂・円形大広間のケネディ大統領の棺

図５　リンカーンの葬送行進

大統領の暗殺

初の黒人大統領となったオバマ大統領は暗殺されるのではないかとの危惧が巷間、ささやかれた。実際、歴代アメリカ大統領で暗殺された人は四人もいる。一人目は第一六代大統領エイブラハム・リンカーンである。南北戦争終結後まもなく、熱狂的な南部連合支持者の凶弾に倒れたのであった。

二人目は第二〇代大統領Ｊ・ガーフィールドである。汚職や猟官など社会不正が深刻だった一八八〇年代、大統領選に尽力したのに役職に就けず精神に異常をきたした弁護士の凶弾に倒れた。

三人目は第二五代大統領マッキンレーであった。一九〇一年、無政府主義者チョルゴシュの凶弾に倒れた。もともとは偽造通貨の取り締まりにあたっていたシークレット・サービスが、公式に大統領の身辺警護にあたるようになったのは、この暗殺後のことだった。

そして、四人目がケネディである。一九六三年、テキサス州ダラスでリー・ハーヴェイ・オズワルドによって狙撃され倒れた。この暗殺の動機は不明で、謎に包まれている。

他に何度か暗殺未遂があったことを考えると、アメリカは暗殺大国であるといわねばならない。しかも、どの事例も、銃が使われているという特徴がある。にもかかわらず、全米ライフル協会に会員・名誉会員として多くの大統領が加入してきたというのは不可解ながら皮肉というしかないだろう。

（笹田直人）

34 セレブリティ――名前と顔のマーケット

図1　有名性を補いあうプレスリーとニクソン大統領

有名人《セレブリティ》構築と市場形成

アメリカの経済誌『フォーブズ』が選んだ二〇一一年のセレブリティは、一位がロック・ミュージシャンのレディー・ガガ、二位がテレビ司会者オプラ・ウィンフリー（Oprah Winfrey, 1954- ）、そして三位は一七歳の歌手、ジャスティン・ビーバーだった。選考基準は、年収、メディア露出度、社会性の総合評価だという。彼らの名前と顔は、プロモーションビデオ、コマーシャルやゴシップ記事、インタビューなど、さまざまなメディアで流され続けている。いわば「有名であること」が売り買いされているといっていいだろう。この生産と消費のサイクルのなかで有名人が構築され、市場的に機能しているのである。たとえば一九七四年創刊のゴシップ誌『ピープル』の存在は、有名人の構築とメディア市場の形成が相補的な関係であることを示すよい例である。

メディア研究者P・D・マーシャルの『有名人と権力』（一九九七年）によれば、セレブリティの形成には、私的・公的領域の二重性と曖昧化、有名になりたい大衆、民主主義と資本主義の欲望マシーンが複合的に機能しているという。たとえばセレブリティの語義が、「儀式」から「有名人」に変化した過程は、権力が教会や王権からマスコミュニケーションを基礎にした大衆社会へ移行したことをあらわにしているとマーシャルは指摘する。セレブリティの形成は、個人を公的・政治的に解放

図２　『ライフ』（1961年５月号）誌上のファースト・レディ：ジャクリーン・ケネディ大統領夫人

する一方で、その個人を高度資本主義の流通システムに参与させてきたのである。

消費を導く有名人記号と大衆

セレブリティは有名であることの証明をマスコミに依存している。彼らの豪奢な生活ぶりや恋愛関係などは、報道されることによって初めて事実として受けとられる。作家ノーマン・メイラー（Norman Mailer, 1923-2007）は、それをファクトイドと呼び、この状況を特化した。セレブリティの日常は庶民との距離を感じさせるが、同時にマリリン・モンローやエルヴィス・プレスリーのように、大衆出の成功者ということが親近感を抱かせもする。このようにメディア自体が、有名人を生産、流通、消費させる劇場と化し、大衆がそのイメージを買うのである。

たとえば映画での俳優のクローズアップは、演劇的な全体像を個人の顔へと焦点化し、観客はスターに自分を重ねる。映画スターは、スクリーン上で階級やジェンダー、人種や宗教、あるいは性的志向などの社会的カテゴリーを観客に代わって具体化してくれる代替的存在である。こうしたスター構築がシステム化すると、映画の興行成績は、誰が演じるかに左右され、人気スターの映画が大量生産されることとなる。ここでのスターは、個人の才能、消費の自由、高所得を得る自由といったアメリカ的イデオロギーを体現する商品なのである。

二〇世紀は、視覚の時代だった。一九三〇年代に『ライフ』誌や『ルック』誌など写真雑誌が相次いで発刊され、ハリウッド映画は、三〇年代から四〇年代に全盛期を迎える。そして五〇年代にはテレビが大衆の視覚的欲望をかき立てた。とくに

図3　オプラは大衆の側に立って代弁する

テレビの出演者たちは、より大衆に密着した性質をまとう。たとえば常にセレブリティ上位に選ばれているオプラ・ウィンフリーは、トーク番組『オプラ・ウィンフリー・ショー』の司会者を二五年間つとめ、テレビ界のスーパースターの座に君臨してきた。今や彼女の活動は、テレビ、ラジオ、ウェブ、あるいは慈善活動と多岐に渡っている。二〇〇八年の大統領選の際にも、早々とオバマ氏支持を表明し、得票に大きく貢献したという。平日の午後に放映される同番組では、スタジオの観客を前に、主婦感覚でさまざまな問題に切り込み、専門家の意見を自分なりに解釈し、公的なものにしあげて問題解決に至る、という妙手を披露している。こうして全国的にテレビ視聴者の共感が形作られ、オプラという有名人記号を介して視聴者自身の擬似的社会参加が行われるのである。

二〇世紀に発達したポピュラー音楽産業界では、プレスリーやマイケル・ジャクソンといったスターの親密性及び真実性は、レコードと生の演奏という二つの媒体によって、より高度に操作されてきた。多くの場合、観客がコンサートで耳にする楽曲は、すでにレコードで親しんだものであり、会場ではアーティストとの親密感を味わい、その真実性を確認することになる。ロックンロール時代に人気を博したプレスリーは、個性的な声質やシャウト、あるいは下半身の動きによる性的アピールなど、譜面にない独自の演出で若者を魅了した。そこで利用された記号が、白人社会のサブカルチャーである黒人文化だったことは、セレブリティには人種・民族を越えて機能する力があることを明示する。そのことは音楽産業だけでなく、スポーツ界のアフリカ系選手の活躍にも明らかである。

図4　モンローとミラー，50年代最も騒がれた有名人カップル

名前をめぐる闘争と有名性の変容

一九五〇年代赤狩りの時代に、反共主義を広める道具として、為政者に利用されたセレブリティたちがいた。ハリウッド関係者など、多くの有名人が戦前の共産主義への加担を糾弾されたのである。そんななか、劇作家アーサー・ミラー（Arthur Miller, 1915-2005）は、赤狩りの危機感を一六九二年のセーラムの魔女裁判になぞらえて、戯曲『るつぼ』（一九五三年）に作品化した。自白調書への署名を強要された主人公プロクターに、「名前だけが、ただ一つ私が持っているもの」と言わせ、署名も共犯者の「名を挙げる」ことも拒否させている。M・モンローの夫という時代のセレブとなったミラーも、一九五七年に反米活動委員会で審問されたが、証言拒否をすることになる。赤狩りは、個人として生きるアメリカ人にとって、社会で生きることを可能にする「名前の力」をめぐる大きな事件だったのである。

ＩＴ界の有名人としてはマイクロソフト社ビル・ゲイツ（Bill Gates, 1955- ）やアップル社スティーヴ・ジョブズ（Steve Jobs, 1955-2011）があげられるだろう。彼らの技術開発によって情報も大衆化された。ＳＮＳ（ソーシャル・ネットワーキング・サービス）によって誰もが情報発信者となる現在では、セレブリティ構築も変化している。なかでも実名と顔写真をもとに、情報をやりとりするフェイスブックはアメリカ的である。マーク・ザッカーバーグ（Mark Zuckerburg, 1984- ）らが開設し、世界で一〇億人が利用するこのサイトでは、ユーザー自身がシステムを利用し、有名性効果（公共性と市場性）を得ることができる。発信者の顔と名前が情報保証であり、広告なのである。

（山越邦夫）

35

人種差別——アメリカ最大の宿痾

図1　黒人専用の水飲み場

ディスクリミネーションとは

ディスクリミネーション（discrimination）＝区別であり、区別とは、もともと人間の普通の認識活動を指しているし、現在でもその語義は生きてもいる。しかし、アメリカ英語でその言葉がレイシズム（racism）＝人種差別、つまり特定の人種への不平等な扱いを生じさせる認識の意味をもつようになったのは、南北戦争後の一八六八年に憲法修正条項第一四によって黒人にも白人とまったく平等の権利が謳われてからのことだった。したがって、憲法に違反する不公正な行為であるが、合衆国の不作為というこれもまた違法行為によって、あえて目がつぶられてきたのであった。差別とは、白人以外の人種は、差別され、不利益な扱いをされ、劣等者として屈辱を与えられた。また、差別の極端な形は、南部において一九世紀末から一九二〇年代に至るまで頻発した黒人へのリンチとなって現れていた。

セグリゲーションとは

アメリカ南部諸州は、二〇世紀になっても、「分離すれども平等」という詭弁を用い、セグリゲーション（segregation）＝人種隔離体制を維持し続けていた。白人と黒人は、社会のあらゆる場で別々に隔離された。水飲み場までが、白人用と黒人用に分けられていたことは余りにも有名である。南部当局は、たしかに黒白で人種

図2　勝訴を喜ぶブラウン夫人と愛娘

図3　バスボイコット運動の口火を切ったローザ・パークス。指紋捺印に応じている様子

による分離は行なっているが、双方は平等に扱っていると主張していたのである。この詭弁でしかない主張が公に否定されたのは、公教育において白人用の学校と黒人用の学校が分けられていることは不平等であり違憲でないかと問うたブラウン対教育委員会裁判で、五四年に南部教育委員会の敗訴が確定したときであった。

公民権運動

しかし、この判決が出たからと言って、セグリゲーションが終焉したわけではまったくなかった。この判決を受けても違憲状態を見て見ぬふりをする不作為の状況は続いたのであった。

ディスクリミネーションが本格的に撤廃の方向へ向かうためには、公民権運動をまたねばならなかった。それは南部の中でも人種差別の激しかったアラバマ州において、キング牧師の指導により、バスボイコット運動が起きたことに始まった。バスのなかですら行なわれていた座席のセグリゲーションが、この運動によって初めて撤廃されることになったのである。

その後のキング牧師の公民権運動への献身的な貢献により、徐々にではあったが、あからさまな人種隔離政策は影を潜め、公民権法が成立したことによって、人種差別もおおっぴらにはできなくなってきた。

アジア系アメリカ人への差別

アジア系アメリカ人は、中国系アメリカ人、日系アメリカ人ともども黒人の場合

図5　KKKの教育：いかにも善良そうな白人ママが幼い娘に差別思想を教育する

図4　カリフォルニア州トゥーリーレイク：日系人強制収容所の入所手続き

と程度こそ異なれ、別種の差別に苦しんでいた。ことに、鉄路建設のため一九世紀中頃よりアメリカに移民してきたアジア系アメリカ人は歴史と伝統のある本国の文化的背景を容易に手放さなかったため、アメリカ白人の目には不気味な異邦人に映った。彼らは、黒人たちが俗流優生思想から劣等人種と決めつけられたのとはまた別種の偏見と差別の犠牲になったのである。二〇世紀に入ると、今度は当時流行していた黄禍論の影響で、一九二四年にはアジア系移民排斥法案が成立した。

また真珠湾攻撃後、アメリカが枢軸国と戦争状態になると、敵性市民（hostile citizen）と呼ばれるアメリカの敵国を出自とするアメリカ人はドイツ系アメリカ人、イタリア系アメリカ人など他にいたにもかかわらず、四二年、日系アメリカ人だけが仕事や家、財産などを剝奪され、強制収容所に収容されることになったのである。まぎれもなく、これは日系人だけに対する差別に他ならなかった。ちなみに、七六年、ときのフォード大統領が、日系アメリカ人強制収容の非を認めたことを皮切りに、後代の大統領も過ちを認め、ついにカーター大統領は生存者に賠償金支払いの勧告を議会に行ない、レーガン大統領が「市民の自由法」に署名したことにより、合衆国議会による謝罪と賠償金支払いが実現している。

アファーマティヴ・アクション（affirmative action）

一九六〇年代、公民権運動が盛り上がっても、黒人差別はなかなか解消しなかった。現実社会で、黒人の差別待遇は容易に改まらなかった。ケネディ大統領は、こうした状況に対し積極的是正策をアファーマティヴ・アクションと命名し大統領の

図６　『ニューズウィーク』誌（2003年１月27日号）の表紙：アファーマティヴ・アクションはまだ必要なのか？

執行命令として打ち出した。そして次のジョンソン政権は人種のみならず、性差別の対象をも考慮に入れ、雇用、進学、昇進などにおいて差別対象集団への優遇策を推進、社会的不公正を正していくという観点から司法省の施行を明確化した。その後も、さまざまな政権が差別是正策を推し進めたが、入試において優遇策を行なっていたカリフォルニア大学デイヴィス校医学部に、受験生が訴訟を起こし、七八年最高裁で大学側が敗訴したことに象徴的に現されているように、七〇年代後半から、風向きに変化がみられるようになった。

逆差別＝リヴァース・ディスクリミネーション（reverse discrimination）

優遇策がアメリカ社会に浸透していくにつれ、差別されているとされるマイノリティ集団によって、逆に自分たちこそ差別されているのだという主張がマジョリティの側からなされるようになった。アファーマティヴ・アクションによって差別されているとされた側に特別に与えられた利益の分、自分たちの方に不利益が押し付けられているのだという主張である。こうした観点から見れば、アファーマティヴ・アクションは、憲法修正条項一四の法の下での平等を侵してはならないという規定に違反するものと解釈される余地が出てきてしまう。

アファーマティヴ・アクションは、否定派、肯定派、それぞれの論争は続行中であり、その存続の行方は不可視である。カリフォルニア州で、一九九六年に提案二〇九号によって、実質的に州政府による積極的優遇策が禁止されたことをきっかけにして、いくつかの州で積極的優遇策を見直す動きが出ている。

（笹田直人）

36

カリブ世界——クレオール文化の母胎

図1　コロンブスの記念碑（ドミニカ共和国）

アフロ＝カリビアンあるいはクレオール

ふつうのアメリカ人（そんな存在がいるとして）に「カリブ海」から何を連想するかと訊ねたなら、どんな答えが返ってくるだろう。バハマでのスポーツ・フィッシングやドミニカ共和国でのゴルフといった観光的享楽、故郷としてのプエルト・リコやキューバのなつかしさ、ハイチの貧困やまだまだ新しい大震災の記憶、カリブ海出身のプロ野球や陸上の選手たち、あるいはいくつかの音楽ジャンル。「アメリカ合衆国の裏庭」として、アメリカ国家＝産業＝軍事複合体がいいように蹂躙してきた二〇世紀以後の構造が脳裏をかすめる人もいるかもしれない。だが出発点に帰るなら、カリブ海世界とはむしろアングロ＝アメリカ（北米英語圏）にとっての先進地域であり、アメリカが現在あるようなアメリカになるためにきわめて重要な要素を提供してきた。その核心を、アフロ＝カリビアン複合と呼ぶことにしようか。

カリブ海域が「アメリカス」の起点にあったことはいうまでもない。ヨーロッパの拡大により成立した、われわれが「世界」と呼ぶこの惑星大の統合経済システムへの歩みは、一四九二年、コロンブスがカリブ海域に到達したことから始まった。以後五〇〇年にわたるヨーロッパ（西欧資本主義経済）の他地域への侵略と従属化は、しばしば啞然とするほどの残虐さをともなって進められてきたが、その展開にあたってのエンジンとなったのは大西洋三角貿易であり、その地理的一頂点をなすのが

図2 「新世界」最初の病院跡（ドミニカ共和国）

カリブ海域だった。アフリカから黒人奴隷が移入された。カリブ海の砂糖は（のちにはアメリカス各地のプランテーション商品作物各種は）ヨーロッパに、さらに世界市場へと輸出された。歴史のある段階で成立したカリブ海砂糖プランテーションは、カリブ海の島々をいわば個々の農場＝工場とし、そこでの集約化された奴隷労働のための居住体制が「クレオール文化」と広く呼ばれるものの母胎となったのだった。

砂糖が生んだ構造

砂糖の島々。この視点からカリブ海域を眺めてみることは、誰にとっても一度は欠かせない。カリブ海はほぼ全域が砂糖プランテーションとしての履歴をもち、人口構成には現在でもかつての砂糖産業の影が色濃く残っているからだ。圧倒的に感じられるアフリカ系の存在に加え、一九世紀における奴隷制廃止後に年季契約労働者として導入された中国、インド系の住民たち。移住の歴史としては、二〇世紀キューバに見られたようなカリブ海内での労働力移植（ジャマイカやハイチからの流入）の事例も忘れることができない（キューバの黒人の中にフランス系の姓を見かけることが珍しくないことの理由はこれ）。男たちが山刀で一斉に砂糖黍を刈り、それが女たちにより括られてゆく集団労働の光景は、砂糖産業の地位が相対的に低下した後にも、人々の記憶に強く残っている。プランテーションで、農場労働者たちは産業革命以後の工場労働者とおなじように集団作業をし、決まった賃金を得る。その労働の昼に抑圧された夢想の夜が、口承の民話の宇宙だった。民話にはアフリカ的要素が残り、また音楽にはアフリカ的形式とリズムと旋律が残った。

図3　サントドミンゴのチャイナタウン

こうしたアフロ＝カリビアン要素を、過去三〇年ほどのアメリカ現代文化においてもっともよく体現してきたのは、たとえばヒップホップだ。ラップ、ブレイク・ダンス、グラフィティ・アートという三つの側面から、これを見てみよう。

ヒップホップの三要素

言語的パフォーマンス。大都市ゲットーの若者たちの共通言語という以上に、グローバル化した商業音楽の一部門として共通の意匠を世界中に供給しているように見えるのがこのミレニアムになって以後のラップだが、ジャマイカの街路から生まれロンドンで開花した、ドラムスとベースのリズムに乗せて語られる詩のパフォーマンスであるダブ・ポエトリーとおなじく、もともときわめてメッセージ性が強い。ハーレムでの一九六〇年代の文芸創作ワークショップを母胎として成立したザ・ラスト・ポエツのようなグループが、その先駆け。英語圏カリブ海を起点とする人々の先進国への移住は、たとえばロンドン、ニューヨーク、トロントを焦点として展開したが、それぞれのターゲット都市の中ではスペイン語系・フランス語系カリブ海からの移民たちともある程度混在し、融合することになる。移民の状況とは思いがけない並びを作り出すものであり、その相互影響はもはや境界の設定を許さないかたちで加速化されてゆくだろう。

ダンス。一九八一年のニューヨークで、街頭のブレイク・ダンスが野火のように拡大していったのを覚えているが、その全身を使った身体技法には見ていて茫然とさせられるものがあった。アフリカ系の踊りには概して二つの大きな傾向があるよ

図4　バスキア作品集の表紙

うだ。体の旋回と足のシャッフルによる、比較的ゆるやかなもの。体の激しい上下動をともなう、速い動きの踊り。ブレイク・ダンスにはこの旋回と上下動のみならず、たとえばアンゴラ＝ブラジル系格闘技カポエイラに見られるような足技、つまりは上下の逆転も組み込まれている。また人々が丸くとりかこむ環の中に、一人ないし二人が順次入ってゆきその中心で踊りを披露するリング・ダンスという形式も、きわめてアフリカ的だといっていい。カリブ海を経由して、それらの動きが再統合される。

そして絵画。一九八一年、キース・ヘリングというスーパースターが登場して一躍注目を集めるようになった路上のグラフィティから始めて、アート・シーンで高い評価を得たのがジャン＝ミシェル・バスキア（Jean-Michel Basquiat, 1960-88）だった。父親はハイチ系、母親はプエルト・リコ系。その絵画にはジャズやヴォドゥの意匠が頻出し、アフロ＝カリビアン的なものへの忠誠を誓っている。一見、即興的にも見えるその画面は、じつはあらゆる即興がそうであるように細心な配慮にみちていて、衝撃的な色彩も絶妙のバランスを保っていた。クレオール化された現代美術の代表例といっていい。

これらヒップホップ系の文化アイテムが体現するのは、アメリカ文化においてカリブ海世界がもつ意味の一部でしかないだろう。だがそれは確実に「アメリカ」のもっともアメリカらしい部分に直接関わっている。カリブ海を経由してアメリカを再発見するとき、大西洋のあの「三角形」がくっきりとした輪郭をもって再浮上する。

（管　啓次郎）

37 通信販売《メールオーダー》システム――植民地時代からの伝統ビジネス

二〇世紀末のeコマース実験

二〇〇〇年元旦、テキサス州はダラスにて、元システム・エンジニアのミッチ・マドックスは、ドットコム・ガイに改名し、一切外出せずに電子商取引（eコマース）を通じた注文のみの生活が可能かどうかの実験を開始した。一年後、めでたく「社会復帰」した彼は、婚約者もウェブのお見合いサイトで見つけたと話題になった。マドックスは、ネットワーク通販生活実験の成功に加え、それを契機に花嫁をも手に入れたわけだ。あらゆる製品の入手や各種契約・サービス受注がクリック一つで成立し、端末から外界との接触や社交的つながりがリアルタイムで可能となった二〇世紀末にあって、マドックスの実験の成功は、それほど困難ではなかったはずだ。そもそも、アメリカにおいて、通信販売システムは、一九世紀末までにすでに確立されており、現在の受注システムには、一〇〇年をゆうに超える先駆的実績があったのだから。

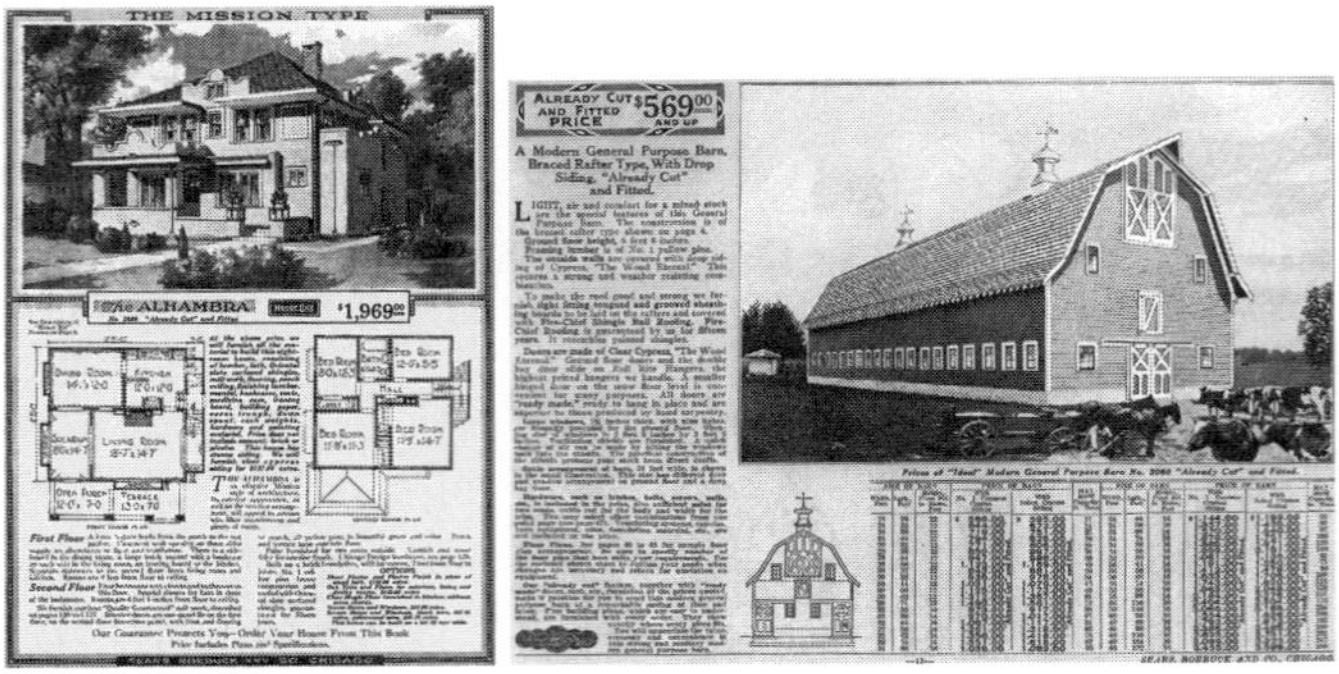

図1　シアーズ社カタログよりキット・ハウスと納屋（1918年）プレハブ組立て式の家屋ですらも通信販売で購入できた

通販のはじまり

アメリカの通信販売事業は、一九世紀後半以降、主に中西部の農民をターゲットとして大成功を収めた。都市では、百貨店の出現により消費の拡大が見られたが、人口密度の低い辺鄙な農村地帯に、都会並みの多様な商品を提供できるのは、通信販売の受注システムのみだったのである。だが、実は、通信販売カタログの歴史はかなり古く、その起源は、一四九八年、ヴェネチアの印刷業者オールダス・マヌティウスが発行したカタログに遡ることができる。また一六六七年にイギリス人園芸家ウィリアム・ルーカスが植物の種子や苗木のカタログを発行すると、この現象は植民地にも広まり、独立革命前夜の一七七一年、ロング・アイランドでウィリアム・プリンチが果物の木のカタログを出版している。

全米通信販売協会によると、アメリカ植民地における最初のカタログ通信販売の考案者は、ベンジャミン・フランクリンであると考えられている。彼は、一七四四年には、約六〇〇冊に及ぶ科学書および学術書のカタログを作り、「満足を約束します」をコンセプトに販売した。こんにち、アメリカで現存する最古の通信販売会社ハマシャー・シュレマーは、ウィリアム・トールナーが一八四八年、ニューヨーク市バワリー地区に開いた工具店に始まる。またバーモント州マンチェスターで一八五六年に創業したアウトドア用品やフライフィッシング製品で有名なオーヴィス社も、通販および小売業を続けている最古参の一つである。(1)

二大巨頭現わる

とはいえ、通信販売事業のグローバル・ネットワークを作り上げた草分け的存在は、何といっても、ミシガン州セントジョゼフの行商人アーロン・モンゴメリー・ウォードであろう。彼は、一八七二年、シカゴで中西部の農民向けに、中間業者を介せずに直接消費者に安価な商品を通信販売する事業を開始し、大当りする。

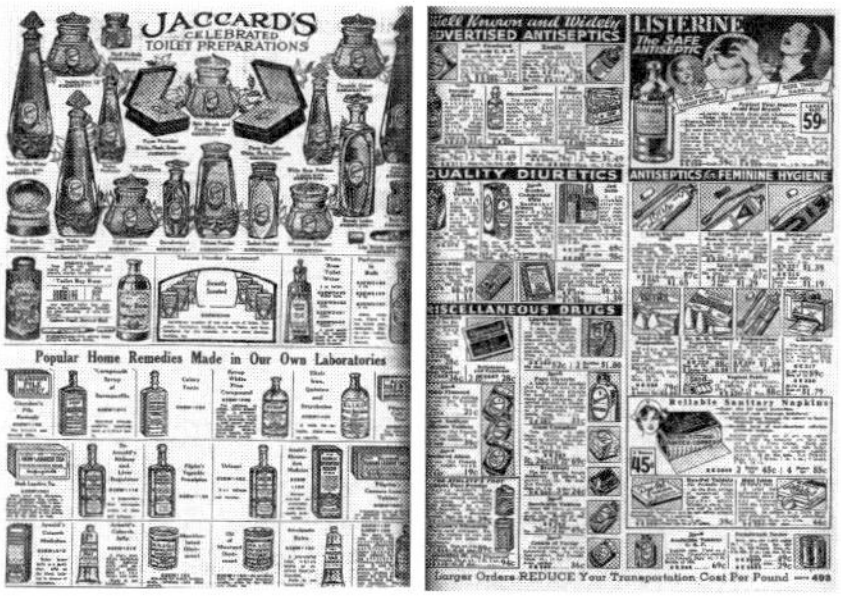

図2　モンゴメリー・ウォード社（左［1921年］）およびシアーズ社（右［1934年］）の洗面・衛生用品

(1) 現在，Athena Pressより，南北戦争後から第二次世界大戦までの各社通販カタログが復刻版で出版されている。百貨店製作の通販専門会社のカタログを，網羅的に集約した資料（Part 1［1870-1915，全6巻］，Part 2［1915-1930，全5巻］，Part 3［1930-1940，全5巻］）のおかげで，各時代の風俗や流行，技術の進化の過程が一目でわかる。

図3　シアーズ社の1894年版カタログ。「地球上で最安値の商品販売企業」「わが社は世界中にお届けいたします」の文字が配されている

当時、アメリカ総人口三八〇〇万人のうち、七四%が農村部に居住していた。地方回りの行商で、田舎の不便な流通事情と都会の商品を望む消費者需要をいち早く察知したウォードは、七五年に、商品に満足できなければ返金を保証する方針を打ち出す。その結果、販売開始当時、たった一枚の商品値段リストでしかなかったウォード社のカタログは、瞬く間に膨れ上がり、九七年にはおよそ一〇〇〇頁、数万アイテムのイラストつき装丁となる。同社は一九一三年までには、年間四〇〇〇万ドル相当の商品を売り上げる巨大企業となった。

　ウォード社創業から遅れること十余年、ミネソタ州ノース・レッドウッドの鉄道駅長であったリチャード・ウォーレン・シアーズが時計販売業に着手する。彼が最初のカタログを発行したのは一八八八年。その後、アルバ・カーティス・ローバックが事業に加わり、両者の名を列記したシアーズ・ローバック社が、一八九五年シカゴに設立された。同社は、瞬く間に数百、数千アイテムを取り揃える巨大カタログ販売会社に成長し、一九〇五年までには、九〇〇〇人の従業員をかかえ、年間五〇〇〇万ドルを売り上げる。同社のカタログは、業界で「消費者の聖書」と呼ばれ、クリスマス・ギフトの特別カタログ『ウィッシュ・ブック』を初めて発行したのもシアーズであった。ちなみに、ウォード社、シアーズ社ともに、通販事業の成功後、二〇年代には、全米チェーン店展開による総合小売ビジネスにも乗り出している。

　一八九〇年代から一九一〇年代にかけて、シカゴの二大巨頭に支えられ最盛期を迎えた通信販売事業は、アメリカ経済の主要部門となり、一九一九年までにアメリカ大衆は、年間五億ドル相当の商品を通信販売によって購入するに至った。通信販

図４　1994年ニーマン・マーカス社カタログより。ミニチュア・ドンキーを販売。もはや通販で買えないものはない

図５　2002年ニーマン・マーカス社クリスマス・カタログ

売システムは、個人化と消費の賞揚という潮流を生み出す経済的・文化的装置であり、通販カタログは、単に経済を活性化するための多様な商品一覧であるばかりか、進化と豊かさの象徴であり、国民的嗜好や流行・憧れを反映する文化的資料としての役割をも担ったのである。

通販ビジネス盛隆の素地と現状

業界の急速な発展には、これ以外も複数の要因が関係していた。まず、一八九六年に導入された地方無料郵便配達制度によって、以前は遠方の郵便局まで受領者自らが取りに行っていた郵便物が、直接農村部住民の自宅に配達されるようになり、商品以前に、通販カタログそのものが容易に入手できるようになった。当然ながら、一九一三年に開始された小包郵便配達も、通販商品の販売・購入増加を後押しした。さらに、鉄道網の拡張充実は、輸送コストをさげ、かつ冷凍貨車の導入によって劣化しやすい製品の遠路輸送が可能となった。また、南北戦争時、兵士の軍服調達の際に採用された規格サイズによる標準化が、通販での洋服販売の素地となり、大量生産技術の革新によって同一商品を国内にあまねく分配できるようになった。加えて、家庭外での女性就労者数の増加も、通販人気を支える一因であった。

こんにち、ペーパーレス化によって、通販形態が紙媒体からテレビやオンラインでの宣伝・受注に変化しているが、世紀転換期の通販事業最盛時カタログの百科全書的壮大さは、文化的・歴史的研究資料としても意義深い。細部の差異を的確に図版化した商品カタログは、美的にも一見の価値がある。

（白川恵子）

38

戦争——継続される記憶の戦争

図１　南北戦争終結の後で行われた北軍の1865年５月の大閲兵式。２日間で約20万人の兵士が行進した

アメリカの戦争

アメリカの戦争またはアメリカが関係した戦争を列挙してみる——。(1)開拓時代の戦争（The Colonial War, 1846-63）、(2)独立戦争（The Revolutionary War, 1776-83）、(3)一八一二年の戦争（The War of 1812-14）、(4)アラモ及び米墨戦争（The Alamo and the Mexican-American War, 1836, 1846-48）、(5)南北戦争（The Civil War, 1861-65）、(6)インディアン戦争（The Indian Wars, 1620-1911）、(7)米西戦争（The Spanish-American War, 1898）、(8)米比戦争（The War of the Philippines, 1899-1902）、(9)第一次世界大戦（World War I, 1917-18）、(10)スペイン内戦（The Spanish Civil War, 1936-39）、(11)第二次世界大戦（World War II, 1941-45）、(12)朝鮮戦争（The Korean War, 1950-53）、(13)ベトナム戦争（The Vietnam War, 1964-75）、(14)エルサルバドル（El Salvador, 1981-92）、ボスニア（Bosnia, 1993-95）、コソボ（Kosovo, 1996-99）、アフガニスタン（Afghanista, 2001- ）、湾岸戦争（The Persian Gulf, 1990-91）。

一八一二年の対英戦争から現在のアメリカ国歌が生まれたことは周知のことである。「インディアン戦争」は、ほぼ三〇〇年にわたるもので、メイフラワーの到来に始まり、一九一一年のネヴァダにおけるショショーニの抵抗を最後に終焉したとされる。一八九八年のメキシコ戦争は、アメリカが初めて国外に軍隊を送った戦争であるが、これ以降、アメリカの拡張主義に後押しされた戦争が続くことになる。

図２　1945年の沖縄戦。米軍上陸部隊を支援する輸送船と艦砲射撃

九・一一やそれに続くイラク戦争や湾岸戦争はわれわれの同時代の戦争である。

初期の戦争と文学

アメリカ戦争詩のアンソロジー（たとえばLorrie Goldensohn, ed. *American War Poetry: An Anthology*. New York: Columbia UP, 2006）を読むと、思わぬ事実に驚かされることがある。たとえば、ゴールデンソーンの上記のアンソロジーは、冒頭にルーシー・テリー（Lucy Terry, 1730-1821）の“Bars Fight”（「草原の戦闘」）を置いている。テリーは、アフリカから奴隷として連れてこられたが、やがて夫の手によって自由の身になった。この詩は、一〇〇年ほど口承で伝えられ、一八五五年に初めて印刷された作品である。テリーはこの詩で、一七四六年八月二五日、「インディアン」たちに待ち伏せされ、殺害され、あるいは命からがら逃走する白人男女をその名前をあげて描いている。インディアンたちには、名前がない。同時代の教養ある白人詩人たち（たとえばフィリップ・フレノー）が、イギリス詩に呪縛されたスタイルで詩を書いていたことを想起すると、テリーの日常語による語りは新鮮で、二〇世紀口語詩に通じるものがある。また、白人と先住民の衝突を、黒人の女性が語るという構図は、エスニシティや人種問題をかかえ続け、そのバランスに苦悩した後世のアメリカを予兆する。このような問題と戦争は無縁ではない。実際、アメリカは大きな戦争を経験するたびに社会が動揺し、このような問題を調整してきた。南北戦争や第二次世界大戦以降のアメリカ社会や文化の動きを見れば一目瞭然である。

図３　アメリカ先住民と騎兵隊の戦いを描いた19世紀の挿絵

アラモ、メキシコ、インディアン、南北戦争、フィリピン

アメリカの帝国主義的な欲望は、アラモの戦いやメキシコ戦争へと拡大し、同時にいつ果てるとも知れない「インディアン戦争」が続いていく。ヘンリー・Ｄ・ソローが二〇世紀の政治的抵抗のバイブル「市民の不服従」を書くきっかけになったのは、「マニフェスト・デスティニィ」という帝国のイデオロギーによって引き起こされたメキシコ戦争がきっかけであった。「コンコード・ヒム」という愛国的な詩を書いたエマソンでさえ、アメリカン・エンパイアの拡張ぶりを目撃し、アメリカの奔放な物欲や帝国主義的野望に対して厳しい眼差しを向けている。

やがて、六二万人近い兵士が戦死したといわれる南北戦争が始まる。このころに書かれたアメリカの詩にはおびただしい死者が描かれている。ハーマン・メルヴィルは「すべての戦争は子どもじみたものであり、闘うのは少年ばかりである」（“All wars are boyish, and are fought by boys”）と戦争を突き放した。これは一〇〇年後のベトナム戦争を予言する一行でもある。

一九八〇年代初頭、筆者のカリフォルニアのアパートの隣人はデニス・バンクス（Dennis Banks, 1937）というアメリカ先住民で、狭いアパートに妻、娘二人、生まれたばかりの息子の四人で暮らしていた。娘たちはインディアンの学校に行っていて、政府が普通の学校に行くことを強制したら最後まで戦うとバンクス氏は言った。彼は、一九七〇年代にサウス・ダコタのウーンデッドニーでＦＢＩと撃ち合ったアメリカインディアン運動（ＡＭＩ）のリーダーであった。組織的な戦闘は一九一一年に終わったとしても、記憶の戦争は絶えることなく継続される。

図4　9・11同時多発テロ：炎上する世界貿易センタービル

二一世紀のエレジー

二一世紀は寛容と平和に満ちた世界であれという夢は、二〇〇一年九月一一日に崩壊した。それまで、世界のいたるところで「小さな」戦争を戦ってきたアメリカは、これまでにない対応を迫られることになった。ゴールウェイ・キネル（Galway Kinnell, 1927- ）の『タワーが崩壊したときに』の語り手は、二つの超高層ビルが崩壊するのを自宅の窓から目撃し、死者の姿を想像する――そして、語り手は、このような死者たちを二〇世紀の暴力によってもたらされた死者たちと結びつける。たとえば、「去勢され木から吊された南部の黒人」「ガス室で殺戮されるジプシーやユダヤ人たちを乗せて東へと進んで行った無数の有蓋貨車」「二つの都市を地上から消し去った原爆」「焼夷弾による都市の消滅」、死の行進、飢え、数々の暗殺、忽然と姿を消した人物たち、地雷原――。語り手は、世界貿易センタービルが最上階から崩壊していく様子を思い浮かべながら、ハドソン河畔に座り、生きたまま焼かれた者たちに思いを馳せる。しかし、この五ページに及ぶ二一世紀のエレジーからは、カタルシスはみじんも感じられない。最後に残るのは巨大な建造物が崩壊し消滅していくイメージである。

日本人は、いまだ一九四五年に終わった戦争の「戦後」を引きずっている。日米安全保障条約に関する密約の数々、沖縄に集中するアメリカの前線基地とその県内移転に関して沸騰する議論など、、最近の動きにふたたび戦争の影を予感してしまう人は多い。アメリカの戦争は、日本人の日常にも深く浸透しているのである。

（山里勝己）

39

九・一一――「テロ」の連鎖と監視社会

図1　ツインタワーから上空にたちこめる白煙

九・一一の衝撃

二〇〇一年九月一一日、全米と世界を震撼させた「同時多発テロ事件」が起こった。ハイジャックされた民間旅客機三機が、ニューヨーク市マンハッタンの世界貿易センタービルの北棟と南棟に、そして首都ワシントンD.C.近郊の国防総省本庁舎ペンタゴンに衝突し、さらに国会議事堂かホワイトハウスをターゲットにしていたと推測される四機目が、ペンシルヴェニア州の平原に墜落した。世界貿易センターの両棟は、衝突から二時間足らずで崩壊し、約三〇〇〇人にも及ぶ無辜な命―乗客と乗員、貿易センター内で勤務する人々、決死の救出活動を展開した消防隊とニューヨーク市警を含めて――を奪い去ったのである。アメリカ建国以来、米本土を襲った攻撃では最大の死者数を出す惨劇であった。翼のついたハイ・テクノロジーが、あまりに残虐な方法で、アメリカの経済と政治の中枢をめがけて降下・激突し、グローバル経済の象徴であったツインタワーが、白煙をあげて炎上し、多数の人々を飛び降り自殺に追いやり、もろく崩れ落ちた衝撃は測りしれない。国土の安全神話は打ち砕かれ、事件から約一週間、アメリカの航空ネットワークと金融システムはほぼ停止し、甚大な経済的損失が生じた。時の大統領ジョージ・ブッシュは、反イスラム感情とナショナリズムの高揚に乗じて、テロリストを匿い支援するアフガニスタンを「敵国」と見なし、「無限の正義」（後に「不朽の自由作戦」と名称を変更）

と称した報復作戦、アフガニスタン侵攻を開始した。それと時を合わせるようにして首謀者オサマ・ビンラディン（Osama bin Laden, 1957-2011）は衛星中継を通じて犯行声明を出し、アフガン空爆を開始したアメリカを「テロ国家」と断罪したうえで、九・一一事件がアメリカによるアラブ諸国への「テロ」に対する報復「テロ」であることを強調した。

なぜ自爆テロは起こったのか

九・一一事件の大きな要因は、アラブ諸国へのアメリカ軍の介入と拡張、それに対するアラブ諸国全体で共有された反発と怒りにあるだろう。イラクへの経済制裁、イラクの市民社会の破壊（五〇万人の子どもが死亡）、一九八二年のイスラエルによるレバノン侵攻（一万七五〇〇人の民間人の死亡）は、パレスチナ・イスラエル紛争の深刻化、アラブ諸国全体の政治的・経済的混乱を引き起こした。アメリカとその同盟国によるイスラエルへの対外軍事援助は、アメリカ政府が石油という経済資源の中・長期的確保を目論んだ事実上の経済投資であり、アラブの指導者やイスラム教徒の抑圧と迫害をもたらしたのである。アメリカ政府はテロを「政治的・宗教的・もしくは他の目的で、脅迫や恐怖を誘発するために、民間人に対して脅かしや暴力を行使する」行為と定義している。ならば、ノーム・チョムスキーが看破したように、国連安全保障理事会での戦闘中止と軍隊撤退という決議にアメリカが拒否権を行使して推し進められたレバノン侵攻とは、アラブ諸国にとってはアメリカが犯した「国際テロ」であり、九・一一事件とは、アメリカとその同盟国によるアラ

図2　ツインタワー倒壊後の遺体回収と瓦礫撤去

ブ諸国への「テロ」行為に対する報復「テロ」であったことになる（『Noam Chomsky』）。こうしたテロの連鎖の淵源が、イスラム世界の政治・経済領域へのアメリカの暴力的な干渉と侵出にある可能性は否定できない。

グローバリズムと富の不平等

世界貿易センタービルの崩壊とともに浮かび上がったのは、グローバルシステムでの先進国による周縁諸国の搾取である。グローバル化は、アメリカをはじめとする多くの先進国が位置する北半球と、経済不況や貧困に苦しむ多くの発展途上国が位置する南半球とのあいだの富の不平等を拡大させており、ハイジャック犯による激突は、ビンラディンやイスラム過激派だけでなく、無数の「南」の貧者たちの「北」の富者たちへの不満と怒りの所産でもあっただろう。しかし皮肉にも、「瓦礫の山となった廃墟には中南米やアジア、『中近東』からの移民労働者や『不法労働者』たちの屍も散乱」しており、ツインタワーの崩落は、「世界システムの周縁的存在が中枢のど真ん中にアンダークラスとして『侵出』し、彼らの存在なしには、中枢が機能しないような確固とした空間を占めつつある」事実を露出させたのである(1)。また、アフガニスタン侵攻により、メディアが明らかにしたのは、グローバル化する世界の外部で飢餓と貧困に苦しむ難民たちの姿であり、九・一一事件以前から存在していたグローバル資本主義による抑圧と迫害の実態を映し出したのである。

図3　ユニオン・スクエアに悲哀を刻印する人々

(1)　姜他『思考をひらく』岩波書店，2002年。
(2)　中山元『新しい戦争？9・11テロ事件と思想』冬弓舎，2002年。
(3)　デイヴィッド・ライアン『9・11以後の監視』田島泰彦監修・清水知子訳，明石書店，2004年。

監視体制と市民的自由の制限

九・一一事件の翌月、アメリカ政府はテロ再発防止のために、インターネットでの盗聴の認可や違法行為への規制を含んだ「対テロ法案」を二〇〇四年までの時限立法として法制化し、二〇〇五年七月に同法を恒久化した。また、空港ではX線検査、金属探知機、ボディチェックという保安措置が施され、二〇〇九年末の航空機爆破未遂事件を契機に翌年以降、全身透視スキャンが導入された。こうしたプライバシーを侵害し市民的自由を制限するセキュリティ強化は、九・一一事件に関与したテロリストのうち二名が国内で航空機操縦の訓練を受け一般社会で何年も暮らしていた事実に由来する。その事実は、他者に対する不安と恐れ、他者を「潜在的なテロリスト」とみなす視線を生み出し[2]、その結果、「排他的かつ立ち入った監視実践」が強化・拡張されたのである[3]。そうした監視は、二〇一一年五月のビンラディン殺害をもってしても緩和されることはない。むしろイスラム過激派からの新たな報復テロの予告を呼び込み、アメリカ社会はテロの脅威にたえず晒され他者への疑念と恐怖を増殖させている。事件発生から一〇年の節目にグラウンドゼロで犠牲者追悼式が開かれ、遺族の悲嘆と嗚咽にアメリカ人の多くが哀しみと怒りを新たにしたに違いないが、しかしそこに自国がテロの連鎖を引き起こしている可能性の認識と内省がどれほどあったのか。アメリカは今後、ただ自閉的に監視社会を徹底するのではなく、グローバル世界における第三諸国との関係のあり方を反省的に問い返し、「テロ」終焉の道を歩まなければならないだろう。

（竹内理矢）

40

ミリオネア――あるアメリカの神話

グローバル化時代のミリオネア神話

アップル・コンピュータの創設者スティーヴ・ジョブズの伝記がベストセラーとなり、フェイスブックの開発者マーク・ザッカーバーグの成功談が『ソーシャル・ネットワーク』（二〇一〇年）としてすかさず映画化されるなど、アメリカン・ドリームの神話はいまだ健在だ。グローバル化の時代に逆行するかのように、アメリカでは個人崇拝に基づくミリオネア神話が俗受けする物語として根強く残っているのである。

図1　ヴァンダービルト：「叩き上げの男」

「叩き上げの男」、またの名を「泥棒貴族」

このアメリカ特有の神話が形成されたのは、南北戦争後の一九世紀中頃、マーク・トウェインが「金ぴか時代（Gilded Age）」と命名した経済的な繁栄と道徳的な退廃の時期においてである。南北戦争後、従来の河川交通に代わって爆発的に発達した鉄道網に代表されるように、アメリカは経済大国に向けて大きな一歩を踏み出すことになる。そうした右肩上がりの経済状況のなか、鉄鋼・石炭・石油などの天然資源、あるいは金融・証券で巨万の富を築きあげる者たちが現れる。コーネリアス・ヴァンダービルト（Cornelius Vanderbilt, 1794-1877）、ジョン・D・ロックフェラー（John D. Rockefeller, 1839-1937）、アンドリュー・カーネギー、ジェイ・グー

図２　「ボロ着から富へ」：明日のミリオネア？

ルド（Jay Gould, 1836-92）、Ｊ・Ｐ・モーガン（J. P. Morgan, 1837-1913）ら、いまや伝説となったミリオネアたちである。

これらミリオネアたちは旧来の富裕層と区別して「新興成金（new rich）」と呼ばれ、そのほとんどが貧困から這い上がった「叩き上げの男（self-made man）」であった。「誠実・実直・公正」こそが成功の秘訣と説いたカーネギーのように、彼らはホレイショ・アルジャー・ジュニア（Horatio Alger, Jr., 1832-99）の立身出世物語を地で行く、まさしく「ボロ着から富へ（rags to riches）」のアメリカン・ドリームの体現者であったのだ。しかし、実際のところ、その成功は伝統的な倫理観とは対極にある原理、適者生存という社会進化論の掟に基づいていた。彼らは株価操作や価格競争といったマネー・ゲームに秀でた手腕を示し、乗っ取りや買収は日常茶飯事、競争相手を叩き潰すためなら手段を選ばない仁義なき戦いの勝者たちに他ならなかった。

それゆえに、新興成金たちは「叩き上げの男」として英雄視される一方で、ルール無用の「泥棒貴族（robber baron）」として社会的に糾弾されることになる。そして、資本主義の弊害が際立ってくるにつれて、大衆的な想像力のなかでミリオネアは道徳劇の悪玉よろしく戯画化され、その肥大化した悪のイメージは結果的に社会システム自体の欠陥を隠蔽する文化装置として機能するようになるのである。

華麗なる弱肉強食

成り上がり者や「泥棒貴族」といった負のイメージをカネの力で糊塗するかのご

図3　「悪の資本家」：ミリオネアの通俗イメージ

とく、多くの新興成金が過剰な消費を通して社交界の一角に食い込もうとした。ホテルを貸し切っての贅を尽くしたパーティーから見境のない美術品の収集、さらには国際結婚による貴族の血統の購入に至るまで、セレブの威光を求めて彼らはひたすら放蕩と浪費の限りを尽くす。

しかし、ミリオネアたちはたんに虚栄心を満たすためだけに、度外れた消費を繰り返したわけではなかった。『有閑階級の理論』（一八九九年）でソースティン・ヴェブレン（Thorstein Veblen, 1857-1929）が詳述したように、それは自らの社会的位置が要求する必要不可欠なパフォーマンスでもあったのだ。したがって、消費は限りなく有用性から離れ、できるだけ無駄に行われなければならない。なぜなら、無謀な消費が示唆するあり余る財力の顕示にこそ、その目的があったからだ。

このように逆説的ながら、ミリオネアにとって余暇と浪費は自らの社会的ステータスを維持するための「労働」であった。セレブの優雅な生活にすら、生き馬の目を抜く苛酷な競争原理が貫かれている。有閑階級の理論と弱肉強食の理論は対極な関係にあるどころか、まさしく表裏一体であったのである。

資本主義の神々の黄昏《たそがれ》

「金ぴか時代」が終焉し世紀転換期を迎えると、社会の二極化が進み、「ボロ着から富へ」の階層移動がますます困難となっていく。社会福音主義者のジョサイア・ストロング（Josiah Strong, 1847-1916）は、「危険なまでの富者と危険なまでの貧者」へと社会が分断されている事態に警鐘を鳴らし、アメリカの民主政治が資本

図4　有閑階級：余暇という「労働」

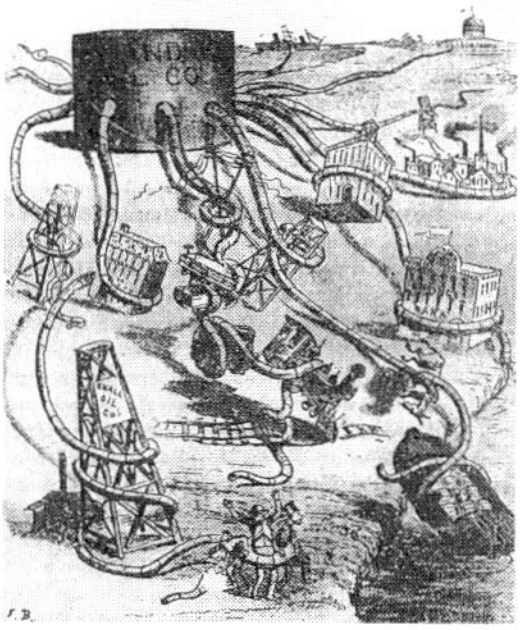

図5　トラスト：組織という怪物

家による寡頭政治へと変質していく危険性を指摘した。こうした社会不安に応えて、社会派ジャーナリストのアイダ・ターベル（Ida Tarbell, 1857-1944）はロックフェラーのスタンダード・オイルを告発したが、そこに読み取れるのはビッグ・ビジネスの独占のもとアルジャー流の立身出世物語が文字通り神話と化してしまった現状であった。アメリカン・ドリームの事実上の破綻である。

そして、夢が潰えると同時に、ミリオネアたち自身も過去の遺物、ヴェブレンが言うところの「先祖返り」と化していく。「叩き上げの男」に象徴される英雄的な個人の時代は終わり、F・W・テイラーの科学的管理法をその規範とする没個性的な組織化と効率化の時代へと移行していくのだ。しかも皮肉なことに、そのシナリオを用意したのは「叩き上げの男」たち自身であった。ロックフェラーは個人企業をトラストの中央管理システムへと吸収していき、ヘンリー・フォードは自立した職人を分業体制の歯車へと変えていった。

しかし、個人の時代が終焉したにもかかわらず、いや終焉したからこそ、寂寞とした現実を否認するかのように、偉人伝や告発本という形でミリオネアたちをめぐる言説が間断なく紡ぎ出されていく。そこで彼らはときに英雄として、ときに恐るべき怪物として、等身大以上に表象されていくことになるであろう。アメリカン・ドリームは語り続けなければ即座に消えてしまう泡沫《うたかた》の夢として、大衆的な想像力のなかでその生産を終了することがないのである。

（細谷　等）

独身文化——親密性の魅惑と脅威

独力で土地を切り拓きフロンティアを西へと拡大し富を獲得する夢、すなわち「アメリカン・ドリーム」の追求は、セルフ・メイド・マンという男らしさの理想を形成する一方で、アメリカ「独身文化」の起源と水脈でもある。ジョン・マッカーディによれば、新大陸開拓の初期に独身男性は、勇ましい独立精神の象徴として尊ばれ、植民地が発展するにつれて彼らに対する法的規制が施されたが、独立革命ではふたたびその独立精神に敬意が払われ、革命後は民主主義社会での市民権を獲得した。一七世紀と一八世紀を通して彼らは、戦地での勇敢さと名誉という男らしさを体現する一方で、近代化する社会のなかで自己中心的に扶養義務から逃れ社会的自由を謳歌する独善者として見なされた。その結果、既婚男性からは懐疑の眼を向けられたが、しかし同時に、嫉妬の対象でもあった。なぜなら、独立独行と多彩な恋愛という既婚男性の抑圧された欲望を実践していたからである。

そうした独身男性に対する秘かな憧憬は、一九世紀の作家ハーマン・メルヴィルにも引き継がれている。メルヴィルは妻との不和を投影しつつ、短篇二部作「独身男の楽園と乙女たちの地獄」（一八五五年）において、独身男の夜会に「兄弟同士の家族的な気楽さ」を見つつ、「余計な心配をせねばならない妻子がいない」独身男の「自由気まま」な生活に対する羨望を滲ませている。妻子への苦慮もなく男同士の親密な夜会を享楽する独身男性は、既婚男性を魅了し結婚生活に対する疑念を呼び起こしたのである。

しかし近代社会が、次世代生産を前提とする結婚制度を奨励し、異性愛を正常のセクシュアリティとして規範化する文化的言説を流布する以上、同性愛者は隔離すべき先天的な病人、独身者は家庭をもたず社会的役割を放棄した無責任者という烙印が押される。たとえば、二〇世紀初頭のマンハッタンで独身者の通う酒場と売春宿が取締りを受けた歴史的事実は、いかに独身男性が社会的秩序への脅威と見なされていたかを示すだろう。既婚男性にとって独身男性は、同性間の親密性を享受する魅惑的な存在でありながら、しかし最終的には自分たちとは切り離すべき他者であった。つまり、彼らを法的に取り締まることで、既婚男性は自らの規範的ジェンダーを公的に証明し、（異性愛）家族を築く正当性を強化していたのである。「独身文化」とは、家庭の拘束から逃れ同性間の社交と異性との豊かな交際に開かれた楽園である一方、そのような自由を揶揄・否定しときに法的に規制することで確立・強化される異性愛中心主義社会の逆説的な存在基盤でもあるだろう。（竹内理矢）

第6章

自然と風景

ベルギーの画像ルネ・マグリットの「田園への鍵」(1936年)。風景というものの表象性をメタレベルの瓦解を以て語る，逆説的風景画

「自然の国家」

歴史学者ペリー・ミラーは、アメリカ合衆国とは、「自然の国家（nature's nation）」であると定義した。自然を基盤とする国家という意味である。語源的には、英語の nature と nation はルーツを共有している。したがって、この二つの言葉の関係は、言葉の本来の意味では深い類縁性を抱えていることは間違いない。しかし、それにしても自然と国家が同致されるアメリカ合衆国とは何か。国家が自然を基盤とするとはいかなる意味なのか。

一般に、自然（nature）という言葉は、文化（culture）という言葉とのあいだに、本質的に対位的な関係を保持している。文化という概念を定義することは容易ではないが、自然という言葉と対照関係に置いたとき、もっとも鮮明にその意味を浮上させることができる。つまり、文化とは「自然ではないもの」、すなわち、人間の営みが産み出した「人為的な事柄の総体」だということである。そのように考えるとき、国家（nation）という概念は、語源的には自然（nature）との類縁性を内包しながらも、それが文化という概念に隣接するものであることも明らかであろう。ここに、ペリー・ミラーのいう「自然の国家（nature's nation）」という概念の提起するいささか複雑なねじれを感じとることができる。このようなねじれ、いいかえれば、自然と文化と国家が複雑に絡み合う文化圏としてのアメリカこそが、ヨーロッパ諸国の植民地から出発したアメリカの歴史的経緯をきわめて端的に物語る。対位的な概念が矛盾し合いながらもある種の同一性を抱え込む、パラドクシカルな事態がそこに進行したのである。

対ヨーロッパ意識

アメリカ合衆国は、いうまでもなく、かつてヨーロッパの植民地であった。そののち、一七七六年、すなわち一八世紀の後半に国家としての独立を果たすことになった。だが、国家としての独立が、そのままアメリカ固有の「文化的」独立を保証するものではなかった。独立からおよそ百年を経た一八七九年、小説家ヘンリー・ジェイムズは、アメリカ作家ナサニエル・ホーソーンを論じた『ホーソーン』という本のなかで、「いったい、アメリカには何があるか」という嘆声を上げている。「ヨーロッパ的な意味での国家などといえるような代物はなく、あるのは国名のみ」とジェイムズは続け、ヨーロッパにあってアメリカにないものを延々と列挙する。この種の「ないない尽くし」は、とりわけ一九世紀アメリカの知識人にとってはいわば常識に属していた。

と同時に、このような「あれもない、これもない」という嘆き節の根底には、アメリカの「文化的」独立への強い希求が働いていた。とりわけそれは、つねにヨーロッパとの対比のなかで語られる言説としてあり、いいかえれば、ヨーロッパからの「文化的」独立、延いては、アメリカ合衆国の本格的な自立を目指す声でもあった。ホーソーンの先輩格に当たるラルフ・W・エマソンが、その著『自然』（一八三六年）で鮮烈にデビューし、同時代の「若きアメリカ人たち」を鼓舞したのも、そのような歴史的コンテクストから理解できるだろう。かれは、その本の「序論」において、歴史や伝統に追従することをやめ、自然の声を聴けと説いた。真理は文化のなかにあるのではなく、その対極としての自然のなかにあることを指し示したのである。この論理は、あきらかにヨーロッパとの訣別を提起することになった。そのようにして、少なくとも理論的には、ヨーロッパに対する劣等感を脱し、アメリカ大陸の自然に基盤を置く文化の創造へと向かおうとするものであった。

「アメリカ風景論」の登場

自然に基盤を置く文化の創造——ここにも矛盾するものの統合という発想が切実な希求として示されている。まるでこのエマソンの発想に呼応するかのように、同じ一八三六年、アメリカ独自の風景画家集団（ハドソン・リヴァー派）の主導的存在となりつつあった画家トマス・コールが、そのエッセイ、「アメリカ風景論（“On American Scenery”）」において、アメリカの自然と文化をめぐる大きな転換点を示す発言をすることになる。ヨーロッパをつねに参照し続けることによって再生産され続けてきた「ないない尽くし」の嘆き節を反転するかのように、コールは、「アメリカにあって、ヨーロッパにないもの」は何かと問い直したのである。その答が「野生の自然（wildness）」にほかならなかった。それは人為が介入していない大自然としてのウィルダネスである。かくて、アメリカにおける自然をめぐるアイデアの歴史は、自然と文化と国家を統合的に把握しながら、アメリカ的風景の理念と実践にまで及ぶことになった。アメリカ合衆国の自然環境をめぐる思想が、現代の環境思想にも多大な貢献をしていることは周知のとおりである。

（野田研一）

41 ウィルダネス——迷路《メイズ》のなかへ

図１　ウィルダネスの風景（T. H. ベントン「イーグルクリークのルイス＆クラーク」（1968年）

純粋自然

『アメリカンヘリテージ辞典』は、ウィルダネス（wilderness）という語義の筆頭に、「ひとが住み着いていない（unsettled）、開発されていない（uncultivated）、自然状態のままの地域」という説明を施している。ウィルダネスとは、このように、人間の関与性、人為性が排除された「野生状態」の土地＝自然のことである。その意味では、ウィルダネスの語は、「野生性（wildness）」という語彙とのあいだに緊密な、不可分といえるつながりがある。ウィルダネスという英語は、英和辞典的には、「未開地、荒野、原野、原生地域」などという訳語が与えられている。環境系の用語としては「原生自然」と訳されることもある。重要なのは、これらの訳語の根底に人為が排除された場所だとする明確な認識が存在することである。

一九世紀、『メインの森』（一八六四年）という旅行記で、アメリカ北東部メイン州の広大な森林地帯を旅したヘンリー・D・ソローは、「純粋自然」との遭遇を語っている。「人間の住まない場所を想像することは難しい。われわれは、人間の存在と影響力はどこまでも及ぶものと考えがちだからだ。しかし、このように広大（vast）で荒涼（dreary）、そして非人間的（inhuman）な自然に接してはじめて、われわれは純粋自然（pure Nature）を見たといえるだろう。たとえそれが都市の真ん中であろうとも。ここにある自然は野蛮（savage）で畏怖すべき（awful）ものであ

図2　フレデリック・E. チャーチが描いたメインの森の象徴，カターディン山（1895年）

った。しかも美しい。」（傍点引用者）

ソローは「純粋自然」すなわちほんものの自然に出遭ったその衝撃の余波のなかで、その純粋性に注目している。その純粋性とは、人為的なものの一切が存在せず、人間も存在もせず、したがって人間の影響力も届かないそんな野生状態のことである。「非人間的」な自然という表現は、文字どおり、人間の関与性の画然たる境界を意識するソローの思念を物語る（ただし、インディアンは例外視している）。べつの個所でかれは、この「純粋自然」のことを、「原始の、飼い馴らされていない、永久に飼い馴らせない自然」だとも述べ、それは「母なる自然（Mother nature）」ならぬ「モノなる自然（Matter nature）」なのだとする斬新な認識を示してもいる。

ウィルダネスの思想

ソローの『メインの森』は、一九世紀後半に書かれた旅行記であるが、全編がウィルダネスへの旅だといってよいほど、しきりにウィルダネスに言及する。枚挙に暇がないが、「原始の森の入口」「暗い未踏のウィルダネス」「まったく人のいないウィルダネス」といった具合である。ここには、人間が関与しない純粋な自然状態を新しい価値として提起しようとする、その後のアメリカ環境思想をかたちづくった強力な思想がある。

歴史学者ロデリック・F・ナッシュは、ウィルダネス思想にアメリカ文化の本質を見出し、その著書『ウィルダネスとアメリカ精神』（一九六七年初版）によって現代の環境歴史学の展開に大きな功績を残したが、この本が長年にわたり読み継がれ、

図３　ロデリック・ナッシュ『ウィルダネスとアメリカ精神』の表紙

図４　書斎のエドワード・アビー（1984年撮影）

現在四版目を重ねているという事実にも、ウィルダネスという観念の重要性が見てとれよう。一九八八年に世に出たエッセイ「なぜウィルダネスか?」において、ナッシュは、「なぜ私たちはウィルダネスを愛するのか」という問いに対して七つの理由を提示している――①科学的価値　②精神的価値　③美的価値　④遺産価値　⑤心理的価値　⑥文化的価値　⑦固有の価値（脱人間中心主義的価値）。

ナッシュの研究が世に出たのと同時期の一九六八年、ネイチャーライター、エドワード・アビー（Edward Abbey, 1927-89）は、『砂の楽園』という二〇世紀を代表するネイチャーライティング作品において、このようなウィルダネス志向の二〇世紀ヴァージョンを展開してみせる。場所は、著者がレインジャーとして勤務するユタ州アーチズ国立公園の南側に隣接するキャニオンランズ国立公園。そこにメイズ（The Maze）という地域がある。文字どおり自然の「メイズ＝迷路」を名指す命名である（ちなみに、アビーのこの作品における全体的なモチーフも、自然の迷路性の表象にある）。現在でも、アメリカ合衆国内でもっとも立ち入りが危険な地域とされている苛酷な自然条件の場所である。

アビーは、友人と二人、この苛酷きわまりないメイズ行を敢行する。「屈曲する土埃の道」をランドローヴァーで進み、標高二〇〇〇メートルほどの高地に達したかと思えば、今度は急激に下る険しいデザート・トレイルである。そして、「砂漠の隔離感、異界性、異質性」のただなかに、つまりメイズ＝迷路に達する。そこは、「無（nothing）以外には何もない」世界、「屋根をはぎ取られた迷宮」である。

翌日、二人はメイズ探検を続行する。そして、その終わりに、かつてこの地域で

図５　アーチズ国立公園：ダブルアーチの景観

暮らしていたインディアンが残した岩面彫刻に遭遇する。前述したソローの「純粋自然」の概念にぴったり呼応するかのように、そこは「人間の住まない場所」、あるいは「住めない」場所であり、そこで暮らせるのはインディアンだけだとアビーは語る。まぎれもない、真性のウィルダネス。しかも、このメイズ行を終えたのちも、その「ほんの一部」、そのわずか「一パーセント」を知りえたのみだという。それは、アメリカにまだ未踏の地としてのウィルダネスが存在するという確信もしくは希望の表明なのだ。

二〇世紀後半の一九六〇年代に、エドワード・アビーが、アメリカ南西部の砂漠地帯に「迷路」を見出すというこのエピソードには、何よりも雄弁に、人間的な秩序の及ばない空間としてのウィルダネスへの強烈な願望が映し出されているといえよう。「迷路」性こそは、人間的な秩序に囲い込まれることのない自然の他者性を明示する。時代錯誤的であることを厭うこともなく、このような自然の他者性を探求する姿勢に、始源のアメリカをいまだに希求するアメリカならではの伝統が息づいている。このメイズ行の章タイトルは「テラ・インコグニタ――メイズの中へ」（"Terra Incognita: Into the Maze"）である。かつて、「テラ・インコグニタ」が、ヨーロッパにとってのアメリカを指したこと、そして、現在、アメリカ合衆国におけるウィルダネス・エリアは全国土のほんの二―三％にすぎないという事実を思い起こしておきたい。

（野田研一）

42

国立公園——自然観の変遷を映し出す

風景の発見と消費

国立公園発祥の地がアメリカ合衆国であることは意外と知られていない。国立公園といえば雄大な大自然が連想されるが、そのような風景は、アメリカ合衆国よりも、たとえばスイスアルプスと結びつけられることが少なくないのではないか。そして、まさにこのアメリカの自然とヨーロッパの風景をつなぐ連想の経路が、アメリカの国立公園誕生の背景に存在したのである。

国立公園構想は風景の発見なくしてはありえなかった。東から西へと領土拡張と人の移動が進むにつれ、西部の大自然は、開拓の対象となる一方で、フロンティア精神や未来指向を象徴するアメリカ的価値観の源泉とみなされるようになった。以来、西部に代表される大自然は、過去の伝統を重んじる旧世界とは異なる新世界アメリカ独自の価値を秘めたアメリカなるものを具現する風景、という新たな意味をもつようになった。

フロンティアの終焉宣言（国勢調査局、一八九〇年）を予見するかのように、国家的風景としての原生自然《ウィルダネス》の保存を目指す動きが生じ、一八七二年にイエローストーン国立公園が設置された。ワイオミング、モンタナ、アイダホの各州にまたがるこの全米最初の——したがって世界初の——国立公園は、敷地が直線で区切られており、アメリカ合衆国の多くの州境と同様に、あたかも机上の図面に定規をあてて線

図１　イエローストーン国立公園の境界線

図2　グレーシャー国立公園のウェイトレス。アルプスのイメージそのもの

が引かれたかのようである。このことから、国立公園はそもそも生態系保護のために設置されたのではないということがわかる。あくまでもアメリカ国家を象徴する記念碑的景観の保護を目的としていたのであり、したがって、鉱業や農業における利用価値がないと同時に雄大な景観を有している場所が、公園候補地に選ばれたのであった。

アメリカ的価値の源泉

ヨーロッパの旧世界とは異なる、アメリカを象徴する風景としての国立公園。しかし、このアメリカの風景に向けられたまなざしは、けっして旧世界的価値観から自由ではなかった。事態はむしろ逆で、アメリカなるものの希求はヨーロッパに対する意識のもとでこそ深められたのである。

アメリカ的心性にとって、旧世界は単純に抵抗の対象だったわけではなく、憧れでもあったのだ。初期の国立公園の広告をみると、スイスアルプスを連想させる仕掛けが臆面もなく用いられていたりするが、そこには次のことが示唆されている。それは、ヨーロッパとの違いを強調することで国立公園の風景をアメリカの国家的イコンに仕立てようとした文化的心性が、皮肉なことに、ヨーロッパとの類似性を前面に出すことによってアメリカ的価値の向上を狙っていた、ということだ。

ここで留意したいのは、アメリカ的価値とかアメリカ的風景というときのアメリカとは、独立後の合衆国社会の主流を構成していたＷＡＳＰ（白人アングロサクソン系プロテスタント）のアメリカであったということだ。ＷＡＳＰ以外の移民、先住民、

図3　アメリカ国立公園年間パスのリーフレット

黒人にとって、国立公園はけっして肯定的な価値をもつ場所ではなかった。たとえば、先住民のなかには、もともと住んでいた土地が公園指定を受けて人の居住が認められなくなり、立ち退きを強いられた部族もいた。また、そもそも都市からかなり離れた国立公園へ出かけて大自然を満喫できるのは金銭と時間に余裕のある人々に限られていた、という事実を考えあわせると、国立公園というトポスには、アメリカ社会の人種や階層をめぐる問題が映し出されていたといえる。

自然観の変遷

アメリカの国立公園の歴史には転換期がいくつかあった。その一つは、国立公園の父と呼ばれるジョン・ミューア（John Muir, 1838-1914）の活動とかかわりをもつ。ミューアは、雑誌への寄稿やシエラクラブの設立をとおして、人間にとって有用か否かではなく、自然の内在的価値に重きをおく自然観の普及につとめた人物である。カリフォルニア州東部を縦貫するシエラネヴァダ山脈をこよなく愛したミューアは、イエローストーン国立公園に先駆けて州立公園に指定されていたヨセミテが、生態学的にみてずさんな管理におかれていることを問題視し、風景の保護ではなく生態系保護を目的とする国立公園構想を打ち出した。しかし、ミューアのヴィジョンは時代の先を行き過ぎていたようである。敷地を拡大して再構想されたヨセミテ国立公園は、最終的には、低地の使える部分が敷地から外される結果となった。

アラスカの土地利用をめぐって激論が交わされた二〇世紀後半にも、国立公園の根本的再考が促された。それまで国立公園では基本的に公園内における人の居住は

図4　アーチズ国立公園（North Window and South Window）

認められていなかった（もっとも、一八三二年に国立公園の最初の提唱者といわれる画家ジョージ・キャトリン（George Catlin, 1796-1872）が示した公園の構想では、先住民と野生生物が共存する風景がイメージされていた。むろん、そこに先住民を自然の一部とみなす当時のロマン主義的見方が介在していたことは否めない）。しかし、アラスカの公園候補地にはもともと先住民が暮らしており、先住民に立ち退きを迫ることは彼らの文化の消滅を意味した。アラスカの国立公園をめぐる動きを契機に、ウィルダネスの保護ばかりではなく、先住民の土地利用と環境保護との関係にも関心が向けられ、自然との関係のなかで醸成され受け継がれる暮らしの流儀や知恵が自然保護に果たす役割が認識されるようになったことは、国立公園史における大きな変化であった。

開発と保護のあいだで

一九六四年に制定された原生自然保護法《ウィルダネスアクト》により、ウィルダネスは原則的に大規模な開発から護られている。しかし、原則は社会状況に左右されやすいものだ。しかも、国立公園内にウィルダネス地域が指定されるケースは、比較的小規模の公園に限られており、ヨセミテやグランドキャニオンといった主要な公園はその限りではない。また、二〇〇一年九月の同時多発テロ以降、原油自給率の向上を旗印に、アラスカの野生生物保護区内での原油採掘を求める声がにわかに大きくなっている。このように、国立公園はその誕生以来ずっと、自然開発と自然保護の抗争と交渉が鮮明に映し出される場であり続けているのだ。

（結城正美）

43

生態地域主義《バイオリージョナリズム》——「アメリカ」を再編する

図1　スナイダーの家，キットキットディジー。バイオリージョナルな建築様式のモデル

定義

“bioregion”は、「生」「生物」を意味する英語の接頭辞の“bio-”と、「地域」「地方」を意味する“region”が結びついて生まれた言葉である。『ランダムハウス英語辞典』（第二版、一九八七年）は、生態地域主義（bioregionalism）を「自然のままにエコロジカルなコミュニティを構成する場所や地域」としている。これは、一九七〇年代後半あたりから、ピューリツァ賞を受賞した詩人のゲーリー・スナイダーのインタビューなどで使われ始めている言葉である。スナイダーや北カリフォルニアの環境思想家として知られるピーター・バーグは、生態地域主義の雄弁な提唱者として知られる。

新しい文化運動

生態地域主義は、政治的に分割されくくられた「地域」や「地方」ではなく、生態系を基礎にして境界を定められた地域、すなわち草や川や樹木などによって分割されくくられる生態地域（バイオリージョン）を生活の中心に据えることを提唱する。しかしながら、これは緻密に組み立てられた思想体系というよりは、自然観、生命観、政治的思想などをその主要な要素として包含する、新しい文化運動というべきものであろう。また、これはみずからが選択した生態地域にコミットしながら、人

図2　『亀の島』の表紙

間と自然の関係、あるいは人間と場所について考えながら新しい生き方を追求しようとする思想であるといってもよい。文学的リージョナリズムが、特定の地方や地域の人間の生活習慣や意識に焦点を合わせながら普遍を目指すものであったとするならば、生態地域主義は生態地域と人間の関係に深い関心を抱き、その関係のうちに生起するさまざまな新しい意味に関心を寄せる思想であるといってよい。

　スナイダーのエッセイやインタビューを見ると、すでに一九七〇年代初頭には「地域主義（regionalism）」や「生態地理学（biogeography）」などの言葉が使われている。しかしながら、生態地域主義が用語として定着してくるのは一九七〇年代後半のことである。スナイダーは、ピューリッツァ賞を受賞した『亀の島《タートルアイランド》』（一九七四年）を生態地域主義的な考え方が表出された最初の文学作品であると述べ、とくにその「序文」にその基本的な思想が表明されていると主張する。

アメリカを再編する

　この序文の前半は標題の「亀の島」がアメリカ先住民の創世神話に基づくものであることを説明する。スナイダーはアメリカ先住民文化に関する研究を深め、その政治運動の指導者たちと接触をし、北「アメリカ」大陸に代わる「亀の島」という言葉を学んだのであるが、一九七〇年ごろまでには、すでにこの「古くて新しい名前」のもつ詩的・思想的な可能性について思索を深めていたものと思われる。

　この序文に示されているものは、北米大陸の再編方法である。アメリカ合衆国とその州や郡は、根拠に乏しい不正確な方法で大陸を分割しているとスナイダーは指

図3　キットキットディジーのソーラーパネル。生態地域主義のディセントラリズムを示唆する

摘する。この視点には生態地域主義のもつ政治性が暗示されている。すなわち、北アメリカ大陸を自然の境界線にしたがって分割し、大陸を生態地域を基礎として再編することで国家内部の政治的境界を拒否し、それに代えて自立した生態地域をつらねることで国境を消滅させようとする考え方である。

さらにいえば、生態系にしたがって誕生した新しい生態地域には新しい名称が考案される。たとえば、「北カリフォルニア」の代わりに、サクラメント川の水源であり、オレゴン州に近い州境にそびえるシャスタ山にちなんで「シャスタ・バイオリージョン」なる名称が提案されたりする。また、スナイダーは、生態地域にしたがって北カリフォルニアの郡を再分割・統合することも提案する。このようなディセントラリズムが、近代文明の有する中央集権化（セントラリゼーション）に対する強い批判から出発していることはいうまでもないことである。

生態地域主義の自然観と人間観

スナイダーは、しばしば「われわれはどこにいるのか」という問いを発する。これは食物連鎖のなかでの自らの位置を問うものである。スナイダーにとって、人間は生態系の相互依存の網の目のなかで生きる存在なのである。

環境思想としての生態地域主義はこのような自然観・人間観をもつが、それは自らの住む場所を発見し、そこに住み、その場所に対する責任を担うことを要求する。このような考え方の背景には、明らかに伝統的なアメリカ人の生き方に対する批判がある。スナイダーは、アメリカの「非先住民」の大半は都市から都市へと移動し

図4　スナイダーの自宅の梁に打ち込まれているもので，家の名称 Kitkitdizze と「亀の島」を示す亀のデザインがある

て行く「ルーツレス」な人々であり、未だに「移民的な無意識」から自由になり得ていないと述べ、「非先住民のアメリカ人たちがこの大陸をほんとうに知るためにはこの大陸で生まれ変わらなければならない」と言葉をつなぐ。

新しい「独立宣言」

生態地域主義は、アメリカ人に場所を有する人間に「生まれ変わること」を提案する。また、それに伴って大陸の名称も再考されなくてはならない。すなわち、「アメリカ」は、この大陸に足を踏み入れたことさえない「異邦人」（＝アメリゴ・ヴェスプッチ）にちなんでヨーロッパ人が考案した名前であり、「亀の島」というアメリカ先住民の創世神話に基づいた名前を受け入れることは、ヨーロッパからの精神的な独立を意味する。すなわち、一七七六年の独立宣言がイギリスの封建制からの独立を宣言し、一八三七年のエマソンの「アメリカの学者《アメリカン・スカラー》」がニューイングランドのトランセンデンタリストによるアメリカのヨーロッパからの知的・文化的独立宣言であったとするならば、一九七四年の『亀の島』の序文は、二〇世紀の「亀の島」の生態地域主義者によるヨーロッパからの心理的・文化的独立宣言であり、生態地域のアメリカ合衆国からの自立を宣言するものであった。生態地域主義は西海岸を中心とした運動である。しかし、この思想が、アメリカ人に自然と人間の境界の意味、あるいはエコロジカルな視点から「アメリカ」の再定義を提起したことはまちがいないことであろう。

（山里勝己）

44

動物——「馬」と西部開拓

図1　バイソンの群れ

バイソンと白人——虐殺から保護まで

白人によるアメリカ大陸入植は、先住民族に対する侵略だけでなく、動物の虐殺の始まりでもあった。新大陸での動物（バイソン、リョコウバト、オオカミなど）の衰退あるいは滅亡の背景に、白人の西部開拓が深く関わっている。藤原英司が明らかにするように、たとえばバイソンは、白人入植前の最盛期にはおよそ約六〇〇〇万頭から七〇〇〇万頭いたと推測され、アメリカ大陸にひろく生息していた。アメリカ先住民族にとって、バイソンは食生活に欠かせない動物であり、その皮を円錐形の住居ティーピーのテントにも使ってはいたが、バイソンの生態系を乱すことなく共生していた。バイソンが減少の一途をたどったのは、一八世紀から始まった白人の西部開拓以後であり、とくに一八六九年の大陸横断鉄道の開通により、その殺戮の勢いはいっそう加速した。先住民族殲滅のためにバイソン殺戮を奨励する言説さえ出現し、一九〇〇年には総頭数は三〇〇以下にまで激減したのである。だが、二〇世紀に入ると国営の動物保護区組織が設立され、バイソンの保護活動も始まった。一九〇五年、オクラホマ州にバイソン保護地域が作られ、同年、アメリカ・バイソン協会も設立され、そうしてバイソンの保護活動が活発になった結果、今日では絶滅の危機から脱している。(1)

(1) 藤原英司『アメリカの動物滅亡史』朝日選書，1976年。
(2) 山野浩一『サラブレットの誕生』朝日選書，1990年。

図2　砂塵を巻き上げ疾走する駅馬車

幌馬車と「アメリカの夢」——映画『駅馬車』を通して

アメリカの開拓はバイソン殺戮と先住民の虐殺という暗い歴史を有するが、そこで重要な役割を果たした動物は「馬」である。アメリカの野生馬の祖先エクウスは、新生代第四期の沖積世におそらく気候の寒冷化により絶滅したため、西部開拓は一六世紀以降にヨーロッパ人がもち込んだ馬とともに進展した。開拓者のなかには、馬に乗り西へ西へと「文明」を押しひろげてゆく者もいれば、幌馬車を駆ってアメリカ西部を旅行する者もいた。山野浩一によれば、アメリカで約四〇〇メートルという短距離戦「クォーターホース競馬」が盛んになったのは、カウボーイが牛や羊の群れを追う際にその距離を全速力で疾駆できる馬を必要としたからであり、芝ではなくダートコースを中心にアメリカ競馬が発展した背景には、荒れた砂の大地でも走れる馬の生産と育成という実用的問題があった。(2)

　それはともかく、馬による西部への移動や旅には、莫大な労力と膨大な時間を要し、また身の危険も伴っていた。ミズーリ州から幌馬車でサンフランシスコにいくには五カ月かかり、また途中で（白人の侵略を阻止せんとする）先住民族の襲撃に遭う危険性も高かったのである。そのような命がけの長旅の様子は、西部劇映画の金字塔『駅馬車』（一九三九年）で描かれている。きわめてステレオタイプな先住民族表象が問題視される映画ではあるものの、リンゴ・キッドに扮するジョン・ウェインがアパッチ族の襲撃に遭った際、全速力で疾走する馬車の屋根に上がって銃で応戦し、御者が腕を撃たれるや、先頭馬まで飛び移り手綱を操る場面は圧巻である。注意したいことは、このスリリングな場面の主役が、ある意味ではウェインではな

図３　ダービーでのキャリーバックの追い込み劇

く馬である点である。実際、西部劇映画が「ホース・オペラ」という別称をもつのは、馬が作品全体にわたって登場し、人間関係の構築・もつれ・破綻など、馬が介在してはじめてそうしたプロットが成立し発展するからである。『駅馬車』もまた、幌馬車を舞台にして複数の人生の交差とそこに生起する人間の心の機微を描いている。父と兄弟の敵討ちを果たしたリンゴは、ラストシーンで、旅の道中に幌馬車で出会い結婚を申し込んだ娼婦ダラスとともに馬車で新たな旅路へと出発するが、忘れてはならないのは、眼前に広がる広大な大地に人生の再生を託す二人の男女の見果てぬ夢を運ぶのが、ひたむきに大平原を疾走する二頭の馬であるという点である。

ただし、駅馬車産業は一八七〇年の大陸横断鉄道の営業開始以降、衰退の一途をたどった。人々はもはや西部旅行に時間をかけ危険をおかしてまで馬車を利用する必要がなくなったのである。さらに二〇世紀初頭のフォード車の普及により、馬は人々の移動手段として利用されることはほぼなくなった。現在、馬を見かけるのは、アーミッシュの生活地域を除けば、観光地の馬車ツアー、牧場や競馬場、アニマル・セラピーの現場にほぼ限定されている。とはいえ、アメリカ人の心から馬が消えたわけではない。心の奥底にウェスタンを通してアメリカの大地を躍動する馬の姿が刻印されている。「アメリカの夢」を乗せて走る幌馬車に、古き良きアメリカへの郷愁を感じつつ、それと同時に、現在の自己の人生を重ね合わせ未来への夢をも思い描くことができるからこそ、西部劇はいまだ根強い人気を誇っているのである。

図４　アリゾナを横断する駅馬車と護衛隊

馬との交流と祖父への敬意――小説『赤い子馬』を通して

フロンティア・ラインが消滅した後の、人間と馬の関係を情緒豊かに描いた文学作品は、ジョン・スタインベックの『赤い子馬』（一九三七年）である。その最終章「開拓者のリーダー」において、幌馬車の一隊の先頭に立ち大平原を横切り西海岸まで導いた過去を自負する老人がその過去の物語を家族に繰り返し語るとき、娘の夫はその反復を煙たがり不満を漏らすものの、孫のジョディだけは栄光と喪失の混在する祖父の話――「西へ向かって進んだことは、神さまと同じほど偉大なことだった」、「もう行く場所はどこにもない。……、西へ進む精神が人々の中から消えてなくなってしまったのだ」――に耳を傾け共感を寄せる。この共感の源泉は、少年が日常のなかで馬と交流し心を震わせてきた体験にある。少年は父親に赤い子馬の世話を任せられるが、自らの不注意もあって子馬は腺疫にかかり、治療の甲斐なく命を落としてしまう。そのとき少年は、子馬に対する愛情と切なさを感じると同時に、救えなかった自己の無力さに対する憤りとやり切れなさに襲われる。語り手がいうように、「何千年何万年という長い年月を通じて子どもたちは、歩兵が騎兵に対して懐いてきた昔からの称讃の念を受け継いでいる」のであり、そうして受け継がれた「称讃の念」は、自分の未熟さと対照的に幌馬車の一隊を先導し西部開拓を果たした祖父に対するどこまでも深い敬意と憧憬を呼び起こし続けるのである。『赤い子馬』は、アメリカ児童文学を代表する作品の一つであり、西部開拓の興亡の歴史は、馬の躍動と消失というノスタルジックな記憶とともに、現代のアメリカ大衆の心に息づいているのである。

（竹内理矢）

45

都市――そのダイナミズムをみつめて

人々の集まる場所

都市は、人々を呼び集める人工空間である。イギリス出身のミュージシャン、スティングは「イングリッシュマン・イン・ニューヨーク」（一九八七年）で、ニューヨークに異邦人として暮らす孤独を歌っている。とはいえ、この「合法的異邦人」は自国のスタイルをつらぬいてそこにとどまる暮らしを歌うのだから、やはり、この巨大都市のなにかにひきつけられてもいるのだろう。ニューヨークは国境を超えて世界の人々をひき寄せる、世界都市である。このことは九・一一の悲劇を振り返ってもわかるだろう。その犠牲者はアメリカ人のみならず、さまざまな国籍と文化的背景をもつ人々だったのである。九・一一が逆説的に明らかにしたのは、ボーダレスな磁力を放つアメリカの巨大都市ニューヨークが、何かを求めてたえず流入してくる多様な人々によって、いまも支えられているということである。

ニューヨークは、そもそも移民国家アメリカの歴史を内にかかえこんで発展してきた。アメリカにおいて都市の成立・発展と労働力となる人々の流入とは、切り離しがたく進行したのである。アメリカの都市化は一九世紀後半から急速に進んだ。まず南北戦争で勝利した北部を中心に工業化が進み、新移民（建国時の移民と区別してこう呼ばれる）や黒人などを労働力として集めて都市が形成された。都市人口が農村人口を上回ったのは、一九二〇年代のことである。

図2　スティーグリッツ「野心の都市」(1910年)

図1　ハイン「若いロシア系ユダヤ女性」

新天地の夢の場所

新移民にとって、アメリカは、自由と機会にみちた新天地であり、多くの場合は真っ先に自分たちを迎え入れる都市を意味した。社会改良主義者ルイス・ハイン(Lewis Wickes Hine, 1874-1940)は二〇世紀初頭、期待と不安をないまぜにしてエリス島で入国審査を待つ、ヨーロッパからの新移民を写真に収めた。

農業から工業への産業構造の転換により発展し始めた都市は、新移民に加え、国内的には南部の黒人を中心に労働力を集めた。奴隷解放後も南部に巣食う差別と貧困の構造に苦しんできた彼らにとっても、都市は新天地だったのである。

新天地にふさわしく、多様な文化的背景をもつ人々が流入してくるために、都市は活気と刺激に満ちた開放性をもつようになった。セオドア・ドライサー(Theodore Herman Albert Dreiser, 1871-1945)は小説『シスター・キャリー』(一九〇〇年)で、中西部の田舎から大都会シカゴを目指す女性にとって、都市は富や華やかな消費生活の夢を見させる、希望あふれる場所であることを描いた。また、都市とは増殖と解体がくりかえされ変貌を続ける新たな生命体のようであり、その景観自体も多くの人々の目を奪った。一九世紀末から都市に広がり始めた摩天楼の人工性あらわな景観は、写真家のアルフレッド・スティーグリッツ(Alfred Stieglitz, 1864-1946)、画家ジョージア・オキーフ(Georgia O'Keeffe, 1887-1986)らをひきつけ、その現実と幻想のいりまじるような作品は、新たな都市像を補強するものとなった。ベレニス・アボット(Berenice Abbott, 1898-1991)の写真集『変わりゆくニューヨーク』(一九三九年)は、三〇年代にも変貌を続ける都市の姿を繊細に伝える、重

図3　オキーフ「月夜のニューヨーク」（1928年）

図4　ウィージー「共同住宅の塔屋」（1940年頃）

要な資料であり芸術である。

挫折する夢の場所――都市の暗部

だが、都市は真逆の相貌をもあわせもつ。フォトジャーナリストのジェイコブ・リースは早くも一八九〇年の著書『世界のもう半分はいかに生きているか――ニューヨークの貧民窟の調査』でスラム街の内側を取材し、都市の矛盾を鋭利に描出した。緊密な人間関係などのセーフティネットを欠如した都市で、移民らは劣悪な暮らしに陥る危険に向かいあっていた。根強い差別と貧困の続く南部を逃れ、北部や西部の都市部へ移住した黒人たちにとっては、都市は新たな形式の差別的空間だった。彼らは移住後、人種隔離居住区であるゲットーに暮らすことを余儀なくされた。都市は多様な人々を包摂するとともに、人々を貧富や階級、人種の違いで分断する閉鎖性を帯びていた。

さらに都市には犯罪や暴力がつきものである。写真家ウィージー（Weegee, 本名Arthur Fellig, 1899-1968）は写真集『裸の街』（一九四五年）で、都市の暗部を描き出した。一九四〇年代ニューヨークの場末の夜のけんかや街路に横たわる流血死体など、その扇情的なイメージはタブロイド紙の恰好の素材となった。都市の歓楽地区は酒や麻薬、売春などの危険に満ちた場所でもあるが、しかし、そこから始まる表現者の活動もある。一九世紀末頃、ニューオリンズの歓楽街で演奏された黒人の音楽から発展したジャズは、シカゴ、ニューヨークと新たな都市へと伝わって発展し、ビリー・ホリデイ（Billie Holiday, 1915-59）らの優れたシンガーを輩出した。隔離

図5　デイヴィッドソン『東100番街』の表紙

される都市の黒人にとって、ジャズは娯楽と慰めとなった。

流動する都市

第二次世界大戦を機に政治や経済、文化の中心がアメリカへとシフトしたことに呼応して、アメリカはさまざまな力で、世界の人々を引き寄せた。国内では〈準都市＝郊外〉の建設が進んだが、それは白人中産階級の排他的ブルジョア・ユートピアという限界をもった。結局、貧富や人種の境界は、都市でもその周辺部の郊外でも、消失するどころか強化された。とくに一九五〇年代以降、都市問題は人種問題の様相を濃くし、郊外への人口流出に伴い都市内部が衰退し環境悪化する、インナー・シティ問題も深刻化する。ジョン・ケネス・ガルブレイスが『豊かな社会』（一九五八年）で見通したように、大戦後の圧倒的な繁栄を享受していた輝かしい五〇年代のアメリカでも、貧困や不平等の問題は都市で新たな形で進行していた。

だが、都市の開放性の裏にある閉鎖性、自由と繁栄の外観に隠された抑圧に風穴を開ける試みや感性の表現がなされ、それに共感を寄せる人々もいた。写真家ブルース・デイヴィッドソン（Bruce Davidson, 1933- ）は、共に都市に生きる存在としてニューヨークのハーレムに暮らす黒人の生活をとらえ（写真集『東一〇〇番街』（一九七〇年））、画家ジャン＝ミシェル・バスキアは、スラム街の壁やマンハッタンの建築物、地下鉄にスプレーペインティングをして都市内部の境界を横断し、アート界に新風を起こした。

（日高　優）

46

風景——生きられる風景

図1　ヴェンダース『西部で書かれた』より（ヴェンダースの以下の写真集より。〈安眠〉，モハーベ（カリフォルニア）にて撮影）

アメリカ的風景

アメリカ的な風景とはどのような風景だろうか。グランド・キャニオンの雄大な景観やニューヨークの摩天楼、あるいはヴィム・ヴェンダース（Wim Wenders, 1945- ）のロード・ムーヴィのような、車窓から流れ去って行く風景を思い起こす人もいるかもしれない。ともかくも、私たちは何がしかの風景を思い描くことができるだろう。多くの場合、こうした風景は写真や映画、文学などさまざまなメディアが描く、表現の蓄積を通じて形づくられる。直接アメリカを訪れた人には、自己の経験がこれに加わる。

ところで、そもそも風景とは何か。風景とは人間主体概念の誕生と相まって近代に誕生した概念であり、視覚像に結ばれて——歴史的にはまず絵画を通して——発見された概念とされている。風景はまず、人間主体が見る対象、客体として、つまりそれを見る人間とは切り離され、人間とは異なる原理にある存在として〈発見〉され、描かれたのである。だから、とくに絵画や写真といった視覚像に風景がどのように描かれてきたかを探ることで、風景をよく理解することができる。

特権的な西部のウィルダネス

アメリカ初の風景画運動は、主にアメリカ東部地域を描いたハドソンリヴァー派

図2　ジャクソン「滝の峡谷」（1890年頃）

（Hudson River School）の活動により、一九世紀半ばを中心に展開した。フレデリック・エドウィン・チャーチ（Frederic Edwin Church, 1826-1900）の「ナイアガラ瀑布」（一八五七年）のように、巧みな光の表現、精密描写されるアメリカの風景の壮大さと迫力とが、人々に賞賛された。だが、広大な国土にふさわしい、人間のスケールを超える壮大なアメリカ的風景は、未開の西部にこそあった。西への領土拡大という国家的要請の力学と共振するように、やがて画家は西へと向かう。こうして国家建設の神話をまとい、西部が特権的なアメリカ的風景の場として析出されてくる。

　西部のウィルダネスはまさに人間とは異質な原理にあり、それを切り拓く人間の行く手を阻んだ。一八六〇年代から開始される公式の四つの西部踏査隊には記録係として画家に加え、一八三九年に誕生が宣言されたばかりの新しいメディアの使い手、写真家も随行した。写真は未知の風景の実在を証明するとともに、肉眼を超えた精緻な描写性で人間を寄せつけないその風景に威光をまとわせ、まだ写真を見慣れない多くの人々を圧倒した。随行写真家にはティモシー・オサリヴァン（Timothy H. O'Sullivan, 1840?-82）らがおり、ウィリアム・ヘンリー・ジャクソン（William Henry Jackson, 1843-1942）によるイエローストーンの写真は、議会に資料として提出され、同地を初の国立公園に認定するのに威力を発揮したとされる。アメリカ風景表現の系譜において、写真メディアは重要な位置を獲得した。

　高名な写真家アンセル・アダムス（Ansel Adams, 1902-84）の作品は、時代を超える西部風景の重要性を示している。ヨセミテのハーフドームなどすでに国立公園に囲い込まれた風景が、写真のなかでは西部開拓時代をほうふつさせるような、始原

図3　R. アダムス『新たなる西部《ザ・ニュー・ウェスト》』の表紙

の輝きを放っている。だが、彼の風景が広く愛された背景には、人間が自己本位に自然を破壊し、アメリカ的精神の基盤であるウィルダネスを深く傷つけた現実があった。

拡張する風景

要するに、人間を阻む手つかずの自然という風景観は、現実に見合わないものとなった。この事態に応答するように、アメリカで風景の指し示す内容は次第に拡張していく。第二次世界大戦後、都市環境の悪化に伴い自然が開発され郊外建設が進み、そこでは自然と人工物とが不可分になって、一つの風景を織り成し、広がっていった。モータリゼーションの進展は、緩く流れる車窓風景の感覚を生んだ。

郊外の風景が人々になじみ深いものとなった一九六〇年代半ば過ぎ、このような新しい風景の価値を発見した「社会的風景（social landscape）」の写真家たちが登場した。さらに写真家ロバート・アダムス（Robert Adams, 1937- ）は七四年、作品集『新たなる西部《ザ・ニュー・ウェスト》』で、郊外風景の場として西部の再生を印象づける。そこには、人々の日常に溶け込む自然の風景からスーパーマーケットの風景までもが収められた。拡張する風景を描くということは、そこに生きる人々の日常を描くことをも意味し、郊外の風景はさまざまなメディアの表現者を惹きつけるモチーフとなった。ビル・オーエンス（Bill Owens, 1938- ）の写真集『サバービア』（一九七三年）は、ソフィア・コッポラの映画制作にインスピレーションを与えるなど、大きな影響力をもったといわれる。レイモンド・カーヴァー（Raymond Carver, 1938-88）の短編小説集『大聖堂』（一九八三年）やデヴィッド・リンチ（David Keith Lynch, 1946- ）

図5　ミズラック「死んだ動物 77番」(1987−89年)

図4　『ホール・アース・カタログ』誌の表紙（表裏）

の映画『ブルー・ベルベット』（一九八六年）など、郊外風景の表現はさまざまある。多くの作品では、画一化された平板な郊外風景を背景に、人々の欲望、不安が増幅され浮き彫りにされて映し出されている。

ヴィジョンとしての風景

西部というフロンティアが消滅しても、アメリカの心性はニュー・フロンティアの風景を志向する。冷戦下でフロンティアは宇宙にまで及んだ。ニュー・フロンティアの風景は、膨張主義的なアメリカの傾向と結びつく一方で、それと対抗的な心性をも伴っていた。ソ連と繰り広げられた熾烈な宇宙開発競争とは真逆のヴィジョンで、スチュアート・ブランドはＮＡＳＡが撮影した地球の写真の公開運動を展開した。ほの暗い宇宙空間に地球が浮かぶ風景は、建築家であり思想家でもあるバックミンスター・フラーが提起した「宇宙船地球号」のヴィジョンと共鳴していて、ブランドが一九六八年に刊行した対抗文化の伝説的雑誌『ホール・アース・カタログ』誌の表紙を飾った。この風景のイメージは、カウンターカルチャーの機運の高まりのなかで、地球という運命共同体に生きる共生のヴィジョンを示した。

拡張された風景の時代において、風景が人間主体もそこに生きる場になったとすると、風景の破壊は人間自身の破壊をも意味するだろう。核実験場となったのちのネヴァダやユタの砂漠の風景をとらえたリチャード・ミズラックの写真集『狂気の遺産』（一九九二年）は、風景の破壊と同時に人間の破壊を印づけ、衝撃を与えた。

（日高　優）

47

テーマパーク――アメリカから世界へ、非日常から日常へ

テーマパークの誕生と広がり

「テーマパーク」は、一九五五年カリフォルニア州アナハイムにディズニーランドが誕生して数年後に、それまでの遊園地の概念では説明できない特徴を表現するために、『ロサンゼルス・タイムズ』紙の記者によってつくられた言葉だという。テーマパークのもともとの出発点はディズニーランドであった。ディズニーランドは、それまでの遊園地の概念を大きく変え、おとなも子どもも楽しめる清潔で安全で整然としたユートピア環境を創造して商業的に大成功を収め、遊園地産業に多大なる影響を及ぼした。アメリカで誕生したテーマパークは、一九八〇年代になると世界モデルとして、ヨーロッパ、アジア、南アフリカ、ラテンアメリカの諸国に広がった。二〇〇六年の時点で、世界でもっとも入場者数の多い二五のテーマパークの内、半数以上の一三がアメリカ合衆国以外の国に造られたものであるという。(1)

テーマパークはどのような空間か

テーマパークとは物理的な側面では、綿密な建築プランに従って造られ、管理されている空間だ。実際的機能をもった空間であると同時に、象徴的な空間であることが特徴である。場所と時間を超越し、想像の世界を喚起するシンボリックな四次元風景として設計されたいわば「ソーシャル・アートワーク」といえる。(2) アミュー

(1) Scot A. Lukas. *Theme Park,* p. 14.
(2) Margaret J. King. "The Theme Park", p. 3.

図１　1954年に制作されたディズニーランドの鳥瞰図

ズメントパークが、スリリングな乗り物による即時的、身体的な満足を提供する場であるのに対し、テーマパークは、風景に織り込まれた文化的物語を包括的かつ象徴的に体験させる多層空間である。たとえるなら、書籍、演劇、映画が四次元世界として進化した形であるということもできる。実際、テーマパークの経営者、設計者の多くがフィルム・エンターティメント出身者であるという事実も重要で、人々のパフォーマンスも、その舞台も、台本どおりにもっとも望ましい効果を生み出すように演出されている。

このように、テーマパークは、その場にいながら、非日常的な他の場所や時代を体験できる想像の場であるので、実際に旅行をすることなく、「外国」や「過去」、「未来」を疑似体験できる。それは書籍やテレビから得られる体験からさらに進み、建築や音楽などによって完全にそのような想像上の場に没入《イマージョン》できる。

また、このような非日常的な体験を通じて「ソーシャル」な機能が強化される。テーマパーク内で人々は家族や友人あるいは恋人と「食を共にする行為」を通じ、エキサイティングな乗り物で「心を躍らせる興奮」を共有し、親密な共同体意識が形成され、強化される。個人的な快楽追求というよりも、人と人との絆、共同体形成の側面が、テーマパークが多様な分野に影響を与えている力の源である。

現代のテーマパークへとつながる系譜

テーマパークとしてのディズニーランドの系譜をたどると、古くは一八、一九世紀ロンドンで栄えたプレジャーガーデン、とくにヴォクソール・ガーデンズ、そし

(3) Scot A. Lukas. *Theme Park*, pp. 23, 27.

図2 1982年にフロリダ州のウォルト・ディズニー・ワールド・リゾート内に新たにオープンしたテーマパーク，エプコット

てより近年では万国博覧会、とくに一八九三年のシカゴ万国博覧会の「ホワイトシティ」にたどることができる。(3) いずれも、都市に造られた。プレジャーガーデンは、イギリスの産業革命を背景に、悪化する都市環境のなかで、自然もあり、文明も享受できる理想郷を夢見て造られた。園内には飲食施設があり、コンサートや花火に加え、千個のランプによるイルミネーションや、シーズンチケットの販売など、後のディズニーランドの特徴となる要素をすでにもっていた。また、プレジャーガーデンは閉鎖的な空間ではなく、貴族やブルジョアジーやさまざまな階層が交わる場でもあった。

「ホワイトシティ」は、かつてのフロンティアが大都市に変貌した地シカゴに、天上の理想郷をイメージして設計された。シティ・プラニング、建築、技術の力を駆使したこと、その成功の鍵は、統一性、壮大さ、幻想という三つのデザイン要素に要約されるという点で、現代のテーマパークの「先がけ」といえる。また、最初の映写機キネトスコープが展示され、E・J・マイブリッジの映写機を使った最初の映画館がつくられたのもこの博覧会であったことは象徴的である。

テーマパーク誕生の時代的背景

二〇世紀のテーマパーク、ディズニーランドが誕生した時代背景はといえば、大量の移民流入とアフリカ系アメリカ人の北部大移動による急速な都市化、それによる環境悪化が白人の郊外流出を引き起こした時代である。白人の楽園サバービアは、「地獄」にもなりえることがだんだんわかってくるのだが、新しい環境に意味を見出し、そこに馴染む努力が行われていたときに、自然と人工、過去と未来、物語と

図3　ウォルト・ディズニー社がフロリダ州に開発した街セレブレーション。伝統的近隣住区開発の手法を用い，人と人とのつながりを重視している

歴史が矛盾のない形で共存する、楽しくてわかりやすいディズニーランドが登場した。そこは、視覚、聴覚、触覚、嗅覚、味覚の五感を通じて人と人とが根源的《プリミティブ》につながる場でもあった。人々が出会い、つながり合う公共スペースはいかにあるべきか、建築、デザイン、景観を通じて追究した、まさに、新しい環境の実験場として位置づけられる。ディズニーランドが、エプコット（フロリダ州に開園したディズニーパークの実験未来都市）、そしてセレブレーション（ディズニー社がフロリダ州に開発した街）へと進化したのは当然の帰結であった。

テーマを超え、日常世界に浸透する

現在テーマパークは、ディズニーランドを超えて多様な分野に影響を与えている。その影響は、公共空間、建築、旅行、歴史解釈にまで広範囲に渡っている。テーマ化する建築技法を使い、サービスや商品の魅力を高めることがその手段であり特徴である。しかし、テーマパークが進化し、広範囲に適応され、テーマを強調しないような空間、家や通りや、街や、さらにはＣＮＮやＢＢＣなどのテレビのニュース番組さえも、テーマパーク化し、われわれが住まう世界のあるべき姿、人々の振舞い方すら変えている。われわれはすでに「テーマ化された」世界に住んでいるといえる。この現象はアメリカを超えて、文字通り世界に広がっている。テーマパーク思想は、個性に欠ける同質的なデザイン、完全に管理された環境を生み出すとして批判する声もある。非日常空間としてスタートしたものが、生活そのものとなり、日常生活と区別することがますます困難になっているのだ。

（黒沢眞里子）

記念碑、墓碑銘——歴史は石に刻まれる

アメリカ東部を訪れ、植民地時代の古い墓を観察してみると、スレートと呼ばれる板状の墓石が、同じ方向（キリストが再臨する東）を向いて並べられ、近づいてみると骸骨や天使や植物や動物などさまざまな図像が彫られていることに気づくはずだ。視線を下に移すと、故人の名前、続柄、没年、年齢、時には職業や死因や追悼詩を含めた墓碑銘が彫られている。年齢がたとえば、八二歳六カ月一五日などと月日も彫られていることもあり、それから誕生日が逆算できたりする。アメリカでは植民地時代から、とくにニューイングランドのピューリタン社会において、一般人でさえ個人の記念碑（墓石）を立て、年月日や墓碑銘を几帳面に石に刻むことで個人の記憶を構築してきた。「刻む」（語る）行為こそ、「歴史」形成の源であった。

考古学者ジェームズ・ディーツはこのような初期ニューイングランドの墓石を研究し、墓石に彫られた図像の変化を数量的に解析した。するとモチーフが死をダイレクトに表現した「骸骨」から、よりソフトな「天使」、そして最後には死がシンボルとして表象された「柳の木」と時代を追って変化していることを突きとめた。個人の「記録」が集団の嗜好と傾向を示し、その変化を正統派ピューリタニズムの衰退から、大覚醒の信仰体験に至るより大きなピューリタン社会・文化のなかで説明した彼の研究は、広い分野の研究に多大なる影響を及ぼした。

図１　17―19世紀の墓石に彫られた図像のモチーフが骸骨，天使，柳へと時代とともに変化している

現代人は、墓やモニュメントにかつてのような情熱はもっていない。しかし、個人のモニュメントとそこに刻まれた文章が「歴史」形成そのものであることには変わりない。二〇一一年に完成したマーティン・ルーサー・キング・ジュニアのモニュメントは、石に刻まれた言葉が断片的で誤解を招きかねないと批判され、また、著名な中国人彫刻家を登用したことで、表象されたヒーロー・イメージに文化的ずれが生じたと批判する声もあった。それでも、力強い石のモニュメントに文書だけでは得られない記憶の縁を求め大勢の人々が訪れている。

（黒沢眞里子）

第7章

大衆文化

S. ニューフィールド監督の『大平原のハーレム』(1937年)のポスター。30年代は映画の世界でも人種隔離体制があり，黒人鑑賞用の西部劇が作られた

〈大衆〉の称揚

アメリカ合衆国そのものが「最高の詩である」(『草の葉』、一八五五年版序文)と語った詩人ウォルト・ホイットマンほど、〈大衆〉という概念を誇らしく口にした詩人はいないだろう。「初版の序文」では、「普通の人々(common people)」という概念を使っているが、かれによれば、アメリカ合衆国が「最高の詩篇」であるとするならば、そのような国家を代表するのが「普通の人々」なのである。

じっさい、ホイットマンはアメリカ合衆国における〈大衆〉的なるものの重要性を、詩にまで昇華してしまった稀有の詩人であった。かれの詩における認識を要約したともいえる「題詩(Inscriptions)」(一八六七年)という作品のなかでは、フランス語の En-Masse(大衆のなかで)という言葉と「デモクラシー」という言葉を連携させ、さらにそれを「モダン」という言葉へと一気に接続している。ホイットマンという詩人は、アメリカ合衆国という国家とそこに生きる人々の本質を、〈大衆〉(mass)とデモクラシーとモダンの連携のうちに読みとっていたのである。

アメリカにおける大衆文化(popular culture)の重要性を考える場合、このウォルト・ホイットマンから出発することはけっして的外れではないだろう。なぜなら、大衆文化とはまぎれもなくデモクラティックでモダンな出来事として生起しているのであり、とりわけアメリカの場合、大衆、デモクラシー、モダンの三つの概念こそは、国家と社会の基本骨格を成す思想を指し示しているからだ。たとえば、ホイットマンの詩の登場人物たちは誰であるか、考えてみればいい。まぎれもなく、〈大衆〉であり「普通の人々」である。「アメリカの歌声が聞こえる」という詩のなかで、詩人が聴きとろうとする「歌声」の主たちは、工場労働者であり、大工であり、石工であり、船頭・水夫であり、靴屋や帽子屋、木こりであり、むろん農夫であり、働く女性たちであると語られる。このような、〈大衆〉こそがこの国の主役であるとする思念が、ホイットマンの作品の全編をほぼ覆っている。そして、この多様な人間たちの声こそが「アメリカの歌声」であり、大衆文化そのものであるのだ。

〈革命〉としてのアメリカ

もちろん、このようにして描き出されるホイットマンの詩的〈大衆〉には、ある種のイデオロギー性も否みがたい。しかし、忘れてはならないのは、アメリカ合衆国は社会的・政治的な〈革命〉を経験したきわめて「モダン」な社会であり国家であったという事実である。一七七六年大陸会議において採択された「独立宣言」をめぐる一連の出来事は、「アメリカ革命（American Revolution）」ないしは「アメリカ独立革命」と呼称される。長きにわたりイギリスの植民地として「絶対的専制」（「独立宣言」）の下に置かれてきた一三の植民地に住む人々は、イギリスの支配から離脱し、みずからの意思による新政府を樹立する「権利」と「義務」を有するものと看做した。またそれを、旧来の「統治形体」を変革する必要に迫られた政治的行為として鮮明に位置づけている。その上で、その国民には「自由・平等・幸福の追求」の権利が賦与されていることを宣言する。一方でイギリスによる統治に訣別しつつ、他方で「新しい政府」はその国民に一定の諸権利を保証すること、それがこの「革命」の主たる目標であった。

デモクラシーと文化

このように、アメリカ合衆国建国の歴史的背景には、イギリスからの分離独立のみならず、民主主義的な理念に基づく政治革命と社会革命を志向する精神が存在した。あえて、やや気ままな連想であることを恐れずにいえば、二〇世紀に起きたロシア革命（一九一七年）が世界を震撼させると同時に人々を魅了したように、それに一五〇年ほど先んじるアメリカ合衆国の成立という〈革命〉もまた同様であったのではないか。少なくともホイットマンという詩人の登場は、そのような〈革命〉精神へのアイデンティファイと純化という側面を否応なく感じさせるものであろう。

アメリカ文化における「普通の人々」へのまなざしは、大衆文化へのまなざしでもある。そしてそれが建国以来の大きな理念であるデモクラシー（ギリシア語の demos とは people の意味）という「モダン」な制度に支えられている。もちろん、大衆文化なるものは、手放しに肯定されるべきものではない。とくに一九二〇－三〇年代に本格化したとされるマスメディアと商業主義との深い結びつきによって、大衆文化は大きな、現代にまで延長されるターニング・ポイントを迎えたといわれる。映画とラジオ、大量生産と大量消費、ファシズムとデモクラシーのせめぎ合いなど、テクノロジーと社会体制の変化、そしてそれを支える経済の問題が、大衆文化のさらなる加速と大きな変質をもたらして現在に至っている。

アメリカ文化は、大衆を基盤として、その日常の暮らしを表象しながら、大衆を惹きつけ、さらには大衆を動員する。多様なヒーロー、ヒロインの物語から、音楽、スポーツ、メディア、映画にいたるまで、アメリカの大衆文化はきわめて独特の個性をきわだたせる。

（野田研一）

図１　『俺たちに明日はない』（1967年）ボニーとクライドの逃亡劇をスタイリッシュに描いた傑作

48　逃亡――ダーク・ヒーローの系譜

逃亡者の「正義」

いつの世も、大衆はヒーローを待望する。だが、ヒーローは必ずしも、正義の味方であるとは限らない。アメリカ文化史をひもとけば、強盗や殺人犯でありながら大衆に愛された人物は数知れず、その多くは、逃亡の身となることで初めてアメリカン・ヒーロー／ヒロインの仲間入りを果たした。たとえば、二〇世紀初頭の西部を舞台に、強盗団の中核として悪名をはせたブッチ・キャシディとサンダンス・キッドのコンビがそうであり、あるいはまた、世界大恐慌を背景に強盗と殺人を繰り返した、ボニー・パーカーとクライド・バロウのカップルも有名である。破滅への道を、最後まで希望を捨てずに駆け抜ける彼らの姿は、『明日に向かって撃て！』（一九六九年）や『俺たちに明日はない』（一九六七年）といったアメリカン・ニューシネマの代表作となって、今も大衆に愛されている。

すでに過ちを犯し、それればかりか、無反省に逃げ回ることで罪を重ねていく逃亡者たち。彼らの存在は、同時代の人間にしてみれば平和な日常を脅かす社会的な悪であり、本来ならば、逃亡する彼らに同情の余地はないはずだ。だが、誰よりも強く「生」に執着する逃亡者たちの情熱は、時として、追跡者たちの正義にも勝るものとして語られる。事実、映画『俺たちに明日はない』には、追跡者たちとの銃撃戦の末に重傷を負ったボニーとクライドが、野宿する者たちの施しを受けて一命を

図２　『ハックルベリー・フィンの冒険』（1885年）殺害されたはずのハックに出会い，怯えるジム

とりとめる印象的なシーンがある。不況のあおりを受け、住処すらも剝奪された人々が、彼らの決死の逃亡をわがことのように応援するとき、映画の観客たちもまた、逃亡者たちの「生」に自らの「生」を重ね合わせずにはいられなくなるのである。

ハックルベリー・フィンの完全逃亡

もちろん、一口に「逃亡」といっても、その内実はさまざまだ。時効成立を待つ時間的な逃亡もあれば、国境越えのような距離的な逃亡もある。そして、犯罪の証拠を欠片も残さない完全犯罪が存在するように、逃亡そのものがなかったかのように偽装する「完全逃亡」もまた存在する。マーク・トウェインの名作『ハックルベリー・フィンの冒険』（一八八五年）における、野性児ハックの逃亡などはその典型だろう。

飲んだくれの父親の虐待から逃れるべく、ハック少年は周到な偽装工作をする。まず家のなかで豚の首をかき切ると、石を詰めた袋を家の外へと引きずり出し、川に投げ込む。続いて自分の髪を抜き、血で濡れた斧にそれを貼り付けたハックは、用済みの豚の死骸を川に捨てることで、あたかも彼自身が強盗殺人にあったかのように演出したのである。かくして、完全逃亡の準備をなし得たハックであったが、物語はそれで終わらない。川の下流の小島に身を隠した彼は、偶然にも、逃亡奴隷となった黒人ジムと合流してしまうのだ。無論、奴隷解放宣言以前の南部にあって、逃亡した奴隷に加担することは、ハックにすればきわめて罪深い行為である。しかし、逡巡を重ねたハックは遂にこう結論する——「よし、地獄へ行こう」と。

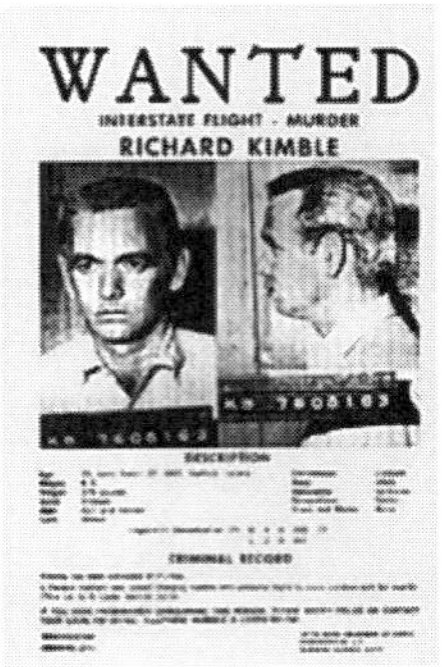

図3　『逃亡者』：キンブル医師の手配書

破滅型と試練型

大衆に愛される逃亡者には、大きく分けて二つのタイプがある。一つは、ハックのように地獄行きを覚悟する破滅型であり（とはいうものの、ハックの物語はハッピーエンドを迎える）、いま一つは、自らの冤罪を晴らすべく、地獄のような逃亡生活に耐える試練型である。先にあげたボニーとクライドの逃亡などは、まぎれもなく前者の破滅型であり、その伝統は、フェミニスト的視点をもった女同士の逃亡劇『テルマ&ルイーズ』（一九九一年）のような映画にも受け継がれている。

一方、後者の試練型を代表する作品といえば、妻殺しの容疑で逮捕された実在の医師、サム・シェパード（Samuel Holmes Sheppard, 1923-70）をモデルにした連続テレビドラマ『逃亡者』（一九六三―六七年）が思い浮かぶ。タイトルはそのままに、一九九三年にハリソン・フォード主演でリメイクもされた同作は、護送中の列車事故から逃亡を図る清廉潔白な医師の闘いを描いて圧倒的な人気を誇った。しかしながら、六〇年代のドラマ公開当時、現実のシェパードは逃亡とは程遠い状態にあったことを忘れてはならない。というのも、犯行が行われた五四年の段階で、有罪判決を受けて収監されていたのだ。けれども、誤認逮捕を主張し続けたシェパードは、ドラマ公開後の六六年、晴れて無罪を獲得する。『逃亡者』とは、つまりは実体なき逃亡のドラマが、現実の正義を後押しするという、アメリカ文化史上でも稀有な出来事だったのである。

逃亡のパラドクスを超えて

一九九八年、白人ラッパーのエミネムは、「九七年のボニーとクライド」という

図4　エミネム「スリム・シェイディLP」（1999年）収録曲「97年のボニーとクライド」のイメージ。車のトランクからは妻の脚が伸びている

曲を発表した。「天国という場所があり地獄という場所があり刑務所という場所があり拘置所という場所がある／パパは多分、天国以外のすべてに行くよ」と娘に囁く語り手は、妻の死体を埋めに行く自分と娘の姿を、あのボニーとクライドの姿に重ね合わせてみせた。一聴したところ、その歌詞はB級ホラー映画さながらの露悪趣味に満ちた物語にしか思えない。だが、二年後に発表された「スタン」という曲において、エミネムは、妻殺しの逃亡者を英雄視するポップスターと、その作品世界に感化され暴走する狂信的なファンの歪んだ関係を歌ってみせた。すなわち、エミネムは自らのラップ作品全体を通じて、アメリカン・ヒーローという存在への疑念と、それを支持する大衆の身勝手さを批判してみせたのである。

振り返ってみれば、逃亡の身で熱心な詩作を行っていた現実のボニー・パーカーは、いつでも自分たちを、ジェシー・ジェイムズやビリー・ザ・キッドといった、アメリカのダーク・ヒーローになぞらえていた。それはまるで、彼女自身が大衆の一人となり、クライドとの逃亡劇を必死に鼓舞しているかのようだった。そんな二人の死から世紀をまたぎ、自由を尊ぶアメリカ文化に育まれた「逃亡」の伝統は今、至る所で軋みをあげている。エミネムの歌詞はその予兆に過ぎないけれど、すでにして善悪の基準が揺らいでいる社会にあっては、逃げ続ける者こそが正義であるという逃亡のパラドクスも、かつてのようには大衆を魅了しない。にもかかわらず、今後も逃亡の物語が必要とされるとするならば、それは逃亡という退路を断たれた現代アメリカにおける「生」の、その可能性を考えるためのものとなるだろう。

（波戸岡景太）

49

ジャズとヒップホップ——シグニファイングの技芸

ジャズの歴史

ジャズの歴史は通常ニューオーリンズから始められる。もともとこの地はフランスやスペインなどの統治下にあったことから、黒人奴隷が街の広場で音楽を奏でたり、マルディ・グラと呼ばれる祭事や葬儀などで自由黒人が演奏するなどアメリカの他の街とは異なる文化を有していた。ヨーロッパの音楽的流行もパリ経由でいち早く流入し、カリブ海やメキシコ、中南米音楽の影響も大きい。そして、この街のクレオール（現地生まれの黒人や混血の人々）がジャズの誕生に寄与したという説が根強い。一八九三年のシカゴ万博をきっかけに全米に広がったラグタイムの余波も受けつつ、二〇世紀初頭にはディクシーランド・ジャズ（ニューオーリンズ・ジャズ）と呼ばれる形式が整った。

その後、アフリカ系アメリカ人の「大移動」に伴い、ジャズはシカゴ、カンザスシティー、ニューヨークなどの大都市で華開く。一九三〇年代に流行したビッグバンド編成のスウィング・ジャズはダンス・ミュージックとして一世を風靡し、アメリカ音楽のメインストリームに浮上した。

ところが、第二次世界大戦中に起きたムーヴメントにより、ジャズのイメージは一転する。ニューヨークのハーレム地区でチャーリー・パーカーやバド・パウエルなどによって夜ごと繰り広げられた少人数編成の即興演奏が、そのまま音楽ジャン

図１　ジャズ史上の名演を収めた『ジャズ・アット・マッセイ・ホール』

ルとして定着するのだ。既存の曲をいかに即興的に別の旋律で演奏するか――こうしてビバップと呼ばれるジャズ史上の「革命」が起きた。それはダンス・ミュージック（踊るための音楽）から即興を中心的特質とする音楽（座って鑑賞すべき音楽）への変化であり、ポピュラーな芸能からシリアスな芸術へとカテゴリーが上昇したことを意味する。ハード・バップ、クール・ジャズ、モード・ジャズ、フリー・ジャズなどその後のジャズ史上のサブジャンル名は、極言すれば「いかにして即興演奏をするか」というルール変更の歴史だといえる。

現在、ジャズという音楽が「即興演奏」という特質と結びつけられるとすれば、それはジャズの「歴史」がビバップという一九四〇年代のムーヴメントを中心に構成されているからだ。そしてこの「即興」という特質は、同時代の公民権運動の盛り上がりとともに、アフリカ系アメリカ人に特徴的な文化的特性だと考えられるようになる。一九五〇年代から六〇年代にかけてアメリカに誕生したさまざまな文化――たとえばビート派の文学や抽象表現主義など――に「即興的」ともいえる特質がみられるとすれば、それは黒人文化の中心に措定された「即興性」が同時代のカウンターカルチャーの文脈に接続され、西洋批判の拠点として機能したからである。

ヒップホップの歴史

一方、一九七〇年代のニューヨーク、とりわけヒスパニックとアフリカ系アメリカ人が共存するブロンクス地区を中心に、ヒップホップと呼ばれる新しい文化が広がりつつあった。通常ヒップホップはＤＪ、ラップ、ブレイクダンス、グラフィテ

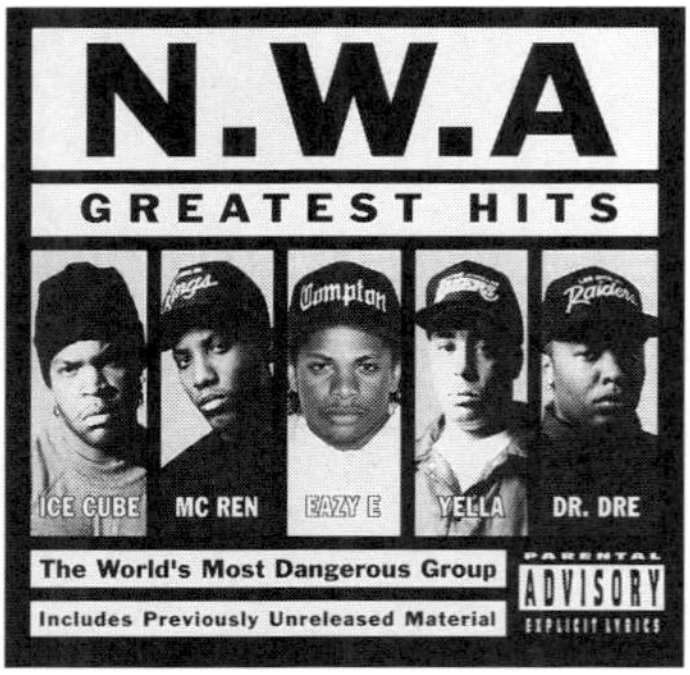

図２　ギャングスタ・ラップを代表するグループ，N.W.A.

ィの四要素を含むカルチャー全体を指すが、ここでは音楽的な側面に焦点を当てる。まず斬新だったのは「ブレイクビーツ」の発明である。それは、ＤＪが曲全体をかけるのではなく、一曲の中でもフロアの客がもっとも盛り上がる部分――しばしば曲の途中でドラムだけになるパート――だけを二枚のレコードを用いて繰り返し流す手法である。ジャマイカ出身のＤＪクールハークによって始められたといわれるこのテクニックは、「部分」を「全体」から引き剝がしてループさせるという点できわめてポストモダンな営みともいえる。

やがて、反復するビートにあわせてＭＣがラップするようになる。英詩の伝統でもあるライムを用いながら、次々にラッパーがビートに言葉を載せる。「白人社会をぶっつぶせ」「ビッチに騙された」など共通するトピックをいかに気の利いた言い回しでいうか。その華麗な話術で誰が一番ギャラリーを沸かすことができるのか。ラップは基本的に言葉のゲームであり、その意味で日本文化でいうところの俳句や連歌に一番近いといえるだろう。

ヒップホップという音楽ジャンルにギャングのイメージが付着しているとすれば、それは一九八〇年代後半に西海岸で流行したギャングスタ・ラップの影響が大きい。そしてこのサブジャンルの台頭によって、ヒップホップがアメリカの音楽業界のメインストリームに浮上したのだ。郊外に住む白人のティーンエイジャーが黒人ラッパーの「ギャングのイメージ」に熱狂する。だがいうまでもないが、すべてのラッパーがギャング出身ではないし、暴力的な事件を起こした過去があるわけでもない。彼らの多くは意図的にギャングのイメージをまとうのであり、それはブルース以来、

図3　シグニファイング理論の研究書

アメリカの黒人音楽を貫くセルフ・オリエンタリズムの概念を想起させる。

「シグニファイング」の理論

一つの曲がお題として与えられ、それをもとに各プレイヤーが順番に即興演奏を繰り広げるジャズと、同じようなトピックをラッパーが次々に「語り直す」ヒップホップは構造的にきわめて類似した音楽ジャンルである。このことをヘンリー・ルイス・ゲイツ・ジュニアの「シグニファイング」の理論で説明してみよう。

シグニファイングとは、黒人コミュニティーにおけるあらゆる婉曲表現を指す。言い換えたり仄めかしたり、遠回しに言ってみたり、ときには嘘をつくことを意味する場合もある。それは白人の主人に悟られないように黒人が編み出したコミュニケーションの手法であり、その定義上、不穏で体制転覆的な可能性を秘めている。

また、シグニファイングを重視する文化ではオリジナリティーではなくその「言い換え」のクオリティーが評価される。重要なのはオリジナルな表現ではなく、それをいかに気の利いた言い回しでいうか、元の表現からどこまで遠くに飛べるか、前のフレーズを受けていかに上手に返答できるかである。

こうした文化において個々の「作品」よりもシグニファイングの行為そのものが重視されるのは当然だろう。「ジャズに名曲なし、あるのは名演奏のみ」という言い方があるように、完結した楽曲よりも演奏／ラップの行為が保証される「場」が重要であり、その意味でビバップ以降のジャズもヒップホップも自己表現というよりはルールに則ったゲームに近い音楽実践だといえるだろう。

（大和田俊之）

50 アメリカン・ルーツ・ミュージック――アメリカの歴史を体現する音楽

アメリカ音楽のルーツ

アメリカのあるTV番組でアメリカン・ルーツ・ミュージック（以下ARMと表記）は次のように定義された――アメリカ音楽の起源（ルーツ）である広範囲にわたる音楽の総称。(1) アフリカ、ヨーロッパ、中南米などさまざまな背景をもつ音楽が、人の移動とともにアメリカにもち込まれ、「アメリカ音楽」を構成した。ARMの概念はたんに音楽の種類の幅広さだけではなく、民族、空間、そして多文化国家アメリカの歴史を包み込んでいる。

フォークからルーツ・ミュージックへ

ARMは比較的最近になって意味が定まった用語ならびに概念であって、二〇世紀初頭頃には、アメリカ音楽の起源は白人移民がもたらしたヨーロッパの民謡音楽「フォーク」であるという見方が主流だった。一八世紀にアメリカ北東部のアパラチア山脈南部の炭鉱地域にスコットランド、ウェールズ、アイルランドなどから移民してきた人々が中世の吟遊詩人に端を発する「バラッド」という物語性のある民謡音楽をもち込み、それがブルーグラス、ヒルビリー、カントリー&ウェスタンなどに発展したとされた。

その後フォークの定義が拡大し、次第にアフリカ系アメリカ人、先住民、中南米

(1) アメリカの公共放送ネットワークPBS製作の *American Roots Music*（2001）において，ブルース，カントリー，ブルーグラス，ゴスペル，ケイジャン音楽等がルーツとして紹介された。

図１　アメリカの労働者階級の声を代表するフォーク歌手ピート・シーガー（1955年頃）

系アメリカ人、クレオール（フランス領時代のルイジアナ州移住者を先祖にもつ人々）などその他の地域や民族の音楽をも統合したアメリカ音楽を意味するようになっていった。現在でもＡＲＭといえば「フォーク音楽」を指すという定義が散見されるのはその名残である。

アメリカ音楽の起源を表す概念としてＡＲＭがフォークに取って代わったのは、二〇世紀半ば頃からフォークが二つの異なる意味をもち始めたためである。一九四〇年代からアコースティック・ギターを演奏しながら民謡を唄う歌手たちが人気を博し〈フォーク・リヴァイヴァル〉といわれる一時代を築いた。六〇年代になるとそのなかから次第にプロテストソングや反戦ソングを唄うようになったピーター・ポール・アンド・メアリ、ボブ・ディラン（Bob Dylan, 1941- ）、ジョーン・バエズ（Joan Baez, 1941- ）などのスターが生まれた。彼らと、三〇年代の大恐慌時代から社会主義的な活動をしながら格差社会や貧しい労働者たちを唄ってきたウディ・ガスリー（Woodrow Wilson "Woody" Guthrie, 1912-67）、ピート・シーガー（Pete Seeger, 1919- ）らを合わせて、フォークと呼ばれるポピュラー音楽の一ジャンルが確立した。こうしてフォークが包摂的なカテゴリーとサブカテゴリーの両方を指すようになったことから、次第に前者をルーツ・ミュージックと呼ぶようになった。

ブルースの誕生

ＡＲＭのもう一つの重要な要素はブルースである。アフリカ系アメリカ人たちが苦境のなかで歌い継いできた聖歌「ニグロ・スピリチュアルズ」を世俗化した音楽

図２　「ブルースの発見者」といわれるW.C.ハンディの若き日の姿（1898年頃）

がその基である。奴隷解放後の一九世紀後半頃には、ミシシッピ州デルタ地域の大規模農場を中心に、黒人の季節労働者たちの疲れを癒す娯楽として、また仕事を効率よくする労働歌として、ブルースが歌われていた。やがて彼らのなかから職業音楽家が出現する。奴隷解放は黒人たちに自己表現の自由と移動の自由を与え、世紀転換期の高度資本主義化は、彼らに通信販売でギターを買い、列車で旅に出る利便性と可動性を与えた。スキップ・ジェイムズ、エルモア・ジョーンズらがギターをもって農場から農場へと旅をして、派手なプレイスタイルで労働者たちを熱狂させていた。しかし実のところブルースの起源には諸説がある。

一九〇三年、ブルースの父W・C・ハンディ（William Christopher Handy, 1873-1958）がとある駅で列車を待っていたとき、一人のアフリカ系アメリカ人が斬新な方法でギターを演奏し始めた、これがブルース「発見」の瞬間であるというのが従来の定説だった。しかし、一九〇一年にハーヴァード大学の考古学者チャールズ・ピーボディがすでにブルースを発見していた。彼がミシシッピ州クラークスデイルで先住民文化の調査をした際、発掘作業のために雇った地元の黒人労働者たちが四六時中歌っていた歌に魅せられ、それを収集分析した。それらの歌のテーマは、仕事の辛さ、悲しみ、不平、慰め、愛、金など日常的なものから、奴隷市場、ジム・クロウ法、差別、法廷の理不尽など社会的・歴史的なものまで多岐にわたった。彼はある黒人女性が歌った子守唄について「再現することはきわめて難しく、間隔やリズムの取り方が奇妙で独特で、非常に美しい」と評した。この時点でブルースがすでにかなりの発達を遂げ、彼を魅了するだけの完成度をもっていたことがわかる。

図３　チャールズ，ピーボディが黒人労働者たちから収集，採譜した「ブルース」の一つ

旅する音楽

二〇世紀にレコーディング技術が確立されると、デルタブルースの奏者たちも商業音楽に足を踏み入れる。しかし技術革新は農業にも及び、機械化のために職を失った黒人たちが北部へ向かうと、ブルースも人の大移動とともに南部からシカゴ、セントルイス、ニューヨークへと北上していった。南部で活躍していたロバート・ジョンソン（Robert Leroy Johnson, 1911-38）やマディ・ウォーターズ（Mckmley Morganfield AKA. Muddy Waters, 1913-83）も北へ向かった。とくにシカゴはブルース進化の受け入れ口となり、ブルースをジャズやR&Bへと橋渡しする役割も担った。

　ブルースは南部で生まれ、人と共に北上しながら発展していった旅する音楽であるといえる。それは黒人音楽を発展させたばかりでなく、白人音楽、たとえば英米のロックを生み出し、アパラチアのカントリー、フォークにも影響を与えた。たとえばアパラチア生まれのカントリーに欠かせない楽器バンジョーは、アフリカ系アメリカ人がもたらし、ミンストレルショーによって広まった。また黒人たちの労働や生活の苦しみを表現するブルースは、搾取や貧困に苦しむ白人労働者の歌を歌う音楽家たちに大きな影響を与え、プロテストの精神を表現する音楽を共に作り出した。

　ARMという言葉は、さまざまな起源と地域性をもつ音楽が互いに影響を受けながら「アメリカ音楽」を形成していった歴史そのものを表している。

（有満麻美子）

51

ロックのイデオロギー――反体制の両義性

ロックのルーツと「イデオロギー」

まずはアメリカにおけるロックのルーツを整理してみよう。ロック・ミュージックの特質の一つとしてアマチュアリズムが挙げられるとすれば、一九六〇年代初頭に南カリフォルニアで流行したサーフ・ミュージックと全米に広がったガレージ・バンドの存在は重要である。一九五〇年代半ばのロックンロールの流行を経て、プロのミュージシャンを目指すわけでもない若者たちが友だち同士でバンドを結成しはじめる。西海岸のサーフ・ミュージックはビーチや車のイメージとともに郊外に住む白人中産階級にアピールし、同じ時期に全米で流行したバンド・コンテストを目指して若者たちが自宅ガレージで練習を積むようになったのだ。

だが、ロックの「イデオロギー」を考察する上でもっとも重要な先行ジャンルは、やはりフォーク・ミュージックだろう。一般的に第二次世界大戦後の「フォーク・リバイバル」はキングストン・トリオの「トム・ドゥーリー」がヒットした一九五八年に始まるといわれるが、フォークソングへの関心の高まりは商業主義に対する反感や抵抗と不可分に結びついている。もともとフォーク・ミュージックは一九四〇年代後半から五〇年代前半の「赤狩り」の時代にもっとも先鋭化したのであり、一九五〇年に創刊された『シング・アウト!』誌には朝鮮戦争の反戦歌やソ連など共産主義陣営の歌なども掲載されていた。

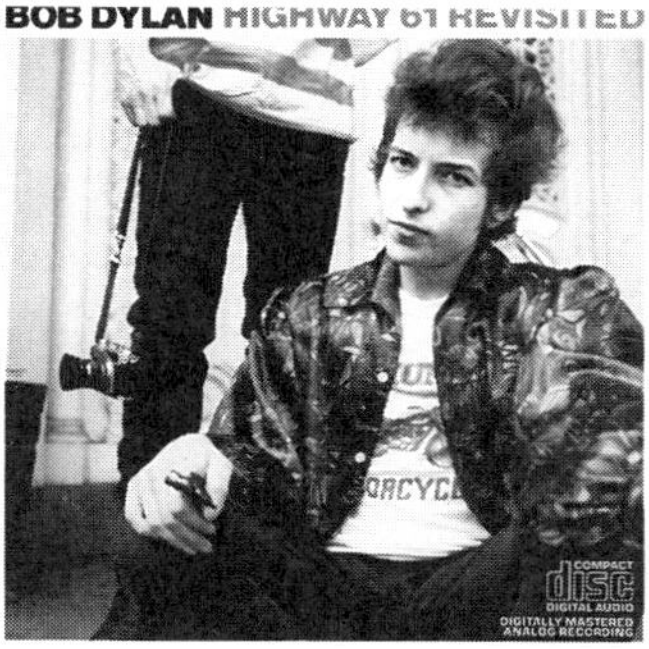

図1　フォークとロックを橋渡しした
ボブ・ディラン

つまり、五〇年代後半のフォーク・リバイバルはその反体制的な主張が一般の人々に受け入れられた結果ともいえる。公民権運動やベトナム反戦運動の盛り上がりとともに反体制的な思想が人々の間に浸透し、大学生を中心とする多くの若者がフォーク・リバイバルにシンパシーを示したのだ。

フォーク・リバイバルの精神

こうした歴史的経緯を踏まえると、一九六五年のニューポート・フォーク・フェスティバルでボブ・ディランがエレクトリック・ギターに持ちかえてステージに登場した事件はやはりシンボリックな出来事だといえる。アメリカの「ロック」はこの瞬間に始まったといっても過言ではないのである。

先に述べたとおり、フォーク・ミュージックは反近代主義と反商業主義をかかげる音楽である。そこで重視されるのは詩の言葉であり、メッセージの伝達を容易にする場の親密さが何より優先された。フォークに傾倒する人々にとってエレクトリック・ギターは言葉の伝達を困難にする騒々しい楽器であると同時に、ビートルズに代表される商業主義のシンボルだったのだ。ボブ・ディランがエレクトリック・ギターを持参してステージに現れたとき、多くのファンが「裏切られた」と感じたのはこうした理由による。このとき、バックステージではピート・シーガーが怒りに震えて斧を振り回したという逸話も残っている。

ロックのイデオロギーを考察する上でやはりこのエピソードは重要である。フォーク・ミュージック界の若きスターがエレクトリック・ギターを用いることで、

図2　ウッドストックでの名演が有名なジミ・ヘンドリクス

そのシーンに内在する反体制的で反商業主義的なイデオロギーがロックに受け継がれた。つまり、ロックはフォークのイデオロギーを抑圧し、それを商業主義の枠内で実践しようとするジャンルだといえる。その結果として、ロックは商業主義にまみれながら商業主義を嫌悪し、体制的な産業構造の中で反体制的な価値観を主張するという矛盾を抱え込むようになったのだ。

モンタレー・ポップ・フェスティバル

そして、こうしたロック・ミュージックの矛盾を体現したのが一九六七年にサンフランシスコ近郊で開かれたモンタレー・ポップ・フェスティバルである。

当時のサンフランシスコは、カウンター・カルチャーの中心地として注目を浴びつつあった。詩人アレン・コーエンがヘイト＝アシュベリー地区で『サンフランシスコ・オラクル』紙を創刊し、一九六七年一月一四日にはゴールデン・ゲート・パークで「ヒューマン・ビーイン」という集会が開催された。数万人のヒッピーを前にティモシー・リアリーが「ターン・オン、チューン・イン、ドロップ・アウト」と呼びかけ、アレン・ギンズバーグやゲーリー・スナイダーなどのビート詩人が参加し、グレイトフル・デッドやジェファソン・エアプレイン、それにクイックシルヴァー・メッセンジャー・サーヴィスなど、サイケデリック・ムーヴメントの中核を担うバンドが演奏を披露した。サンフランシスコ・ベイ・エリアは新しい価値と思想を生み出す「ニュー・エイジ」な場所として多くの若者を惹き付けたのだ。

ところが、この音楽フェスティバルを主催したルー・アドラーはロサンゼルスに

図３　モンタレー・ポップ・フェスティバルのドキュメンタリー映画

拠点を置くダンヒル・レコードの大物プロデューサーであった。ハリウッドを擁するロサンゼルスは商業主義を象徴するメトロポリスであり、サンフランシスコのヒッピーたちはロサンゼルス制作のテーマ曲「花のサンフランシスコ」を忌み嫌ったともいわれている。ある音楽ライターの言葉を借りれば、「プラスティックなロサンゼルス」と「オーガニックなサンフランシスコ」――相異なる価値観を育んだカリフォルニアのふたつの街は、音楽祭をめぐって対立を深めたのである。

カウンター・カルチャーの象徴

とはいえ、こうした衝突を克服して実現したモンタレー・ポップ・フェスティバルは、結果的に「ロック・フェスティバル」の先駆としてのちに世界中で開かれる音楽祭のモデルになる。サンフランシスコのカウンター・カルチャーとロサンゼルスのコマーシャリズムの融合、すなわち商業主義の枠組みのなかで反商業主義をかかげる「ロック・ミュージック」――その価値観を体現するイベントの雛型が完成したのだ。そして、このフェスティバルで一躍有名になったジミ・ヘンドリクスが、快楽と苦悩の表情を浮かべながらノイズまみれのアメリカ国歌を演奏する一九六九年のウッドストック・フェスティバルがロックの（そしてそのイデオロギーの）歴史的なクライマックスであることは言うまでもない。それは同時に、先進国に広がるカウンター・カルチャーの象徴でもあり、ロック・ミュージックがアメリカだけでなく世界のユース・カルチャーの普遍性を獲得した瞬間でもあったのだ。

（大和田俊之）

52

健康幻想——宗教と科学のあいだで

身体と精神の健康

一八二九年、『健康ジャーナル』誌が創刊された。このことに象徴されるように、一九世紀前半のアメリカ合衆国では〈健康〉が大きな関心をよんだ。とりわけ大きな影響力をもったのは、身体の健康と精神の健康が相互に関係するという考え方であった。『健康ジャーナル』誌に加え、全米菜食主義協会（一八五〇年設立）の創設者ウィリアム・オルコット（William Alcott, 1798-1859）、食改革者S・グラハム、ハリエット・ビーチャー・ストウの姉で教育者のキャサリン・ビーチャー（Catherine Beecher, 1800-78）らに牽引され、健康改善を目指す動きが大々的に展開した。

なかでも、ふすま入り小麦全粒粉でつくるグラハムクラッカーの発明者として知られるグラハムが提唱した健康改善運動は、食生活と性格と道徳に相関性があるという見解に基づき、肉を控えて野菜や果物を摂取する食事と適度の運動を勧めるもので、一九世紀を代表する思想家で作家のR・W・エマソンやH・D・ソローをはじめとする多くのグラハム主義者を輩出した。グラハムの思想と運動は、心身の健康のための菜食主義を提唱するだけでなく、当時勢いを増し始めた食の工業化に対する批判の意味あいを有してもいた。

このように健康への関心が高まった背景には、個人の責任と自由を結びつけてと

図1　健康改善運動のリーダー，グラハム

図2　ケロッグのシリアルの宣伝

らえるアメリカ的宗教観がある。

健康の宗教的レトリック

アメリカ社会——正確にはその主流を成す白人アングロサクソン文化——では、健康という概念とプロテスタント思想とのあいだに強い結びつきがみられる。心身の健康が輝く未来を保証するという考え、そして各人の健康はそれぞれの責任においてその向上が目指されねばならないとする見解は、〈自由〉と〈自己責任〉を相互連関のもとにとらえるプロテスタント思想、そしてそれに基づくアメリカ主流社会の価値観と符合するものであった。

二〇世紀に入ると、資本主義の発展に伴い、個人の快楽を求める動きが強まった。一九二〇年代には、快楽としての身体という観点からボディ・ビルディングが着目され、ベルナール・マクファデンをはじめとする文化的イコンが誕生した。同じ頃、ジョン・ハーヴェイ・ケロッグ（John Harvey Kellogg, 1852-1943）によってシリアルが発明され、健康食品として注目を集めた。ケロッグは、菜食主義を推奨するセブンスデー・アドベンチスト教会会員で、教会のサナトリウムで出す食事づくりに従事するなかで、コーンフレークを生み出したのだった。ボディ・ビルディングとシリアルはそれぞれ、個人の健康をとおして復活を求めようとするアメリカ文化の信仰復興《リバイバリズム》運動の修辞的表現としてとらえることができる。

ところで、一九世紀から二〇世紀への変わり目は、三大栄養素（糖質、蛋白質、脂質）のエネルギー換算係数（アトウォーター係数）の開発にみられるように、栄養学

図3　マイケル・ポーラン『雑食動物のジレンマ』の表紙

という科学が進展をみた時期であった。これは、アメリカ合衆国においては移民が急増した時代でもあった。この二つの事実には関係がないようにみえるけれども、じつは健康という概念は人種問題と接点がないわけではない。たとえば、押し寄せる移民の波から白人アングロサクソン文化を保護しようとする動きが強まるなかで、白人社会は移民を貧しい食生活を営む「異国の汚物」とよんで忌避したといわれる。このように、健康という仮面の下で人種差別が展開したことも事実である。

自然《ナチョラル》なイメージの陥穽

「食べ物《フード》を食べよ。食べ過ぎず、植物性のものを中心に。」現代の食問題におけるカリスマ研究家マイケル・ポーランによるこの確言は、一九世紀前半にグラハムが提唱した健康改善運動の基本的考え方――肉を控えて野菜や果物を摂取する――を彷彿させはしないだろうか。そうだとすれば、グラハムとポーランの見解の類似性には次のことが示唆されているといえるだろう。すなわち、ここ二〇〇年足らずのあいだにアメリカ人の食生活は根本的には改善されていないということ、そして、〈健康的〉であることをどう定義するかにもよるが、健康的な食生活の実践が容易でないということ、である。これは、裏を返せば、食生活を変えることなく健康を手に入れたいという大衆の願望がいつの時代も存在する、ということを意味してもいる。

容易に健康を手に入れたいという願望は、二〇世紀初めのビタミンの発見によって実現可能になったかのようにみえた。ビタミン（vitamin）は、「生命に必要な

図4 〈自然さ〉を売りにした加工食品

（vital）」「窒素を含むアミン化合物（amine）」という意味で作られた言葉で、ビタミンB_1を皮切りに、一九一〇年代にイギリスや日本で相次いで発見された。その後まもなくアメリカ合衆国で、アデーレ・デイビスをはじめとするビタミン推進主義者によって、ビタミンの多量摂取が病気の治癒や健康維持に絶大な効果があるという考えが広まった。

二〇世紀後半には、高蛋白質・低炭水化物の食事が体重減少と健康維持に効果的だと主張するロバート・C・アトキンズ（Robert C. Atkins, 1930-2003）の著作がミリオンセラーになった。コレステロールや飽和脂肪の害が明らかになるや一次的に人気が衰えはしたが、依然としてその主張は健在で、アトキンズ・ダイエットに類似したダイエット法は後を絶たない。

また、昨今の自然食品の人気にも大衆の健康願望が如実に映し出されている。健康であることは自然《ナチュラル》であることであり、逆も真なり、とみなされ、まったく加工されていないか加工を極力抑えた自然食品が人気を博している。おもしろいのは、そういった自然食品に加えて、〈自然さ〉を売りにした加工食品にも消費者の関心が向けられているという皮肉な状況である。このような事実に、〈自然な《ナチュラル》〉イメージを利用して市場を操作する広告やマスメディアの影響力をみてとることは難しくない。

健康は手に入るものなのか。それとも健康とは幻想にすぎないのか。数々の変容を経ながら連綿と続くアメリカの健康言説をみる限り、その答えは明確ではない。

（結城正美）

53

スポーツ文化――文学と筋肉美の相関図

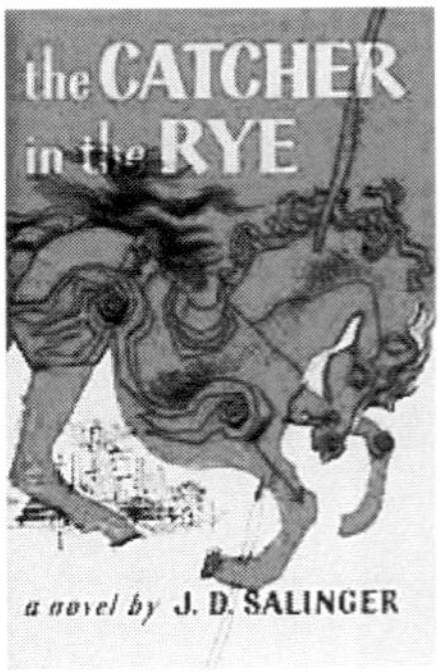

図1 『ライ麦畑でつかまえて』の表紙

図2 『シューレス・ジョー』表紙の幻の名選手

スポーツと文学の香り

J・D・サリンジャー（J. D. Salinger, 1919-2010）の小説『ライ麦畑でつかまえて』（一九五一年）の原題にある「キャッチャー」は、主人公と幼くして亡くなった弟とのキャッチボールを想起させる。非言語の会話であるキャッチボールは、子どもやスポーツに没頭する者の無垢の隠喩である。そもそもアメリカの野球は、その始まりから文学的であった。野球発祥の地とされたニューヨーク州クーパーズタウンは、作家ジェイムズ・フェニモア・クーパーゆかりの場所で、ここで野球をする少年をクーパーは『この国のかたち』（一八三八年）に登場させている。

映画『フィールド・オブ・ドリームス』（一九八九年）の原作となるカナダ人作家W・P・キンセラ（W. P. Kinsella, 1935- ）の『シューレス・ジョー』（一九八二年）では、主人公のレイ・キンセラが妻とそのクーパーズタウン詣でを行っている。貧しい農家のキンセラは、二〇世紀後半にメジャーリーグの本拠地をもたないアイオワのトウモロコシ畑で、ジョー・ジャクソンら名選手による「野球」を観戦する。ジャクソンは、一九一九年ワールド・シリーズの「ブラック・ソックス」八百長事件で球界を追放され、悲しむファンの「嘘だと言ってよ、ジョー」で知られた選手である。スポーツへの追慕は幻視を生み、登場人物となったサリンジャーも含め、その周りに世代を超えて人々が参集する。夢の幻視者たちは共有される記憶をとおして過去をさまざまに蘇らせ、自らの人生を振り返る。主人公の作り出した球場には、果たせずに終わった夢がたくさん詰まっていた。

図3 『ビヨンド・ア・バウンダリー』の表紙

忠誠心とスポーツマンシップ

西インド諸島にある英領トリニダード島で生まれた汎アフリカ主義者の批評家C・L・R・ジェイムズ（C. L. R. James, 1901-89）は、クリケットの著名なスポーツ・ジャーナリストでもある。クリケットの社会文化を論じた『ビヨンド・ア・バウンダリー』（一九六三年）では、英米のスポーツの違いが語られた。一九三〇年代終わりに渡米したジェイムズは、野球観戦中に監督が審判にクレームを付け、観客が野次を飛ばす光景を目の当たりにする。同じチームメート同士でも野次を飛ばしあっており、ジェイムズは驚嘆した。英国伝統のスポーツであるクリケットの試合では、スポーツマンシップという互いの選手を称え合う紳士的なふるまいが要求されるからである。また、一九五〇年に大学バスケットボールの八百長事件が起こった際、起こりうることだという反応を示す周囲のアメリカ人に対する驚きも記している。ジェイムズはアメリカ社会に、何かを信じるという「忠誠心」がないと考えた。彼は『理由なき反抗』（一九五六年）で描かれる若者の姿を連想し、虚無的で懐疑的なアメリカの実像に思い至ったのである。「嘘だと言ってよ、ジョー」という少年の叫びがメディアにより捏造された言葉であったように、スポーツ文化の底流にも忠誠心の欠如が見えたのである。

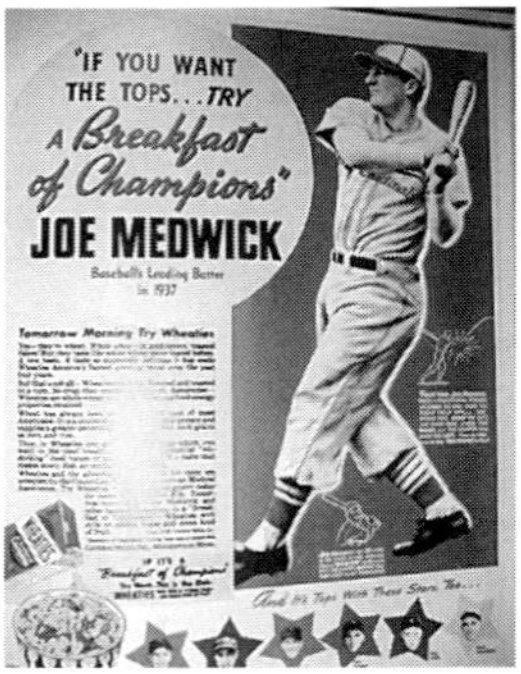

図4　メジャーリーグとシリアル食品のコラボ

観客のいないスポーツ

ジェイムズによれば、忠誠心の欠如したスポーツ文化を育て上げた要因の一つが、観客であった。ジョン・アーヴィング（John Irving, 1942- ）の小説『ホテル・ニューハンプシャー』（一九八一年）では、観戦文化という競技者の後景が描かれる。舞台はニューハンプシャーの田舎町。ハーレム・ルネサンスで開花したダンス熱が冷めた一九五〇年代、スポーツ観戦の人気が田舎町でも高まっていく。高校では女子がクロッケー、男子はアメリカンフットボール（略称アメフト）というジェンダー化された「見せる」スポーツが人気を博す。また、母校の名声を高めるべく、優秀な黒人スポーツ選手が集められる。観戦熱が高まるなか、黒人選手は冷静だ。勝利以外は何も期待されていないことを、彼らは理解しているからである。ジェームズ・ジョーンズ（James Jones, 1921-77）の小説『地上《ここ》より永遠《とわ》に』（一九五一年）でも、主人公は軍隊で上官のためにボクシングをするよう求められる。観戦者の歓喜や栄誉のためのスポーツは、競技者と競技の親密な関係を奪うのである。それゆえに、アーネスト・ヘミングウェイ（Ernest Hemingway, 1899-1961）は『老人と海』（一九五二年）で、観客のいない海での壮絶な漁を、幻の名勝負のように描くのである。

スポーツと力の論理

アメリカではいわゆる「アメリカン・スポーツ」以外にたいする関心が、テレビ視聴率の点からも高くはないといわれてきた。アメフトなどと比べた場合、オリンピックや世界陸上、サッカー・ワールドカップの視聴率は低調だ。ただしアメリカは、

図５　映画『ステロイド合衆国』と筋肉美への憧れ

第二次世界大戦後のオリンピックにおけるメダル獲得数では、常に最上位を競ってきた。つまり視聴率に相反し、勝てる競技への関心は高いのである。とくに冷戦下のソビエトに対しては、スポーツは勝つためにあるという力の論理が強く働いた。

映画『ステロイド合衆国　スポーツ大国の副作用』（二〇〇八年）によれば、この力の論理が、外国に負けることのない国内スポーツへの熱狂を生み、選手を薬物使用へと駆り立てた。「ビガー、ストロンガー、ファスター」というオリンピック風の合い言葉で強靱な筋肉をつける時代が、レーガン政権期に登場したのである。「強いアメリカ」を標榜した一九八〇年代、シルベスター・スタローンやアーノルド・シュワルツェネガーといった筋肉美を誇る映画俳優が人気を博した。スポーツ界においても筋肉増強剤などの薬物使用が蔓延し、陸上の英雄カール・ルイスも使用を疑われた。本格的な規制の議論は、八八年のオリンピック陸上一〇〇メートル決勝以降のことである。カナダの選手が薬物使用で金メダルを剝奪されたが、映画はルイスを勝利者にするための操作が働いたと推測する。

こうしたスポーツ文化には、軍事との強い親和性がうかがえる。二〇一一年の「ジェロニモ作戦」で米軍は、九・一一の首謀者としてビンラディン容疑者を殺害した。大統領の「仕留めた」という歓喜の声には、スポーツハンティングの伝統が蘇る。この軍事における遊興性が、今も観衆としての国民を興奮させるのである。そして、伝統の継承には文学も大きく貢献した。一九世紀に「インディアン狩り」が行われる最中、前述の作家クーパーは先住民と白人の「高貴な」狩猟を描いた。スポーツ化される軍事行動を、文学的な香りで覆い隠したのである。（小谷一明）

54

メディアとコマーシャル——アメリカの動脈とそこから生まれるメッセージ

図１　人気ニュースキャスター：ケイティ・コーリック

溶け込む広告

アマチュアがアイドルを目指して歌のパフォーマンスを競うＴＶ番組「アメリカン・アイドル」の審査員の飲み物には、コカ・コーラの文字が見えている。人気のＴＶドラマ「セックス・アンド・ザ・シティ」では、主人公のコラムニストが、愛用しているアップル社製のコンピューター越しに映される。これらは「プロダクト・プレイスメント」、または「ブランデッド・エンターテインメント」と呼ばれる。マスメディアが、番組のなかに商品やサービスを溶け込ませる間接的な広告手法で、これを広告だと気づかない視聴者も多い。メディアとコマーシャルの緊密な関係は、こうした絶妙なアイディアによって、アメリカの経済的な成長を大きく下支えしてきた。

メディアとコマーシャルの相互依存

二〇世紀のアメリカは、メディアの力を借りて、商品やサービスの情報を広く人々に知らせたい企業と、そうした企業からの広告収入に頼るメディアの相互依存によって、その経済発展が進んできた。メディアが利潤の追求や既得権益の保守・拡大のために、スポンサーや政治と結びつくという力学が働く。他方、番組制作者側は、より公平で中立な立場に立った番組提供を心がけない限り、人々からの信頼を得、視聴率や購読者数を増やす道はないと考える。それによってこそ、メディア

図２　アメリカのトークショーの顔：オプラ・ウィンフリー

の倫理の均衡は保たれる。メディアとスポンサーとは相互批判的で、相互に自立的でなければならない。だがアメリカでは、二〇〇八年に「ザ・ラスベガス・サン」紙が報じた、ＦＯＸニュースの司会者のデスクにハンバーガーショップの大手企業マクドナルドの商標がわかる形でアイスコーヒーが置かれていたといったように、メディアと広告との微妙な依存関係が、しばしば露呈していることも事実である。

緊密さと危うさ

マスメディアでよく問題となるのが、事実を作為的に変える、または事実を捏造しておきながらそれを隠匿し、あたかも事実のままであるかのごとくに見せる・称する行為、いわゆる「やらせ」である。アメリカのマスメディアの番組制作に対する倫理の均衡が崩れた例としてもっともよく知られるのが、一九五六年に起きたクイズショウ「トゥエンティ・ワン」の事件である。スポンサーであった製薬会社が社のイメージを宣伝するうえで、連勝中だった回答者Ｈ・ステンペルの風貌や品格が好ましいものではないと感じていたことに端を発する。スポンサーからの苦情に頭を痛めていたプロデューサーの前に現れたのが、コロンビア大学の講師で、美貌と教養を兼ね備えたＣ・ヴァン・ドーレンであった。プロデューサーらはステンペルにわざと間違えるようもちかけ、彼は悩んだ末にその申し出を呑む。ヴァン・ドーレンが、接戦の末に勝者となるドラマチックな展開と彼の人気で視聴率は上昇、不正は継続された。だが疑問を抱いた立法管理小委員会（The House Subcommittee on Legislative Oversight）の捜査官の追跡により、この「やらせ」は白日のもとに晒

図3　90年代の NBC の様子

図4　デイヴィッド・オグルヴィ

された。実際にあったこのクイズショウにおける不正は、メディアと広告との関係の緊密さと危うさを見事に浮き彫りにしている。

アメリカの動脈――ＴＶ・ラジオのネットワーク

経済大国アメリカにコマーシャリズムという血液が循環するにはＴＶとラジオのネットワークという動脈は不可欠であり、放送網は全米の隅々にまで張り巡らされた。初のラジオ放送は、一九二〇年、ペンシルベニア州ピッツバーグのＫＤＫＡであった。車社会のアメリカでは、ラジオの人気は根強く、全米放送事業者協会によれば、二〇一一年一一月現在、ラジオ局は全米で約一万四〇〇〇。アメリカ全土に広がる約一一〇〇あまりのＴＶ局の内六〇％は、アメリカ三大ネットワーク（ＡＢＣ、ＣＢＳ、ＮＢＣ）の所有だが、ローカル局は一七〇〇もあり、また、ケーブルＴＶも早くから普及した。一九七二年には有料ＴＶネットワークであるＨＢＯが誕生。広告収入に依存せず、視聴者が好む内容を最優先して制作するビジネスモデルが台頭してきた。

「商品」ではなく、「イメージ」を売るコマーシャル

一九四八年、イギリス人のデイヴィッド・オグルヴィ（David Ogilvy, 1911-99）はアメリカに渡り、ニューヨークのマディソン街に小さな広告代理店を開いた。彼は、それまで商品やサービスの特性をアピールし、購買をひたすら訴える、いわゆる「ハード・セル」という手法が主流だった広告表現に、商品・サービス全体を取

図５　1962年のソニーUSAのポスター

り巻くイメージを訴求する「ソフト・セル」という新境地を開いた。以来、ニューヨークのマディソン街は広告界の代名詞となり、アメリカ国内のみならず、世界を代表する大手企業の広告がその地を中心に生み出されることになった。

メディアのさらなる多様化

近年、アメリカのＴＶ番組では、「リアリティＴＶ」が人気である。そこに登場する一般人が、ある特定の商品やサービスについて語ることで思わぬＰＲにつながるケースもある。有名人と普通の人々との差、そして人々の口コミと従来の広告形式との間の境界が曖昧になっている。いわゆる、つなぎ目がないという意味の「シームレス」であり、関係性に優劣がない「フラット」になっていく現象が、番組のあり方や広告の形式そのものの多様化に影響している。

だが、この現象はＴＶに限ったことではなく、最近のメディア全般に見られる大きな特徴である。アメリカ生まれのＳＮＳ（ソーシャル・ネットワーク・サービス）はその典型だろう。プラットフォームといわれる、いわば、プレーグラウンドを用意するだけで、中身は利用者側が自分で自在に作成する。その方が利用率も高く、制作費用が少なくて済む。そこにはあたかも、広告が存在しないかのように見えるが、商品やサービスの話題が豊富に語られている。コマーシャルの生誕の地アメリカは、ソーシャル・メディアという新たなメディアも生んだ。メディアそのものを含む新しい発想と、それを運用し、利益を上げるための、多様なコマーシャルの追求は、今も昔もアメリカの原動力である。

（中村優子）

55

ハリウッド——誕生から現在まで

図1　ハリウッドサイン

ハリウッドの誕生

映画の歴史は一九世紀後半に始まるが、そのころのアメリカ映画産業の中心はニューヨークなどの東部だった。発明王トーマス・エジソン（Thomas Alva Edison, 1847-1931）らは次々に映画の装置を開発し、作品を製作し、映画産業を築いていった。そして産業は急成長し、一九一〇年ごろまでには映画の需要が高まっていくが、冬が長い東部では、映画を安定供給することが難しく、しだいに暖かくてさまざまなロケを行うことができ、映画撮影に適したロサンゼルス周辺を一拠点として製作が行われるようになっていった。一九一一年の冬のシーズンにはネスター（Nestor）という会社がハリウッドの地に初めて映画のスタジオを建設し、一五年までにはアメリカ映画の八〇％がロサンゼルス、つまり映画の都ハリウッドで作られたともいわれる。

この時代の重要な映画製作者の一人にD・W・グリフィス（David Wark Griffith, 1875-1948）がいる。さまざまな映画の技法を用いて、物語映画の文法の確立に貢献したといわれている。東部で映画を作っていたグリフィスの一行も、一〇年以降、冬の間はカリフォルニアに移って映画製作を行った。一五年に公開された『国民の創生』は、KKKや黒人描写で物議をかもしながらも大成功を収め、次作『イントレランス』（一九一六年）の製作にあたっては、ハリウッドに大掛かりな古代バビロンのセットを組み撮影を行った。

図2　ハリウッド初の映画会社，ネスター

ハリウッドの全盛期とその衰退

ハリウッド映画産業はヨーロッパから移民してきたユダヤ人によって作られたといわれるが、彼らはのちにメジャーと呼ばれる大映画会社を一九二〇年代までに次々と創業した。映画業界では、会社が専属の役者やスタッフを雇い、工場のような分業により映画を製作するスタジオシステムのもと、一つの会社が製作、配給、上映のすべてを統括する垂直統合というビジネスモデルが主流になり、映画が産業として飛躍することに貢献した。その後、サイレントからトーキーへの技術革新や大恐慌の影響などによる産業構造の変化を経て、三〇年代の終わりまでにはビッグ5《ファイブ》と呼ばれる五社（パラマウント、MGM、二〇世紀フォックス、ワーナー・ブラザーズ、RKO）とリトル3《スリー》と呼ばれる三社（コロンビア、ユニヴァーサル、ユナイテッド・アーティスツ）による独占体制で黄金期が築き上げられた。特定の役者を継続的に同じような役柄に充ててスターダムにのし上げるスター・システムが強固になり、観客が物語映画を容易に理解できるよう連続性などを重んじた古典的ハリウッド映画という映画の型も確立した。

しかし、ハリウッドの垂直統合は独占禁止法に違反するとされ、四八年のパラマウント訴訟の判決により、大手映画会社は上映を担う劇場を手放すよう命じられ、独占体制は崩壊した。一九五〇年代には映画人も赤狩りの影響を受け、テレビの到来で観客数は激減し、かつてない危機を迎えた。この危機を乗り越えるべく、ハリウッドはテレビ業界とタイアップし、小さなスクリーンとの差別化を図るため、ワイドスクリーンや3Dを導入し、巨額な製作資金をかけて大作を作ったりしたが、

図３　黄金期のパラマウント社のビル

図４　『イージーライダー』の一場面

あまり効果はなく赤字も出してしまった。五〇年代後半のスタジオシステムの終焉で会社専属のスターやスタッフはフリーになり、映画会社はまったく別業種の会社に合併吸収され、六〇年代には産業構造が変わっていった。

新しいハリウッド

このような危機的状況のなか、映画作品自体を新しく、より成熟したものにし観客を呼び戻そうとする試みがなされた。それまで、暴力や性描写については、一九三〇年代に作られた映画製作倫理規定《プロダクション・コード》で厳しく制限されていたが、社会状況の変化に伴い観客が映画に求めるものも変わり、規定にそぐわない作品がヒットするという状況になった。六〇年代後半に規定は廃止され、『俺たちに明日はない』（一九六七年）、『イージーライダー』（一九六九年）などに代表されるアメリカン・ニューシネマと称される、若者の間で大人気となった作品群が台頭した。ハリウッドは新たな若い観客を獲得し、低予算でもヒット作を生み出せることに気づいたが、この製作スタイルや傾向は長くは続かなかった。

その後、最大限の収益を得るためにベストセラー小説や売れっ子スターなどを利用するブロックバスターという種類の映画がハリウッドのドル箱になっていったが、一九七五年の『ジョーズ』の公開は一つの転換期ともいわれる。商業的に成功した小説を映画化し、宣伝に力を入れ、多数の劇場で同時公開することでイベント化を図り、莫大な興業収益を獲得した。二年後に公開された『スターウォーズ』に至っては、映画のキャラクターを商品化するための権利を売ることで、興業収入以外からも多大な利益を得ることになった。八〇年代以降もこの傾向は続きさらに発展していった。多くの観客を動員するためのジャンルの混合、過剰なアクションシーンの投入、スターの起用、宣伝をしやすくするため物語を単純化したハイコンセプト作品の増加、ヒット作のシリーズ化などが進み、ビデオやＤＶＤの販売やテレビ放映、タイアップ商品などによる収入が増え、興業収入は主要な収入源ではなくなっていった。こうしてブロックバスターで復活したハリウッドは、映画産業だけに特化しない、コングロマリット化されたグローバル複合メディア産業になった。

映画に描かれたハリウッドと現在

映画はときおりハリウッドの舞台裏を描いてきたが、『ザ・プレイヤー』（一九九二年）では、近年のハリウッド映画産業の裏側が皮肉をこめて描かれている。ハリウッドの大物プロデューサーは作品を売りこみに来る脚本家に二五字以内で内容を説明するよう求め、スターは誰を使うか、ハッピーエンドなのかにこだわる。また本作品では、映画史に名高い映画、俳優、ジャンルが多々言及される。

この映画を含め、ブロックバスター以外の、独立系でより芸術性の高い作品も多数製作されてきたが、配給はハリウッドのメジャー会社、あるいはメジャーのなかの独立系部門の製作という場合が多く、経済的には大多数の作品がハリウッドの傘下に入っている。スタジオシステム崩壊後、国外からの収益が国内分を上回り、軍事産業に次ぐ大輸出産業になった映画産業は、Hollyworld という造語が示すように、今日も世界中で大きなプレゼンスを維持している。

（名嘉山リサ）

Column 7

野球――少年たちの夢

J・グリシャムの自伝的小説『ペインテッド・ハウス』（二〇〇一年）には、一九五〇年代南部の綿花農場で育った少年と家族にとって、野球がいかに「神聖」なスポーツであったかをよく伝えるエピソードが出てくる。ラジオから流れるセントルイス・カージナルスの試合は、家族全員で耳を傾ける「儀式」であり、強打者スタン・ミュージアルこそは「英雄」、少年もまたいつの日か家を出てカージナルスの一員として活躍することを夢見ている。アメリカ人にとって野球とは、まさに特別な「国民的娯楽」なのである。

野球は南北戦争前から盛んに行われ、詩人のW・ホイットマンさえ野球の栄光を讃えた。それは、単なるスポーツではない。緑の芝生に彩られた「ボール・パーク」は、生存競争の過酷な都会を離れた自然のオアシスであり、そこでは常にフェア・プレーが重んじられる。貧富の差も、人種も、社会的地位も関係ない。人間の力と知恵のストレートなぶつかり合いこそが野球であり、それはアメリカの夢の具現そのものなのだ。

肉体的に健全な者ばかりではない。障害を抱えてもその夢に引きつけられ、大リーグで活躍した選手もいた。一九九三年九月、オハイオ州クリーブランド。地元のインディアンズが敗れたにもかかわらず、観衆は大歓声でヤンキーズの勝利投手を讃えていた。ノーヒット・ノーランの快挙。マウンドには生まれつき片腕の投手。J・アボット投手のミラクル・ピッチングであった。「奇跡の隻腕」といわれた。プロ入り前はソウル・オリンピックでアメリカチームの投手として金メダルを獲得している。

しかし、アボットには、偉大な先輩がいた。P・グレイ。一九四五年セントルイス・ブラウンズ入りした片腕の外野手である。六歳の時、トラックの事故で右腕を切断した。しかし、野球がやりたかった。父に観に連れていってもらったニューヨーク・ヤンキーズが忘れられなかったという。仲間の草野球にも入れてもらえなかった。それでも片手でバットを振り、驚くべき守備の手法を編み出し強打者になった。プロの入団試験はことごとく落ちた。しかし、あきらめなかった。そして、ついに夢をかなえたのである。「ベーブ・ルース以来の人気者」といわれた。その年の打率二割一分三厘。はじめて夢のヤンキー・スタジアムに登場した五月一九日には、五本のヒットを打ち二打点をあげている。まさにアメリカの夢をかなえた不屈の魂といえよう。野球とは何というスポーツか！

（成田雅彦）

世界文化シリーズ

書名	編著者	体裁・価格
イギリス文化 55のキーワード	木下卓・窪田憲子・久守和子・山田雄三 編著	A5判 二九六頁 本体二四〇〇円
アメリカ文化 55のキーワード	笹田直人・野田研一・山里勝己 編著	A5判 二九八頁 本体二五〇〇円
フランス文化 55のキーワード	朝比奈美知子・横山安由美 編著	A5判 三〇四頁 本体二五〇〇円
ドイツ文化 55のキーワード	濱中春・畠山寛 編著	A5判 三〇四頁 本体二五〇〇円
イタリア文化 55のキーワード	宮坂眞人 編	A5判 二八〇頁 本体三〇〇〇円
中国文化 55のキーワード	武田雅哉・加部勇一郎・田村容子 編著	A5判 二九六頁 本体二五〇〇円

世界文化シリーズ〈別巻〉

書名	編著者	体裁・価格
英米児童文化 55のキーワード	白井澄子 編著	A5判 二九八頁 本体二五〇〇円
マンガ文化 55のキーワード	竹内オサム・西原麻里 編著	A5判 二六〇頁 本体二九〇〇円
アニメーション文化 55のキーワード	須川亜紀子・米村みゆき 編著	A5判 二四八頁 本体二八〇〇円
概説 イギリス文化史	佐久間康夫・中野葉康・太田雅孝 編著	A5判 三二八頁 本体三〇〇〇円
概説 アメリカ文化史	笹田直人・堀岡直美・外岡尚美 編著	A5判 三〇七頁 本体三〇〇〇円

―― ミネルヴァ書房 ――

https://www.minervashobo.co.jp/

世界文化シリーズ③
アメリカ文化 55のキーワード

2013年11月10日　初版第1刷発行　〈検印省略〉
2020年11月30日　初版第4刷発行

定価はカバーに
表示しています

編著者　笹田直人
　　　　野田研一
　　　　山里勝己
発行者　杉田啓三
印刷者　中村勝弘

発行所　株式会社　ミネルヴァ書房
607-8494 京都市山科区日ノ岡堤谷町1
電話代表 (075)581-5191
振替口座 01020-0-8076

　中村印刷・新生製本

ISBN978-4-623-06771-8

Printed in Japan

編著者紹介

笹田直人（ささだ・なおと）

現在　明治学院大学文学部英文学科教授。

著書　『アメリカ文学の冒険』（共著）彩流社，1998年。

『多文化主義で読む英米文学』（共編著）ミネルヴァ書房，1999年。

『記憶のポリティックス――アメリカ文学における忘却と想起』（共著）南雲堂フェニックス，2001年。

『概説　アメリカ文化史』（共編著）ミネルヴァ書房，2002年。

『〈都市〉のアメリカ文化学』（編著）ミネルヴァ書房，2011年。

『〈移動〉のアメリカ文化学』（共著）ミネルヴァ書房，2011年。

訳書　マーティン・ジェイ『永遠の亡命者たち――知識人の移住と思想の運命』（共訳）新曜社，1989年。

野田研一（のだ・けんいち）

現在　立教大学名誉教授。

著書　『交感と表象――ネイチャーライティングとは何か』松柏社，2003年。

『岩波講座　文学７　つくられた自然』（共著）岩波書店，2003年。

『越境するトポス――環境文学論序説』（共編著）彩流社，2004年。

『シリーズもっと知りたい名作の世界「ウォールデン」』（共著）ミネルヴァ書房，2006年。

『自然を感じるこころ』筑摩書房，2007年。

『英語文学事典』（共編著）ミネルヴァ書房，2007年。

『〈風景〉のアメリカ文化学』（編著）ミネルヴァ書房，2011年。

『〈都市〉のアメリカ文化学』（共著）ミネルヴァ書房，2011年。

『異文化コミュニケーション学への招待』（共編著）みすず書房，2011年。

山里勝己（やまざと・かつのり）

現在　名桜大学国際学群教授，琉球大学名誉教授。
著書　『戦後沖縄とアメリカ――異文化接触の50年』（共編）沖縄タイムス社，1995年
『場所を生きる――ゲーリー・スナイダーの世界』山と渓谷社，2006年
『琉大物語　1947-1972』琉球新報社，2010年
『〈移動〉のアメリカ文化学』（編著）ミネルヴァ書房，2011年。
『〈風景〉のアメリカ文化学』（共著）ミネルヴァ書房，2011年。
『〈オキナワ〉人の移動，文学，ディアスポラ』（共編）彩流社，2013年。
Literature of Nature: An International Sourcebook.（共編）London: Fitzroy Dearborn, 1998.
Voices from Okinawa.（共編）U of Hawaii P, 2009.
Living Spirit: Literature and Resurgence in Okinawa.（共編）U of Hawaii P, 2011.
訳書　ゲーリー・スナイダー『惑星の未来を想像する者たちへ』（共訳）山と渓谷社，2000年。
ゲーリー・スナイダー『終わりなき山河』（共訳）思潮社，2002年。
ゲーリー・スナイダー『For the Children 子どもたちのために』（編・訳）野草社，2013年。
ゲーリー・スナイダー・山尾三省『聖なる地球の集いかな』（編・訳）野草社，2013年。

執筆者紹介（五十音順，＊印は編著者，執筆分担）

有満麻美子（ありみつ・まみこ）13，50

現在　立教女学院短期大学教授

著書　『現代批評のプラクティス　第三巻フェミニズム』（共著）研究社，1995年
『ハイパーヴォイス』（共著）ジャストシステム，1996年
『アメリカ文学の冒険――空間の想像力』（共著）彩流社，1998年
『アメリカ小説の変容――多文化時代への序奏』（共著）ミネルヴァ書房，2000年
『英語文学事典』（共著）ミネルヴァ書房，2007年

訳書　テリー・イーグルトン『ワルター・ベンヤミン――革命的批評に向けて』（共著）勁草書房，1988年
ランカスター大学女性学研究センター編『日英対象女性学ブックガイド』（監訳）三修社，1995年
『世界文学のフロンティア　第５巻　私の謎』（共訳）岩波書店，1997年

今福龍太（いまふく・りゅうた）16

現在　東京外国語大学総合国際学研究院教授

著書　『クレオール主義』青土社，1991年（ちくま学芸文庫，2003年）
『ミニマ・グラシア――歴史と希求』岩波書店，2008年
『群島-世界論』岩波書店，2008年
『身体としての書物』東京外国語大学出版会，2009年
『レヴィ=ストロース　夜と音楽』みすず書房，2011年
『薄墨色の文法』岩波書店，2011年

大和田俊之（おおわだ・としゆき）49，51

現在　慶應義塾大学准教授

著書　『アメリカン・テロル――内なる敵と恐怖の連鎖』（共著）彩流社，2009年
『村上春樹を音楽で読み解く』（共著）日本文芸社，2010年
『アメリカ音楽史――ミンストレル・ショウ，ブルースからヒップホップまで』（単著）講談社選書メチエ，2011年
『文化系のためのヒップホップ入門』（共著）アルテスパブリッシング，2011年
『民謡からみた世界音楽――うたの地脈を探る』（共著）ミネルヴァ書房，2012年

小倉いずみ（おぐら・いずみ）２，15

現在　大東文化大学教授

著書　『新版アメリカ文学史――コロニアルからポストコロニアルまで』（共著）ミネルヴァ書房，2000年
『ジョン・コットンとピューリタニズム』（単著）彩流社，2004年
『歴史のなかの政教分離――英米におけるその起源と展開』（共著）彩流社，2004年
『ソローとアメリカ精神――米文学の源流を求めて』（編著書）金星堂，2012年
『トマス・フッカーとコネチカット』金星堂，2020年

小谷一明（おだに・かずあき） 27，31，53

現在　新潟県立大学教授

著書　『越境するトポス――環境文学論序説』（共著）彩流社，2004年
『変容するアメリカ研究のいま――文学・表象・文化をめぐって』（共著）彩流社，2007年
『「場所」の詩学――環境文学とは何か』（共著）藤原書店，2008年
『〈移動〉のアメリカ文化学』（共著）ミネルヴァ書房，2011年

北村　文（きたむら・あや） 23，24

現在　津田塾大学准教授

著書　『日本女性はどこにいるのか――イメージとアイデンティティの政治』勁草書房，2009年
『英語は女を救うのか』筑摩書房，2011年
『現代エスノグラフィ――新しいフィールドワークの理論と実践』（共編著）新曜社，2013年

喜納育江（きな・いくえ） 3

現在　琉球大学国際地域創造学部教授

著書　『〈移動〉のアメリカ文化学』（共著）ミネルヴァ書房，2011年
『〈故郷〉のトポロジー』水声社，2011年
『ホームランドの政治学――アメリカ文学における帰属と越境』（共著）開文社出版，2019年

訳書　Tami Sakiyama, "Passing into Twilight Alley." Elizabeth McKenzie, ed. *My Postwar Life: New Writings from Japan and Okinawa*. Chicago: Chicago Quarterly Review Books, 2012.

楠元実子（くすもと・じつこ） Column 2，29

現在　熊本高等専門学校教授

著書　『アメリカ作家の異文化体験』（共著）開文社，1999年
『アメリカ文学と狂気』（共著）英宝社，2000年
『アメリカ作家の理想と現実――アメリカンドリームの諸相』（共著）開文社，2006年
『〈移動〉のアメリカ文化学』（共著）ミネルヴァ書房，2011年

黒沢眞里子（くろさわ・まりこ）47，Column 6

現在　専修大学教授

著書　『アメリカ田園墓地の研究――生と死の景観論』（単著）玉川大学出版部，2000年

『都市空間の再構成』（共著）専修大学出版部，2007年

『移動と定住の文化誌――人はなぜ移動するのか』（共著）彩流社，2011年

『〈風景〉のアメリカ文化学』（共著）ミネルヴァ書房，2011年

『新時代アメリカ社会を知るための60章』（共著）明石書店，2013年

訳書　バーバラ・ノヴァック『自然と文化――アメリカ風景と絵画 1825－1785』玉川大学出版部，2000年

デイヴィッド・C. ミラー『ダーク・エデン――19世紀アメリカ文化のなかの沼地』彩流社，2009年

ドルー・ギルピン・ファウスト『戦死とアメリカ――南北戦争62万人の死の意味』彩流社，2010年

後藤和彦（ごとう・かずひこ）6

現在　東京大学大学院人文社会系研究科教授

著書　『迷走の果てのトム・ソーヤー――小説家マーク・トウェインの軌跡』松柏社，2000年

『敗北と文学――アメリカ南部と近代日本』松柏社，2005年

*笹田直人（ささだ・なおと）Introduction 1，Introduction 3，28，33，35

編著者紹介参照

白川恵子（しらかわ・けいこ）10，22，37

現在　同志社大学教授

著書　『バード・イメージ――鳥のアメリカ文学』（共著）金星堂，2010年

『〈都市〉のアメリカ文化学』（共著）ミネルヴァ書房，2011年

『アメリカ文学における「老い」の政治学』（共著）松籟社，2012年

『ソローとアメリカ精神――米文学の源流を求めて』（編著書）金星堂，2012年

『抵抗者の物語――初期アメリカの国家形成と犯罪者的無意識』小鳥遊書房，2019年

訳書　ヘンリー・ゲイツ・ジュニア『シグニファイング・モンキー――もの騙る猿／アフロ・アメリカン文学批評理論』（共訳）南雲堂フェニックス，2009年

管　啓次郎（すが・けいじろう）36

現在　明治大学理工学部教授

著書　『ストレンジオグラフィ』左右社，2013年

『ろうそくの炎がささやく言葉』（共編著）勁草書房，2011年

訳書　サン=テグジュペリ『星の王子さま』角川文庫，2011年

竹内理矢（たけうち・まさや） 39，Column 5，44

現在　明治大学准教授

著書　『〈日本幻想〉表象と反表象の比較文化論』（共著）ミネルヴァ書房，2015年
『フォークナーと日本文学』（共著）松柏社，2019年

論文　"Postwar Homosocial Bonding: Love and Value in *The Sun Also Rises*." *The Journal of the American Literature Society of Japan*. No.11, 2013年
「自己処罰としての創作行為――『八月の光』、クリスマスとハイタワー」『アメリカ文学研究』44号，2008年

外岡尚美（とのおか・なおみ） 4，7，8

現在　青山学院大学教授

著書　『境界を越えるアメリカ演劇――オールタナティヴな演劇の理解』（共編著）ミネルヴァ書房，2001年
『概説　アメリカ文化史』（共編著）ミネルヴァ書房，2002年
『ギリシア劇と能の再生――声と身体の諸相』（共著）水声社，2009年
『〈都市〉のアメリカ文化学』（共著）ミネルヴァ書房，2011年

訳書　イヴ・コゾフスキーセジウィック『クローゼットの認識論――セクシュアリティの20世紀』青土社，1999年
ボビー・アン・メイソン『エルヴィス・プレスリー』岩波書店，2005年

豊里真弓（とよさと・まゆみ） 30

現在　札幌大学教授

著書　『ネイティヴ・アメリカンの文学――先住民文学の変容』（共著）ミネルヴァ書房，2002年

中村優子（なかむら・ゆうこ） 54

現在　立教大学大学院異文化コミュニケーション研究科博士後期課程

著書　『あなたの暮らしが世界を変える』（共著）山と渓谷社，2007年
International Journal of Comic Art. Vol.12, Nos.2/3,（共著）IJOCA., Fall 2010
『環境という視座：日本文学とエコクリティシズム』（共著）勉誠出版，2011年
『異文化コミュニケーション辞典』（共著）春風社，2013年

名嘉山リサ（なかやま・りさ） 55

現在　沖縄工業高等専門学校准教授

著書　『映画の身体論』（共著）ミネルヴァ書房，2011年
『人の移動、拡散、融合の人類史――沖縄の経験と21世紀への提言』（共著）彩流社，2013年

成田雅彦（なりた・まさひこ）26，Column 7

現在　専修大学教授

著書　『ホーソーンと孤児の時代——アメリカン・ルネサンスの精神史をめぐって』ミネルヴァ書房，2012年

『環大西洋の想像力——越境するアメリカン・ルネサンス文学』（共著）彩流社，2013年

『アメリカン・ルネサンス——批評の新生』（共編著）開文化出版，2013年

＊野田研一（のだ・けんいち）1，5，9，Introduction 4，Introduction 6，41，Introduction 7

編著者紹介参照

波戸岡景太（はとおか・けいた）18，19，48

現在　明治大学教授

著書　『オープンスペース・アメリカ——荒野から始まる環境表象文化論』左右社，2009年

『コンテンツ批評に未来はあるか』水声社，2011年

『動物とは「誰」か？——文学・詩学・社会学との対話』水声社，2012年

『ピンチョンの動物園』水声社，2011年

『ラノベのなかの現代日本——ポップ／ぼっち／ノスタルジア』講談社現代新書，2013年

日高　優（ひだか・ゆう）45，46

現在　立教大学准教授

著書　『現代写真のリアリティ』（共著）角川書店，2003年

『美術史の７つの顔』（共著）未來社，2005年

『現代アメリカ写真を読む——デモクラシーの眺望』青弓社，2009年

『〈風景〉のアメリカ文化学』（共著）ミネルヴァ書房，2011年

ピーター・ソーントン（Peter Thornton）21

現在　中央大学准教授

著書　『現代エスノグラフィー——新しいフィールドワークの理論と実践』（共著）新曜社，2013年

藤村　希（ふじむら・のぞみ）11，17

現在　亜細亜大学准教授

著書　『ホーソーンの軌跡——生誕二百年記念論集』（共著）開文社出版，2005年

『変容するアメリカ研究のいま——文学・表象・文化をめぐって』（共著）彩流社，2007年

『〈風景〉のアメリカ文化学』（共著）ミネルヴァ書房，2011年

細谷　等（ほそや・ひとし）14，40

現在　明星大学教授

著書　『他者・眼差し・語り――アメリカ文学再読』（共著）南雲堂フェニックス，2005年

『ライ麦畑でつかまえて』（共著）ミネルヴァ書房，2006年

『児童文学研究，そして，その先へ』（上）（共著）久山社，2007年

『国家・イデオロギー・レトリック――アメリカ文学再読』（共著）南雲堂フェニックス，2009年

『〈都市〉のアメリカ文化学』（共著），ミネルヴァ書房，2011年

山越邦夫（やまこし・くにお）12，25，34

現在　明治学院大学非常勤講師

著書　『論集「イングリッシュ・エレジー」――ルネッサンス・ロマン派・20世紀』（共著）音羽書房鶴見書店，2000年

『概説アメリカ文化史』（共著）ミネルヴァ書房，2002年

『〈都市〉のアメリカ文化学』（共著）ミネルヴァ書房，2011年

訳書　オットー・L・ベットマン『目で見る金ぴか時代の民衆生活』（共訳）草風館，1999年

*山里勝己（やまざと・かつのり）Column 1，Introduction 2，20，32，Introduction 5，38，43

編著者紹介参照

山本洋平（やまもと・ようへい）Column 3，4

現在　戸板女子短期大学専任講師

著書　『水声通信　特集エコクリティシズム』（共著）水声社，2010年

『ヘミングウェイ大事典』（共著）勉声出版，2012年

『ソローとアメリカ精神――米文学の源流を求めて』（共著）金星堂，2012年

結城正美（ゆうき・まさみ）42，52

現在　青山学院大学文学部教授

著書　『水の音の記憶――エコクリティシズムの試み』水声社，2010年

『他火のほうへ――食と文学のインターフェイス』水声社，2012年

East Asian Ecocriticisms: A Critical Reader（共著），Palgrave Macmillan, 2013.

索　引

原則として，人名に続けてその作品名を列記している。

ア　行

タ　行

ナ　行

ハ　行

マ 行

ラ・ワ 行

写真・図版出典一覧

章　扉

第１章　*The American Presidency.* Washington: Smithsonian Institution Press, 2000.

第２章　Merchant, Carolyn. *Reinventing Eden: The Fate of Nature in Western Culture.* Routledge, 2003.

第３章　Stryker, Susan and Jim Van. Buskirk. *Gay by the Bay: A History of Queer Culture in the San Francisco Bay Area.* San Francisco: Chronicle Books, 1996.

第４章　Bailey, Suzanne. *Essential History of American Art.* Diane publishing, 2001.

第５章　*We, the People: The Story of the United States Capitol.* United States Capitol: Washington, D.C., 2002.

第６章　Gohr, Siegfried. *Magritte: Attempting the Impossible.* Antwerp, Belgium: Ludion, 2009.

第７章　Evers-Williams, Myrlie. *Civil Rights Chronicle: The African-American Struggle for Freedom.* Legacy, 2003.

第１章

1

図１　レコードジャケット。

図２，３　Rawles, Walter. *The Great Book of Currier & Ives' America.* New York: Harrison House, 1979.

図４　Hakim, Joy. *A History of Us: War, Peace, and All That Jazz.* New York: Oxford UP, 2003.

図５　Kazin, Alfred. *A Writer's America: Landscape in Literature.* New York: Knopf, 1988.

2

図１　Courtesy, American Antiquarian Society.

図２　The Connecticut Historical Society, Hartford, Connecticut.

図３　Emmet Collection, Miriam and Ira D. Wallach Division of Art, Prints and Photographs, The New York Public Library, Astor, Lenox and Tilden Foundations.

図４　小倉いずみ氏撮影（2011年８月29日）。

3

図１，２　Meredith, America. *Face to Face: Portraits by America Meredith.* Santa Fe: Wheelwright Museum of the American Indian, 2006.

図３　Adelman, Bob. *Mine Eyes Have Seen: Bearing Witness to the Struggle for Civil Rights.* Life: Great Photographers Series. New York: Time, 2007.

4

図１～４　Raphael, Ray. *Founder: The People Who Brought You a Nation.* New York: The New Press, 2009.

5

図 1 ～ 3　Grafton, Anthony. *New Worlds, Ancient Texts: The Power of Tradition and the Shock of Discovery.* The Belknap Press of Harvard UP, 1992.

図 4　Conron, John. ed. *The American Landscape: A Critical Anthology of Prose and Poetry.* New York: Oxford UP, 1973.

6

図 1　Daherty, Kieran. *Soldiers, Cavaliers, and Planters: Settlers of the Southern Colonies.* Minneapolis: The Olive Press, 1999.

図 2　Internet

図 3　Shuter, Jane, ed. *Charles Ball and American Slavery.* Austin, TX: Raintree Steck-Vaughn, 1995.

図 4　Stowe, Harriet Beecher. *Uncle Tom's Cabin; or, Life Among the Lowly.* Ed. Elizabeth Ammons. 1852. New York: Norton, 2010.

図 5　Internet

7

図 1，2　Silver, Alain and James Ursini, eds. *Gangster Film Reader.* Pompton Plains, NJ: Limelight Editions, 2007.

図 3　外岡尚美氏撮影。

8

図 1 ～ 4　Foote, Kenneth E. *Shadowed Grounnd: America's Landscapes of Violence and Tragedy.* Austin, TX: U of Texas P, 2003.

コラム 1

図 1　Atheran, Robert G. *A New Nation.* Vol. 4 of *The American Heritage New Illustrated History of the United States.* New York: Dell Publishing, 1963.

第 2 章

9

図 1，2　DVD カバー。

図 3　Ludgate, V. R. "Katahdin, Sentinel of the North Woods." *The Regional Review.* Volume 1, No.3, September, 1938.

図 4　Christie, John Aldrich. *Thoreau as World Traveler.* New York: Columbia UP, 1965.

10

図 1　Bell, Rachael. "Skywayman: The Story of Frank Abagnale Jr." *Crime Library: Criminal Minds and Methods.* Web.

図 2　"Crime and Mystery: Top 10 Famous Con Man." *Listverse: Ultimate Top to List.* Web.

図 3　フランク・W. アバグネール『ドキュメント大詐欺師――俺を捕まえてみろ！』吉村透訳，徳間書店，1981年。

図 4　（左）映画カバーケース。

（右） アバグネイル，フランク・W.『世界No.1詐欺師が教える華麗なる騙しのテクニック』高橋則明訳，アスペクト，2004年。

図５ （左） J. R. "Yellow Kid" Weil and W. T. Brannon. *"Yellow Kid" Weil: The Autobiography of America's Master Swindler.* Oakland: AK Press, 2011.

（右） J. R. "Yellow Kid" Weil and W. T. Brannon. *Con Man: A Master Swindler's Own Story.* New York: Broadway Books, 2004.

11

図１ Lewis, R. W. B. *The American Adam: Innocence, Tragedy, and Tradition in the Nineteenth Century.* Chicago: U of Chicago P, 1955.

図２ Mellow, James R. *Nathaniel Hawthorne in His Times.* 1980. Baltimore: Johns Hopkins UP, 1998.

図３，４ Twain, Mark. *The Diaries of Adam and Eve.* Foreword by Shelley Fisher Fishkin. Intro. Ursula K. Le Guin. Afterword by Laura E. Skandera-Trombley. New York: Oxford UP, 1996.

図５ Belasco, Susan, and Linck Johnson. *The Bedford Anthology of American Literature.* Vol. 2, 1865 to the Present. Boston: Bedford, 2008.

12

図１ 合衆国１ドル紙幣。

図２，４ The Reader's Digest. *America A to Z: People, Places, Customs, and Culture.* New York: The Reader's Digest, 1997.

図３ Lemay, J.A. Leo. *Did Pocahontas Save Captain John Smith?* Athens: U of Georgia P, 1992.

13

図１～３ ジェイムズ・H. コーン『夢か悪夢か・キング牧師とマルコムX』梶原寿訳，日本基督教団出版局，1996年。

14

図１，４，５ Chermayeff, Ivan, Fred Wasserman, and Mary J. Shapiro. *Ellis Island: An Illustrated History of the Immigrant Experience.* New York: Macmillan, 1991.

図２，３ Steiner, Edward A. *On the Trail of the Immigrant.* New York: Arno Press, 1969.

15

図１ Picture Collections, The New York Public Library, Astor, Lennox and Tilden Foundations.

図２ 小倉いずみ氏撮影（2010年８月22日）。

図３ Library of Congress Prints and Photographs Division, LC-USZ62-5818.

図４ Library of Congress Prints and Photographs Division, LC-USZ62-113102.

図５ Print Collection, Miriam and Ira D. Wallach Division of Art, Prints and Photographs, The New York Public Library, Astor, Lenox and Tilden Foundations.

16

図１ Internet

図 2　Eudora, Welty. *Photographs.* Jackson: UP of Mississippi, 1989.

図 3　Edouard, Glissant. *Faulkner, Mississippi.* New York: Farrar, Straus and Giroux, 1999.

図 4　Frederick, Starr, ed. *Inventing New Orleans: Writings of Lafcadio Hearn.* Jackson: UP pf Mississippi, 2001.

図 5　Lafcadio Hearn, *La Cuisine Creole.* Carlisle, MA: *Applewood Books, 2001* [orig. 1885].

コラム 2

図 1　楠元実子氏撮影。

第 3 章

17

図 1　Stanton, Phoebe B. *The Gothic Revival and American Church Architecture: An Episode in Taste 1840-1856.* 1968. Baltimore: Johns Hopkins UP, 1997.

図 2　Belasco, Susan, and Linck Johnson. *The Bedford Anthology of American Literature.* Vol. 1, Beginnings to 1865. Boston: Bedford, 2008.

図 3　Garwood, Darrell. *Artist in Iowa: A Life of Grant Wood.* 1944. Westport, CT: Greenwood, 1971.

図 4　*American Gothic.* Dir. John Hough. Perf. Rod Steiger, Yvonne de Carlo and Michael J. Pollard. 1987. Koch Vision, 2008. DVD.

図 5　*American Gothic.* By Shaun Cassidy. Prod. Sam Raimi and Robert Tapert. Perf. Gary Cole, Lucas Black, and Paige Turco. 1995-96. Universal, 2005. DVD.

18

図 1　Jay, Steven. *1001 Movies You Must See Before You Die.* Sixth Edition. London: Cassell Illustrated, 2009.

図 2　Cook, Pam, ed. *The Cinema Book: Third Edition.* London: Palgrave Macmillan, 2007.

図 3　Hill, John, and Pamela Church Gibson, eds. *American Cinema and Hollywood: Critical Approaches.* New York: Oxford UP, 2000.

図 4　Internet

19

図 1 ～ 3　Cook, Pam, ed. *The Cinema Book: Third Edition.* London: Palgrave Macmillan, 2007.

図 4　Jay, Steven. *1001 Movies You Must See Before You Die.* Sixth Edition. London: Cassell Illustrated, 2009.

20

図 1　Ginsberg, Allen. *Howl.* Ed. Barry Miles. Harper & Row, 1986.

図 2　Ginsberg, Allen. *Allen Ginsberg: Photography.* Alfadena, CA: Twelvetrees Press, 1990.

図 3　Kerouac, Jack. *On the Road* ペンギン版。

図 4　Amburn, Ellis. *Subterranean Kerouac: The Hidden Life of Jack Kerouac.* New York: St Martin's Griffin, 1998.

図 5　Miles, Barry. *Ginsberg: A Biography.* New York: Simon and Schuster, 1989.

21

図1　Mottier, Veronique. *Sexuality: A Very Short Introduction.* Oxford: Oxford UP, 2008.

図2　Cormley, Ken. *The Death of American Virtue: Clinton vs. Starr.* New York: Crown Publishers, 2010.

図3　*Rolling Stone Magazine,* July 2010.

22

図1　Adams, Judith A. *The American Amusement Park Industry: A History of Technology and Trills.* Boston: Twayne, 1991.

図2　Denson, Charles. *Cony Island: Lost and Found.* Berkeley: Ten Speed Press, 2002.

図3　Adams, Judith A. *The American Amusement Park Industry: A History of Technology and Thrills.* Boston: Twayne, 1991.

図4　(左)　図3に同じ。

(右)　Register, Woody. *The Kid of Coney Island: Fred Thompson and the Ride of American Amusements.* New York: Oxford UP, 2001.

図5，6　図4(右)に同じ。

23

図1　Walters, Margaret. *Feminism: A Very Short Introduction.* Oxford: Oxford UP, 2005.

図2　Hooks, Bell. *Ain't I a Woman: Black Women and Feminism.* Cambridge, MA: South End Press, 1999.

図3　Berger, Melody, ed. *We Don't Need Another Wave: Dispatches from the Next Generation of Feminists.* Emeryville, CA: Seal Press, 2006.

24

図1　© Glenn Francis

図2　Mottier, Véronique. *Sexuality: A Very Short Introduction.* Oxford: Oxford UP, 2008.

図3　Califia, Pat, ed. *The Lesbian S/M Safety Manual.* New York: Alyson Books, 1988.

第4章

25

図1　Epstein, Dan. *Twentieth-Century Pop Culture.* London: Carlton Books, 1999.

図2　The Reader's Digest. *America A to Z: People, Places, Customs, and Culture.* New York: The Reader's Digest, 1997.

図3　Fowler, Eugene. *One Small Step: Apollo 11 and the Legacy of the Space Age.* New York: Smithmark, 1999.

図4　Robert, H., and Richard Natkiel Ferrell. *Atlas of American History.* New York: World Publications, 2001.

26

図1，3　紀平英作・亀井俊介『世界の歴史23―アメリカ合衆国の膨張』中央公論社，1998年。

図2　Bourne, Russell. *Americans on the Move: A History of Waterways, Railwatys, and Highways;*

with Illustrations from the Library of Congress. Golden, CO: Fulcrum Publishing, 1995.

図4　加山昭『アメリカ鉄道創世記』山海堂，1998年。

27

図1　クリント・イーストウッド監督『グラン・トリノ』ワーナー・ホーム・ビデオ，2009年。[DVD]

図2　Sorensen, Charles E. *My Forty Years with Ford.* Detroit: Wayne State UP, 2006.

図3　小谷一明氏撮影。

図4　クリスティン・チョイ監督『誰がビンセント・チンを殺したのか？』東北新社，1993年。[VHS]

図5　マイク・デイヴィス『自動車爆弾の歴史』金田智之・比嘉徹徳訳，河出書房新社，2007年。

28

図1　『Vibes』vol.166，海王社，2007年8月。

図2　Reynolds, Tom. *Wild Ride.* New York: Simon and Schuster, 2000.

図3　Levingston, Tobie Gene. *Soul on Bikes: The East Bay Dragons MC and the Black Biker Set.* London: Motorbooks, 2003.

図4　Stryker, Susan, and Jim Van Buskirk. *Gay by the Bay.* San Francisco: Chronicle Books, 1996.

29

図1　El PasoとCiudad Juárezの国境にて。メキシコ側。楠元実子氏撮影。

図2　Terrell, Tracy D., Magdalena Andrade, Jeanne Egasse, and Elías Miguel Muñoz. *Dos Mundos.* New York: McGraw-Hill, 1990.

図3　Selena. *Mis Mejores Canciones: 17 Super Exitos.* (1993) CDジャケット表紙。

図4　Zangwill, Israel. *The Melting Pot.* Cover of Theater Programme. 1916. University of Iowa Libraries Special Collections Department所蔵。

図5　Lomelí, Francisco A., and Carl R. Shirley. "Gloria Anzaldúa." *Chicano Writers: Second Series.* Detroit: Gale Research, 1992.

30

図1〜5　豊里真弓氏撮影。

31

図1，3，4　小谷一明氏撮影。

図2　Schlosser, Eric. *Fast Food Nation: The Dark Side of the All-American Meal.* New York: Harper Perennial. 2005.

図5　ジム・ハイマン編『アメリカン・アドバタイジング――30』タッシェン・ジャパン，2003年。

32

図1　Halper, Jon, ed. *Gary Snyder: Dimensions of a Life.* San Francisco: Sierra Club Books, 1991.

図2　Amburn, Ellis. *Subterranean Kerouac: The Hidden Life of Jack Kerouac.* New York: St Martin's Griffin, 1998.

図3　Miles, Barry. *Ginsberg: A Biography.* New York: Simon and Schuster, 1989.

図4　山里勝己氏撮影。

第5章

33

図1，2，5　*The American Presidency.* Washington: Smithonian Institution Press, 2000.

図3　Myrlie Evers-Williams. *Civil Rights Chronicle: The African-American Struggle for Freedom.* Legacy, 2003.

図4　*We, the People: The Story of the United States Capitol.* United States Capitol: Washington, D.C., 2002.

34

図1～4　Epstein, Dan. *Twentieth-Century Pop Culture.* London: Carlton Books, 1999.

35

図1～3，5　Evers-Williams, Myrlie. *Civil Rights Chronicle; The African- American Struggle for Freedom.* Legacy, 2003.

図4　National Archives and Records Administration, No.16G-36.

図6　*Newsweek.* Monday Jan. 27. 2003.

36

図1～3　管啓次郎氏撮影。

図4　Marshall, Richard. *Jean-Michel Basquiat.* Whitney Museum of American Art, 1992.

37

図1～5　Robin, Cherry. *Catalog: The Illustrated History of Mail-Order Shopping.* New York: Princeton Architectural, 2008.

38

図1　『米国の歴史と民主主義の基本文書』米国大使館レファレンス資料室，2008年。

図2　Appleman, Roy E., et al. *Okinawa: The Last Battle.* Washington, D.C.: Center of Military History, United States Army, 1991.

図3　Remington, Frederic. *The Way of Indian.* 1906. Ed. Katsunori Yamazaato. Tokyo: Athena Press, 2007.

図4　ⓒREUTERS・SUN

39

図1～3　Dudziak, Mary L., ed. *September 11 in History: A Watershed Moment?* Durham: Duke UP, 2003.

40

図1　Stiles, T. J. *The First Tycoon: The Epic Life of Cornelius Vanderbilt.* New York: Alfred A. Knopf, 2009.

図2，4　Grafton, John. *New York in the Nineteenth Century: 317 Engravings from "Harper's Weekly" and Other Contemporary Sources.* New York: Dover, 1980.

図3　Greenwood, Janette Thomas. *The Gilded Age: A History in Documents.* Oxford: Oxford UP, 2003.

図5　Morris, Charles H. *The Tycoon: How Andrew Carnegie, John D. Rockefeller, Jay Gould, and J. P. Morgan Invented the American Supereconomy.* New York: Holt, 2005.

第6章

41

図1　Gussow, Alan. *A Sense of Place: The Artist and the American Land.* Washington, D.C.: Island Press, 1997.

図2　Car, Gerald L. *In Search of the Promised Land: Paintings by Frederick Edwin Church.* New York: Berry-Hill, 2000.

図3　Frazer Nash, Roderick. *Wilderness and The American Mind.* 4th ed. New Haven, Yale UP, 2001.

図4　Cahalan, James M. *Edward Abbey: A Life.* Tuscon: The U of Arizona P, 2001.

図5　*National Parks of America.* Graphic Arts Center Pub, 1993.

42

図1　Magoc, Chris. *Yellowstone.* Albuquerque: U of New Mexico P, 1999.

図2　Runte, Alfred. *National Parks.* 3rd ed. Lincoln: U of Nebraska P, 1997.

図3　National Parks and Federal Recreational Lands Annual Pass に付いてくるリーフレット。

図4　National Park Service 発行パンフレット。

43

図1，3，4　山里勝己氏撮影。

図2　Snyder, Gary. *Turtle Island.* New York: New Directions, 1974.

44

図1，2，4　Fenin, George N., and William K. Everson, eds. *The Western, from Silents to the Seventies.* New York: Grossman, 1977.

図3　Bolus, Jim. *Kentucky Derby Stories.* Gretna: Pelican, 1998.

45

図1，4　Mulligan, Therese, and David Wooters, eds. *The George Eastman Collection: A History of Photography: From 1839 to the Present.* Köln: Taschen, 2005.

図2　Greenough, Sarah. *Alfred Stieglitz: The Key Set: The Alfred Stieglitz Collection of Photographs.* Volume 1, 1886-1922. Washington D.C.: National Gallery of Art, 2002.

図3　Bailey, Suzanne. *Essential History of American Art.* Bath, UK: Parragon Publishing Book, 2001.

図5　Davidson, Bruce. *East 100th Street.* Los Angeles: St. Ann's Press, 2002.

46

図1　Wenders, Wim. *Written in the West: Photographien aus dem amerikanischen Western. Munchen:* Schirmrt/Mosel, 2000.

図2　Mulligan, Therese, and David Wooters, eds. *The George Eastman Collection: A History of Photography: From 1839 to the Present.* Köln: Taschen, 2005.

図3　Adams, Robert. *The New West: Landscapes Along the Colorado Front Range.* New York: Aperture, 2008.

図4　*The (Updated) Last Whole Earth Catalog: Access to Tools,* June 1975.

図5　Misrach, Richard. *Violent Legacy: Three Cantos.* New York: Aperture, 1992.

47

図1，3　Marling, Karal Ann, ed. *Designing Disney's Theme Parks: The Architecture of Reassurance.* New York: Flammarion, 1997.

図2　Lassell, Michael. *Celebration: The Story of a Town.* New York: A Roundtable Press Book, 2004.

コラム6

図1　Deetz, James. *In Small Things Forgotten: An Archeology of Early American Life.* New York: Anchor, 1996.

第7章

48

図1　Jay, Steven. *1001 Movies You Must See Before You Die.* 6th ed. London: Cassell Illustrated, 2009.

図2　Twain, Mark. *The Adventures of Huckleberry Finn.* New York: Charles L. Webster, 1885.

図3　Internet

図4　Eminem. *The Slim Shady LP.* Interscope Records, 1999.

49

図1　The Quintet/ Jazz at Massey Hall (Debut/ OJC 1953)

図2　N.W.A./ Greatest Hits (Priority 1996)

図3　Louis Gates Jr., Henry. *The Signifying Monkey: A Theory of African American Literary Criticism.* New York: Oxford UP, 1988.

50

図1　ハワード・ジン『肉声でつづる民衆のアメリカ史 下巻』寺島隆吉他訳，明石書店，2012年。

図2　Guralnick, Peter, et. al. *Martm Scorsese Presents the Blues: A Musical Journey.* New York: Amistad, 2004.

図3　Peabody, Chanles. "Notes on Negro Musr." *Journal of American Folklore* 16. 62 (1903).

51

図1　Bob Dylan/ Highway 61 Revisited (Columbia 1965)

図2　Jimi Hendrix Experience/ Are You Experienced (Track 1967)

図3　The Criterion Collection: The Complete Monterey Pop Festival [DVD] (1967, Criterion 2002)

52

図1　Smith, Andrew F., ed. *The Oxford Encyclopedia of Food and Drink in America,* Vol.1. New York: Oxford UP, 2004.

図2　Smith, Andrew F., ed. *The Oxford Encyclopedia of Food and Drink in America,* Vol.2. New York: Oxford UP, 2004.

図3　Pollan, Michael. *The Omnvivore's Dilemma.* Penguin, 2006.

図4　結城正美氏撮影。

53

図1　Salinger, J.D. *The Catcher in the Rye.* Boston: Little, Brown, 2001.

図2　Kinsella, W.P. *Shoeless Joe.* Boston: Houghton Miffin, 1999.

図3　James, C. L. R. *Beyond A Boundary.* Durham: Duke UP Books, 1993.

図4　ジム・ハイマン編『アメリカン・アドバタイジング――30』タッシェン・ジャパン，2003年。

図5　クリス・ベル監督『ステロイド合衆国――スポーツ大国の副作用』アニプレックス，2011年。

54

図1　Timberg, B. M. *Television Talk: A History of the TV Talk Show.* Austin, TX: The U of Texas P, 2002.

図2，3　Merrill, John C., John Lee and Friedlander, Edward J. *Modern Mass Media.* Edition. New York: Harper Collins College Publishers, 1994.

図4　© Ogilvy & Mather

図5　Heimann, Jim, ed. *All-American Ads 60s.* Köln: Taschen, 2003.

55

図1　名嘉山リサ氏撮影。

図2　Bowswer, Eileen. *The Transformation of Cinema 1907-1915.* Berkeley: U of California P, 1994.

図3　Lewis, Jon. *American Film: A History.* New York: Norton, 2008.

図4　Maltby, Richard. *Hollywood Cinema: An Introduction.* 2nd ed. Oxford: Blackwell, 2008.

参考文献

第1章

1

ウォルト・ホイットマン『草の葉』(上・下)酒本雅之訳，岩波文庫，1969年。

F. スコット・フィッツジェラルド『グレート・ギャッツビー』小川高義訳，光文社文庫，2009年。

Westling, Louise H. *The Green Breast of the New World: Landscape, Gender, and American Fiction.* Athens: U of Georgia P, 1996.

2

小倉いずみ『ジョン・コットンとピューリタニズム』彩流社，2004年。

大西直樹・千葉眞編『歴史のなかの政教分離——英米におけるその起源と展開』彩流社，2006年。

Hall, David D. *A Reforming People: Puritanism and the Transformation of Public Life in New England.* New York: Knopf, 2011.

Ahlstrom, Sydney E. *A Religious History of the American People.* revised ed. New Haven: Yale UP, 2004.

3

木下卓・笹田直人・外岡尚美編著『多文化主義で読む英米文学——新しいイズムによる文学の理解』ミネルヴァ書房，1999年。

Hara, Marie, and Nora Okja Keller, eds. *Intersecting Circles: The Voices of Hapa Women in Poetry and Prose.* Honolulu: Bamboo Ridge, 1999.

Rothenberg, Paula S., ed. *Race, Class, and Gender in the United States: An Integrated Study.* New York: Worth Publishers, 2009.

Trinh T. Minh-ha. *Elsewhere, within Here: Immigration, Refugeeism and the Boundary Event.* New York: Routledge, 2011.

4

有賀貞『アメリカ革命』東京大学出版会，1988年。

斎藤眞・五十嵐武士訳／斎藤眞解説『アメリカ革命』アメリカ古典文庫16，研究社，1978年。

Berkin, Carol. *Revolutionary Mothers: Women in the Struggle for America's Independence.* New York: Vintage, 2006.

5

ツヴェタン・トドロフ『他者の記号学——アメリカ大陸の征服』及川馥・大谷尚文・菊地良夫訳，法政大学出版局，1988年。

クリストーバル・コロン『コロンブス航海誌』林屋永吉訳，岩波文庫，1977年。

White, Richard. "Discovering Nature in North America." *The Journal of American History* 79. 3 (1992): 874-891.

エリック・リード『旅の思想史——ギルガメシュ叙事詩から世界観光旅行へ』伊藤誓訳，法政大学出

版局，1993年。
ピーター・ヒューム『征服の修辞学――ヨーロッパとカリブ海先住民，1492-1797年』岩尾龍太郎・正木恒夫・本橋哲也訳，法政大学出版局，1995年。
Greenfield, Bruce. *Narrating Discovery: The Romantic Explorer in American Literature 1790-1855.* New York: Columbia UP, 1992.
バーバラ・M.スタフォード『実体への旅　1760年-1840年における美術，科学，自然と絵入り旅行記』高山宏訳，産業図書，2008年。

6

Stowe, Harriet Beecher. *Uncle Tom's Cabin; or, Life Among the Lowly.* 1852. New York: Norton, 1994.（邦訳は『アンクル・トムの小屋』大橋吉之輔訳，旺文社文庫，1967年。）
Turner, Frederick Jackson. *The Frontier in American History.* 1921. Ann Arbor: U of Michigan Library, 2006.
Taylor, William R. *Cavalier and Yankee: The Old South and American National Character.* 1961. New York: Oxford UP, 1993.
Wilson, Edmund. *Patriotic Gore: Studies in the Literature of the American Civil War.* 1962. New York: Norton, 1994.（邦訳は『愛国の血糊――南北戦争の記録とアメリカの精神』中村紘一訳，研究社，1998年。）

7

スディール・アラディ・ヴェンカテッシュ『アメリカの地下経済――ギャング・聖職者・警察官が活躍する非合法の世界』桃井緑美子訳，日経BP社，2009年。
Curry, G. David, and Scott H. Decker. *Confronting Gangs: Crime and Community.* New York: Oxford UP, 2002.
Finklea, Kristin M. *Organized Crime in the United States: Trends and Issues for Congress.* Darby, PA: Diane Publishing, 2009.
Kelly, Robert J. *Encyclopedia of Organized Crime in the United States: From Capone's Chicago to the New Urban Underworld.* Westport, CT: Greenwood, 2000.
Shadoian, Jack. *Dreams and Dead Ends: The American Gangster Film.* New York: Oxford UP, 2003.
Slotkin, Richard. *Gunfighter Nation: The Myth of the Frontier in Twentieth-Century America.* Norman, OK: U of Oklahoma P, 1998.

8

有賀貞『アメリカ革命』東京大学出版会，1988年。
Foote, Kenneth E. *Shadowed Ground: America's Landscapes of Violence and Tragedy.* Austin, TX: U of Texas P, 2003.（邦訳はケネス・E.フット『記念碑の語るアメリカ――暴力と追悼の風景』和田光宏・森脇由美子・久田由佳子・小澤卓也・内田綾子・森丈夫訳，名古屋大学出版会，2002年。）
Goldberg, Robert Alan. *Enemies Within: The Culture of Conspiracy in Modern America.* New Haven: Yale UP, 2001.

▒ 第2章

9

カーク・ダグラス『カーク・ダグラス自伝――くず屋の息子』金丸美南子訳，早川書房，1989年。

E.H. エリクソン『幼児期と社会』（1，2）仁科弥生訳，みすず書房，1977年。

『アメリカ古典文庫12　D.H. ロレンス』酒本雅之訳，亀井俊介解説，研究社出版，1974年。

レスリー・A. フィードラー『消えゆくアメリカ人の帰還』渥美昭夫・酒本雅之訳，新潮社，1989年。

ヘンリー・D. ソロー『メインの森――真の野性に向う旅』小野和人訳，講談社文庫，1994年。

10

アバネイル，フランク・スタン・レディング『世界をだました男』佐々田雅子訳，新潮社，2001年。

＊アバグネイルの自伝は，新潮社からの出版に先立ち，徳間書店より『ドキュメント大詐欺師――俺を捕まえてみろ！』（吉村透訳）のタイトルで1981年に出版された。

アバグネイル，フランク・W.『世界 No.1 詐欺師が教える華麗なる騙しのテクニック』高橋則明訳，アスペクト，2004年。

デヴィッド・W. モラー『詐欺師入門――騙しの天才たち：その華麗なる手口』山本光伸訳，光文社，1999年。

スティーヴン・スピルバーグ『キャッチ・ミー・イフ・ユー・キャン』ユニバーサル・ピクチャーズ・ジャパン，2003年，DVD。

山口ヨシ子『女詐欺師たちのアメリカ――19世紀女性作家とジャーナリズム』彩流社，2006年。

ハーマン・メルヴィル『詐欺師』原光訳，八潮出版，1997年。

マーク・トウェイン『ハックルベリー・フィンの冒険』大久保博訳，角川書店，2004年。

11

亀井俊介『アメリカのイヴたち』文藝春秋，1983年。

Earnest, Ernest. *The American Eve in Fact and Fiction, 1775-1914.* Urbana: U of Illinois P, 1974.

Fryer, Judith. *The Faces of Eve: Women in the Nineteenth Century American Novel.* New York: Oxford UP, 1976.

Lewis, R. W. B. *The American Adam: Innocence, Tragedy, and Tradition in the Nineteenth Century.* Chicago: U of Chicago P, 1955.

12

R. W. エマソン『エマソン論文集』（上・下）酒本雅之訳，岩波文庫，1972年。

H. D. ソロー『森の生活―ウォールデン』（上・下）飯田実訳，岩波文庫，1995年。

W. ジェームズ『プラグマティズム』舛田啓三郎訳，岩波文庫，1957年。

ウォルト・ホイットマン『草の葉』（上・下）酒本雅之訳，岩波文庫，1998年。

笹田直人・堀真理子・外岡尚美編著『概説アメリカ文化史』ミネルヴァ書房，2002年。

巽孝之『リンカーンの世紀――アメリカ大統領たちの文学思想史』青土社，2002年。

松尾弌之『アメリカン・ヒーロー』講談社，1993年。

13

ジェイムズ・H. コーン『夢か悪夢か・キング牧師とマルコムX』梶原寿訳，日本基督教団出版局，1996年。

Tyner, James. *The Geography of Malcolm X— Black Radicalism and the Remaking of American Space.* London: Routledge, 2006.

Waldschmidt-Nelson, Britta. *Dreams and Nightmares— Martin Luther King Jr., Malcolm X, and the Struggle for Black Equality in America.* Gainesville, FL: UP of Florida, 2012.

14

Steiner, Edward A. *On the Trail of the Immigrant.* New York: Arno Press, 1969.

Landau, Elaine. *Ellis Island.* New York: Children's Press, 2008.

Chermayeff, Ivan, Fred Wasserman, and Mary J. Shapiro. *Ellis Island: An Illustrated History of the Immigrant Experience.* New York: Macmillan, 1991.

Schlereth, Thomas J. *Victorian America: Transformations in Everyday Life, 1876-1915.* New York: Harper Perennial, 1991.

ジョルジ・ペレック『エリス島物語——移民たちの彷徨と希望』酒詰治男訳，青土社，2000年。

15

別府恵子・渡辺和子編『新版 アメリカ文学史——コロニアルからポストコロニアルまで』ミネルヴァ書房，2000年。

森本あんり『アメリカ・キリスト教史』新教出版社，2006年。

木下卓・窪田憲子・高田賢一・野田研一・久守和子編著『英語文学事典』ミネルヴァ書房，2007年。

Gaustad, Edwin S. *The Religious History of America: The Heart of the American Story from Colonial Times to Today.* Rev. ed. New York: Harper, 2004.

16

今福龍太『クレオール主義』ちくま学芸文庫，2003年。

今福龍太『群島-世界論』岩波書店，2008年。

ウィリアム・フォークナー『アブサロム，アブサロム！』（上・下）藤平育子訳，岩波文庫，2012年。

小泉八雲著・平川祐弘編『クレオール物語』講談社学術文庫，1991年。

Lafcadio Hearn. *La Cuisine Creole.* Chicago: Hammond Press, 1885.

Lafcadio Hearn. *Gombo Zhèbes.* New York: Will H. Coleman, 1885.

エドゥアール・グリッサン『全-世界論』恒川邦夫訳，みすず書房，2000年。

エドゥアール・グリッサン『フォークナー，ミシシッピ』中村隆之訳，インスクリプト，2012年。

Edwidge Danticat. *Create Dangerously: The Immigrant Artist at Work.* Princeton: Princeton UP, 2010.

第3章

17

小池滋・志村正雄・富山太佳夫編著『城と眩暈——ゴシックを読む』国書刊行会，1982年。

武井博美「ゴシック——畏怖と神秘に満ちた世界」木下卓・窪田憲子・久守和子編著『イギリス文化55のキーワード』ミネルヴァ書房，2009年，128-131頁。

八木敏雄『アメリカン・ゴシックの水脈』研究社出版，1992年。

Garwood, Darrell. *Artist in Iowa: A Life of Grant Wood.* 1944. Westport, CT: Greenwood, 1971.

Fliegelman, Jay. *Prodigals and Pilgrims: The American Revolution against Patriarchal Authority, 1750-1800.* Cambridge: Cambridge UP, 1984.

18

Haraway, Donna. *The Companion Species Manifesto: Dogs, People, and Significant Otherness.* Chicago: Prickly Paradigm, 2003.

Haraway, Donna. *Simians, Cyborgs and Women: The Reinvention of Nature.* New York: Routledge, 1991.

Pynchon, Thomas. "Is It O.K. to Be a Luddite?" *The New York Times Book Review,* 28 October 1984.

Spivak, Gayatri Chakravorty. *A Critique of Postcolonial Reason: Toward a History of the Vanishing Present.* Cambridge: Harvard UP, 1999.

19

Roberts, Randy, and James S. Olson. *John Wayne: American.* New York: Free Press, 1995.

Stanfield, Peter. *Horse Opera: The Strange History of the 1930s Singing Cowboy.* Urbana: U of Illinois P, 2002.

20

Gitlin, Todd. *The Sixties: Years of Hope, Days of Rage.* New York: Bantam, 1987.

山里勝己『場所を生きる――ゲーリー・スナイダーの世界』山と渓谷社，2006年。

21

赤杉康伸・土屋ゆき・筒井真樹子『同性パートナー――同性婚・DP 法を知るために』社会批評社，2004年。

イブ・コソフスキー・セジウィック『クローゼットの認識論――セクシュアリティの20世紀』外岡尚美訳，青土社，1999年。

デニス・アルトマン『ゲイ・アイデンティティ――抑圧と解放』岡島克樹・風間孝・河口和也訳，岩波書店，2010年。

22

キャソン，ジョン・F.『コニー・アイランド――遊園地が語るアメリカ文化』大井浩二訳，開文社，1987年。

大井浩二『ホワイト・シティの幻影――シカゴ万国博覧会とアメリカ的想像力』研究社出版，1993年。

Adams, Judith A. *The American Amusement Park Industry: A History of Technology and Thrills.* Boston: Twayne, 1991.

Register, Woody. *The Kid of Coney Island: Fred Thompson and the Ride of American Amusements.* New York: Oxford UP, 2001.

Denson, Charles. *Coney Island: Lost and Found.* Berkeley: Ten Speed Press, 2002.

23

有賀夏紀『アメリカ・フェミニズムの社会史』勁草書房，1988年。

竹村和子編『"ポスト" フェミニズム』作品社，2003年。

ベティ・フリーダン『新しい女性の創造』三浦冨美子訳，大和書房，2004年。

ベル・フックス『アメリカ黒人女性とフェミニズム――ベル・フックスの「私は女ではないの？」』大類久恵監訳，柳沢圭子訳，明石書店，2010年。

Berger, Melody ed. *We Don't Need Another Wave: Dispatches from the Next Generation of Feminists.* Emeryville, CA: Seal Press, 2006.

24
アンドレア・ドウォーキン『ポルノグラフィ――女を所有する男たち』寺沢みづほ訳，青土社，1991年。

キャサリン・マッキノン『ポルノグラフィ――「平等権」と「表現の自由」の間で』明石書店，1995年。

パット・カリフィア『パブリック・セックス――挑発するラディカルな性』東玲子訳，青土社，1998年。

キャサリン・マッキノン，アンドレア・ドウォーキン『ポルノグラフィと性差別』中里見博・森田成也訳，青木書店，2002年。

アン・スニトウ，パット・カリフィアほか『ポルノと検閲』藤井麻利・藤井雅実訳，青弓社，2002年。

ナディーン・ストロッセン『ポルノグラフィ防衛論――アメリカのセクハラ攻撃・ポルノ規制の危険性』岸田美貴訳，松沢呉一監修，ポット出版，2007年。

▒ 第4章

25
明石和康『アメリカの宇宙戦略』岩波新書，2006年。
ジョン・F. ケネディ『宇宙開発』関野英夫訳，時事通信社，1965年。
的川安宣『月をめざした二人の科学者――アポロとスプートニクの軌跡』中公新書，2000年。
ヘレン・カルデコット，クレイグ・アイゼンドラス『宇宙開発戦争〈ミサイル防衛〉と〈宇宙ビジネス〉』植田那美・益岡賢訳，作品社，2009年。
Fowler, Eugene. *One Small Step: Apollo 11 and the Legacy of the Space Age.* New York: Smithmark, 1999.
Mailer, Norman. *A Fire on the Moon.* 1970. London: Pan Books, 1971.
26
小野清之『アメリカ鉄道物語――アメリカ文学再読の旅』研究社，1999年。
加山昭『アメリカ鉄道創世記』山海堂，1998年。
近藤喜代太郎『アメリカの鉄道史―― SL がつくった国』成山堂書店，2007年。
ディー・ブラウン『聞け，あの淋しい汽笛の音を――大陸横断鉄道物語』鈴木主税訳，草思社，1980年。
宮崎正勝『鉄道地図から読み解く秘密の世界史』青春出版社，2001年。
27
アプトン・シンクレア『石油！』高津正道・ポール・ケート訳，平凡社，2008年。
E.L. ドクトロウ『ラグタイム』邦高忠二訳，早川書房，1998年。
大和田俊之『アメリカ音楽史　ミンストレル・ショウ，ブルースからヒップホップまで』講談社，

2011年。
ジャック・ケルアック『路上』福田稔訳，河出書房新社，1983年。
ジョン・スタインベック『怒りの葡萄』（上・下）大久保康雄訳，新潮社，1967年。
チャールズ・E. ソレンセン『フォード その栄光と悲劇』高橋達男訳，産業能率短期大学出版部，1968年。
マイク・デイヴィス『自動車爆弾の歴史』金田智之・比嘉徹徳訳，河出書房新社，2007年。
28
ブロック・イェイツ『ハーレーダビッドソン伝説』村上博基訳，早川書房，2001年。
打田稔『ハーレーダビッドソンの世界』平凡社新書，2009年。
ロバート・M. パーシグ『禅とオートバイ修理技術——価値の探求』五十嵐美克・兒玉光弘訳，めるくまーる，1990年。
29
野村達朗『「民族」で読むアメリカ』講談社現代新書，1992年。
本間長与『多民族社会アメリカのゆくえ』（岩波ブックレット No. 270），岩波書店，1992年。
Adler, Jerry and Tim Padgett. "Selena Country." *Newsweek.* Vol. 126, Issue 17, October 23, 1995.
Anzaldúa, Gloria. *Borderlands/La Frontera: The New Mestiza.* San Francisco: Aunt Lute, 1987.
Bhabha, Homi K. *The Location of Culture.* London, New York: Routledge, 1994.（邦訳はホミ・K. バーバ『文化の場所——ポストコロニアリズムの位相』本橋哲也・正木恒夫・外岡尚美・阪元留美訳，法政大学出版局，2005年。）
30
喜納育江「ベティさんのパーマカルチャー（Permaculture）プロジェクト」*ASLE-Japan Newsletter* No.26（2009）：6-8.（ASLE-Japan ホームページ〈http://www.asle-japan.org〉にて閲覧可能。）
Zeiler, Thomas「ウォルマート」小田悠生訳，矢口祐人・吉原真理編『現代アメリカのキーワード』中公新書，2006年，329-333頁。
CUESA（Center for Urban Education about Sustainable Agriculture）
ホームページ〈http://www.cuesa.org/〉
The Ecology Center（Berkeley, CA）ホームページ〈http://www.ecologycenter.org/〉
31
エリック・シュローサー『ファストフードが世界を食いつくす』楡井浩一訳，草思社，2001年。
ジュンパ・ラヒリ『停電の夜に』小川高義訳，新潮社，2003年。
マイケル・ポーラン『雑食動物のジレンマ——ある4つの食事の自然史』（上・下）ラッセル秀子訳，東洋経済新報社，2009年。
マイケル・ポーラン『フード・ルール　人と地球にやさしいシンプルな食習慣64』ラッセル秀子訳，東洋経済新報社，2010年。
32
Snyder, Gary. *Earthhouse Hold.: Techinical Notes & Queries to Fellow Dhrama Revolutionaries.* New York: New Directions, 1969.（邦訳は片桐ユズル『地球の家を保つには——エコロジーと精神

革命』社会思想社，1975年。）
山里勝己『場所を生きる——ゲーリー・スナイダーの世界』山と渓谷社，2006年。

第5章

33
高崎通浩『歴代アメリカ大統領総覧』中公新書ラクレ，2002年。
本間長世『アメリカ大統領の挑戦——「自由の帝国」の光と影』NTT 出版，2008年。
Lang, J. Stephen. *The Complete Book of Presidential Trivia.* Pelican Publishing, 2001.
34
P. D. マーシャル『有名人と権力——現代文化における名声』石田佐恵子訳，勁草書房，2002年。
デイアン・スージック『カルト・ヒーロー——セレブリティ・ビジネスを読む』小沢瑞穂訳，晶文社，1990年。
海野弘『セレブの現代史』文春新書，2006年。
Rojek, Chris, ed. *Celebrity: Critical Concepts in Sociology.* London: Routledge, 2010.
Mailer, Norman. *Marilyn: a Biography.* London: Grosset & Dunlap, 1973.
35
Kellough, J. Edward. *Understanding Affirmative Action: Politics, Discrimination, and the Search for Justice.* Washington, D.C.: Georgetown UP, 2006.
Williams, Juan. *Eyes on the Prize: America's Civil Rights Years, 1954-1965.* Penguin Books; Reprint edition, 1988.
ウッドワード，C. V.『アメリカ人種差別の歴史』清水博・有賀貞・長田豊臣訳，福村出版，1998年。
36
中村和恵編『世界中のアフリカへ行こう』岩波書店，2009年。
鈴木慎一郎『レゲエ・トレイン——ディアスポラの響き』青土社，2000年。
中村隆之『カリブ-世界論』人文書院，2013年。
37
Robin, Cherry. *Catalog: The Illustrated History of Mail-Order Shopping.* New York: Princeton Architectural, 2008.
Amory, Cleveland. *The 1902 Edition of The Sears Roebuck Catalogue.* New York: Bounty, 1969.
38
Goldensohn, Lorrie, ed. *American War Poetry: An Anthology.* New York: Columbia UP, 2006.
39
姜尚中・齋藤純一・杉田敦・高橋哲也『思考をひらく——分断される世界のなかで』岩波書店，2002年。
坂本龍一＋sustainability for peace 監修『非戦』幻冬舎，2002年。
デイヴィッド・ライアン『9・11以後の監視』田島泰彦監修，清水知子訳，明石書店，2004年。
中山元『新しい戦争？ 9・11テロ事件と思想』冬弓舎，2002年。
ノーム・チョムスキー『9・11 アメリカに報復する資格はない！』山崎淳訳，文春文庫，2002年。

ノーム・チョムスキー『Noam Chomsky ノーム・チョムスキー』鶴見俊輔監修，リトル・モア，2002年。

40

Greenwood, Janette Thomas. *The Gilded Age: A History in Documents.* Oxford: Oxford UP, 2003.

Cawelti, John G. *Apostles of the Self-Made Man.* Chicago: U of Chicago P, 1965.

Josephson, Matthew. *The Robber Barons: The Great American Capitalists 1861-1901.* New Brunswick: Transaction Publishers, 2011.

アーサー・T. ヴァンダービルトⅡ世『アメリカン・ドリーマーの末裔たち——ヴァンダービルト一族の栄光と没落』上村麻子訳，渓水社，1996年。

ソースティン・ヴェブレン『有閑階級の理論——制度の進化に関する経済学的研究』高哲男訳，筑摩書房，1998年。

コラム5

巽孝之『ニューヨークの世紀末』筑摩書房，1995年。

ミッシェル・フーコー『性の歴史Ⅰ　知への意志』渡辺守章訳，新潮社，1986年。

McCurdy, John Gilbert. *Citizen Bachelors: Manhood and the Creation of the United States.* Ithaca: Cornell UP, 2009.

Chauncey, George. *Gay New York: Gender, Urban Culture, and the Making of the Gay Male World, 1890-1940.* New York: Basic Books, 1994.

第6章

41

ヘンリー・D. ソロー『メインの森——真の野性に向う旅』小野和人訳，講談社文庫，1994年。

Nash, Roderick Frazier. *Wilderness and the American Mind:* 4th Edition. New Haven and London: Yale UP, 2001.

R. F. ナッシュ編著『アメリカの環境主義——環境思想の歴史的アンソロジー』松野弘監訳，同友館，2004年。

エドワード・アビー『砂の楽園』越智道雄訳，東京書籍，1993年。

42

上岡克己『アメリカの国立公園——自然保護運動と公園政策』築地書館，2002年。

Magoc, Chris. *Yellowstone: The Creation and Selling of an American Landscape, 1870-1903.* Albuquerque: U of New Mexico P, 1999.

Runte, Alfred. *National Parks: The American Experience.* 4th Edition, Lanham, MD: Taylor Trade Publishing, 2010.

43

Snyder, Gary. *Turtle island.* New York: New Directions, 1974.（邦訳はナナオ・サカキ『亀の島』山口書店，1992年。）

山里勝己『場所を生きる——ゲーリー・スナイダーの世界』山と渓谷社，2006年。

44

亀井俊介『荒野のアメリカ』南雲堂，1987年。

藤原英司『アメリカの動物滅亡史』朝日選書，1976年。

山野浩一『サラブレットの誕生』朝日選書，1990年。

45

笹田直人編著『〈都市〉のアメリカ文化学』ミネルヴァ書房，2011年。

マイク・デイヴィス『要塞都市 LA』村山敏勝・日比野啓訳，青土社，2001年。

レム・コールハース『錯乱のニューヨーク』鈴木圭介訳，筑摩書房，1999年。

46

野田研一編著『〈風景〉のアメリカ文化学』ミネルヴァ書房，2011年。

アラン・トラクテンバーグ『アメリカ写真を読む——歴史としてのイメージ』生井英考・石井康史訳，白水社，1996年。

B・ノヴァック『自然と文化——アメリカの風景と絵画 1825-1875』黒澤眞里子訳，玉川大学出版部，2000年。

47

能登路雅子『ディズニーランドという聖地』岩波新書，1990年。

Jackson, Kathy Merlock, and Mark I. West, eds. *Disneyland and Culture: Essays on the Parks and Their Influence*. Jefferson, NC: McFarland, 2011.

Adams, Judith A. *The American Amusement Park Industry: A History of Technology and Thrills*. Boston: Twayne, 1991.

Lukas, Scott A. *Theme Park*. London: Reaktion Books, 2008.

King, Margaret J. “The Theme Park: Aspects of Experience in Four-Dimensional Landscape.” *Material Culture* 34.2 (2002): 1-15.

コラム 6

Deetz, James. *In Small Things Forgotten: An Archaeology of Early American Life*. New York: Anchor, 1996.

第 7 章

48

Milner, E. R. *The Lives and Times of Bonnie and Clyde*. Carbondale: Southern Illinois UP, 1996.

Wecht, Cyril H., Greg Saitzm and Mark Curriden. *Mortal Evidence: The Forensics behind Nine Shocking Cases*. New York: Prometheus, 2007.

49

宮脇俊文・細川周平・マイク・モラスキー編著『ニュー・ジャズ・スタディーズ——ジャズ研究の新たな領域へ』アルテスパブリッシング，2010年。

ヘンリー・ルイス・ゲイツ・ジュニア『シグニファイング・モンキー——もの騙る猿／アフロ・アメリカン文学批評理論』松本昇・清水菜穂監訳，南雲堂フェニックス，2009年。

トリーシャ・ローズ『ブラック・ノイズ』新田啓子訳，みすず書房，2009年。

50

Lightfoot, William E. "The Three Doc(K)S: White Blues in Appalachia." *Black Music Research Journal* 23 (2003): 167-193. JSTOR. Champlain College. Miller Information Center, Burlington, VT. Mar. 2008.

Peabody, Charles. "Notes on Negro Music." *Journal of American Folklore,* 16.62 (1903): 148-152.

Epstein, Lawrence J. *Political Folk Music in America from its Origins to Bob Dylan.* Jefferson, NC: McFarland, 2010.

51

大和田俊之『アメリカ音楽史――ミンストレル・ショウ，ブルースからヒップホップまで』講談社選書メチエ，2011年。

南田勝也『ロックミュージックの社会学』青弓社ライブラリー，2001年。

サイモン・フリス『サウンドの力――若者・余暇・ロックの政治学』細川周平・竹田賢一訳，晶文社，1991年。

52

本間千枝子・有賀夏紀『世界の食文化12　アメリカ』農文協，2004年。

Burbick, Joan. *Healing the Republic: The Language of Health and the Culture of Nationalism in Nineteenth-Century America.* New York: Cambridge UP, 1994.

Grover, Kathryn, ed. *Fitness in American Culture: Images of Health, Sport, and the Body 1830-1940.* Amherst: U of Massachusetts P., 1984.

53

アーネスト・ヘミングウェイ『老人と海』福田恆存訳，新潮社，2003年。

J.D. サリンジャー『ライ麦畑でつかまえて』野崎孝訳，白水社，1984年。

ジェイムズ・ジョーンズ『地上より永遠に』（１－４）新庄哲夫訳，角川書店，1987年。

ジョン・アーヴィング『ホテル・ニューハンプシャー』（上・下）中野圭二訳，新潮社，1989年。

W.P. キンセラ『シューレス・ジョー』永井淳訳，文藝春秋，1989年。

Cooper, James Fenimore. *Home as Found.* 1838. Rockville, MD: Wildside Press, 2008.

James, C.L.R. *Beyond A Boundary.* Durham: Duke UP Books, 1993.

54

Merrill, Jhon C., John Lee and Edward Jay Friedlander. *Modern Mass Media.* Second Edition. New York: HarperCollins College Publishers, 1994.

National Association of Broadcasters. "Television." Retrieved January 2, 2012, from http://www.nab.org/television/default.asp, 2012.

National Association of Broadcasters. "Radio." Retrieved January 2, 2012, from http://www.nab.org/radio/default.asp, 2012.

The Museum of Broadcast Communications. "QUIZ SHOW SCANDALS." Retrieved January 2, 2012.

http://www.museum.tv/eotvsection.php?entrycode=quizshowsca

クロード・ジャン＝ベルトラン『アメリカのマスメディア』松野道男訳，白水社，1977年。

McLuhan, Marshall. "American Advertising." Eds. Robin Anderson and Lance Strate. *Critical Studies in Media Commercialism*. Oxford: Oxford UP, 2000.

55

出口丈人『映画映像史――ムーヴィング・イメージの軌跡』小学館，2004年。

北野圭介『ハリウッド100年史講義――夢の工場から夢の王国へ』平凡社新書，2001年。

『アメリカ映画がわかる』AERAMOOK，朝日新聞社，2003年。

Lewis, Jon. *American Film: A History*. New York: Norton, 2008.

Maltby, Richard. *Hollywood Cinema: An Introduction*. 2nd ed. Oxford: Blackwell, 2003.